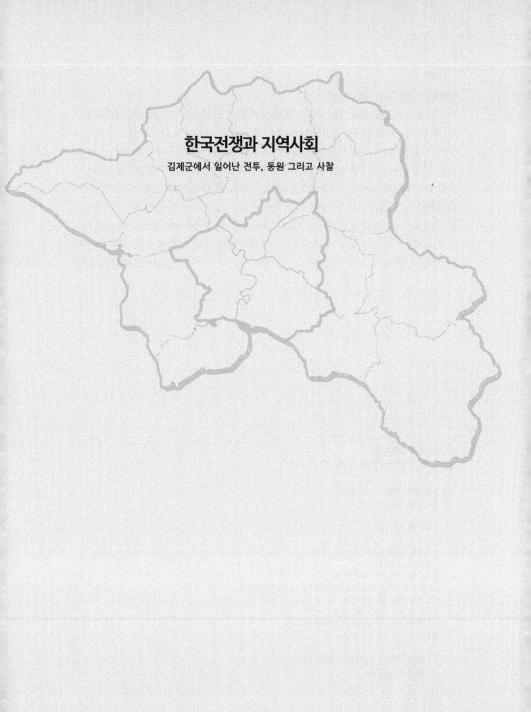

한국전쟁과 지역사회

김제군에서 일어난 전투, 동원 그리고 사찰

지은이

이윤정 李允政, Lee, Yun-jeong

한국외대 불어과를 졸업(1988)하고, 프랑스 파리 쉬드 에스트대학교에서 현대문학석사1(Maîtrise, 1992)과 유럽교류학석사2(DEA, 1994)를, 성신여대 대학원에서 문학박사(한국사)를 받았다. 현재 경찰대학 경찰학과 교수로 재직하면서 한국경찰사연구원장으로 있다. 논문으로 「한국전쟁기 경찰 전사자 의례와 기록 사진 – 『제6회 전국 순직경찰관 합동추도회 사진첩』을 중심으로」(2022), 「1957년 경찰 '과제교양'의 사례 연구 – 의령경찰서 한 경찰관의 『교양수부』를 중심으로」(2021) 등이 있으며, 저서로 『일상사와 경찰』(2023), 『지역사와 경찰』(2022), 『한국경찰사』(개정증보판, 2021), 『한국경찰사연구』(2021), 『경찰사, 발굴과 공개』(2021), 『식민도시 경성, 차별에서 파괴까지』(공저, 2020) 등이 있다.　　　　　　　　　　　　　　　paris-12@hanmail.net

한국전쟁과 지역사회
김제군에서 일어난 전투, 동원 그리고 사찰

1판 1쇄 발행　2023년 8월 30일
1판 2쇄 발행　2024년 10월 20일

　　지은이　이윤정

　　펴낸이　박성모
　　펴낸곳　소명출판
　출판등록　제1998-000017호
　　　주소　서울시 서초구 사임당로14길 15 서광빌딩 2층
　　　전화　02-585-7840
　　　팩스　02-585-7848
　　이메일　somyungbooks@daum.net
　홈페이지　www.somyong.co.kr

　　　ISBN　979-11-5905-819-6　93910
　　　정가　27,000원

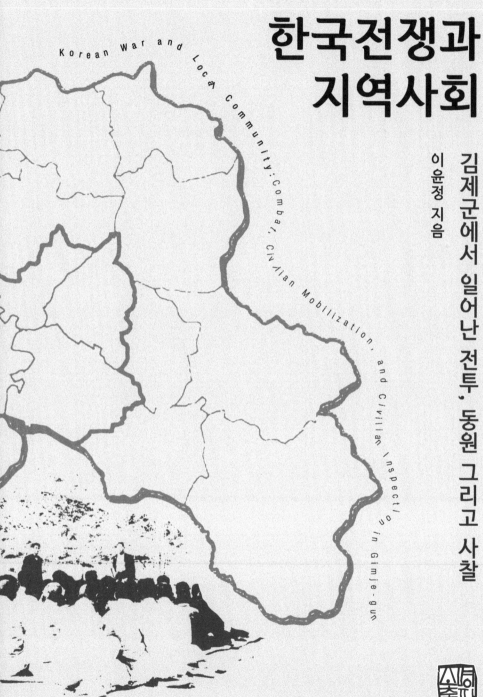

한국전쟁과 지역사회

Korean War and Local Community: Combat, Civilian Mobilization, and Civilian Inspection in Gimje-gun

이윤정 지음

김제군에서 일어난 전투, 동원 그리고 사찰

하나의 역사상은 '사료'라는 많은 점으로 이루어져 있다. 그 점이 다양하고 상세할수록 이 역사상은 더욱 구체적이고 입체적으로 나타나게 된다. 이처럼 지금 우리가 보는 역사상은 '정답'이 아닌 '해답'으로 인식하여야 하는 이유가 바로 새로운 '사료'가 있기 때문이다. 끊임없는 '사료'의 발굴, 해석, 검증, 발표, 비판 등이 공론장에서 벌어지면서 역사학의 발전은 이루어질 것이다.

그럼에도 불구하고, 역사학계에서 지역사와 경찰사가 연계된 연구 성과를 찾아보기 어렵다. 저자는 가장 큰 이유로 경찰 문서의 보존기간 경과로 인한 자료 확보의 불가능성에 있으며, 설령 남아있다 하더라도 당국의 공개에 관한 폐쇄적인 결정 때문으로 판단하고 있다. 그 결과, 연구자들은 개인이 소장한 자료를 발굴하지 않는 이상 새로운 연구 결과를 내기 어려운 현실에 처해 있다.

2013년 8월, 저자는 미군정기 때부터 1950년대까지 전라북도 김제경찰서에서 근무하였던 한 경찰관이 소장하였던 경찰문서 등을 입수하였다. 그 문서들은 한국전쟁기 김제경찰서의 모든 활동을 수기로 정리한 『관내상황』, 전라북도경찰국이 수복한 후 전투상황을 기록한 『1950년 11월 관내상황』, 각종 사찰 문서와 주민의 투서 등 48점으로, 모두 중요한 내부 자료들이었다.

저자는 이 문서들을 정리·분석을 하였지만 현지에 가지 않고선 보다 더 깊은 연구를 할 수 없다는 생각에 이르게 되었다. 그리고 김제시 부량면과 만경읍 등에서 2년을 거주하면서 이들 자료에 나온 마을 등을 방문하거나 주민들을 접한 후 마침내 본 글을 완성하였다.

1945년 8월 15일 한반도는 광복을 맞이하지만, 곧바로 국제 냉전의 결과로 이어져 우리 민족의 의사와 상관없이 분단되고 만다. 남·북한으로 나누어진 지역에서는 상이한 체제가 심어지면서 한쪽이 태어나서는 안 되는 존재, 즉 서로를 적으로 인식하게 되는 극단적인 상황이 전개되고 만다. 결국, 북한군의 군사력은 소련군의 지원으로 남한에 비해 압도적인 우위를 차지하게 되면서, 한쪽이 다른 한쪽을 일방적으로 잔인하고 강력하게 무력을 행사한 '한국전쟁'이 발발하게 되었다.

그리고 이 기간 동안 남한에서는 경찰과 국군의 항전이 끊임없이 전개되었다. 특히 호남지역에서는 국군의 주력부대가 정부를 보호하기 위해 대전, 대구, 낙동강 전선으로 이동하는 동안 경찰부대가 방어선을 구축하며 지연작전을 이끌어 갔다. 인천상륙작전이 성공한 후에도 여전히 경찰은 무력을 기반으로 국체를 보존하는 역할을 충실히 해 나갔다. 먼저, '반공국가'를 수호하기 위하여 빨치산간의 전투를 치열하게 수행하였고, 전시라는 이유로 인체의 신경망과 같은 조직을 적극 활용하며 주민들도 강제로 동원하였다. 이어 '반공국민'으로 존속시키기 위하여 일제강점기부터 계속된 사찰활동을 극대화하였다. 그럼에도 지역 주민들은 야만의 시대에 행해진 경찰의 일탈행위를 보고만 있지 않았다. 단독 또는 마을 주민의 대표자로서 각종 부조리를 바로 잡고자 끊임없이 노력하였다. 이와 같은 충돌은 점차 지역 주민과 국가 권력의 실체인 경찰 간의 균열로 변하였고, 마침내 1960년 4월혁명으로 이어지는 기제 가운데 하나가 되고 만다.

저자는 그 과정을 가능한 자세하게 당시 김제경찰서와 전라북도 경찰국의 내부 문서 등을 중심으로 이 책에 담고자 하였다. 하지만 책을 완성하고 돌아보니, 한국전쟁기 국군 또는 미군 등의 자료를 교차 검증하지 못한 부족함이 있다는 것을 발견하였다. 그럼에도 본서는 경찰 내부 자료를 주로 참조하였기 때문에 향후 이들 자료와 함께 종합적으로 고찰한다면 그 때의 지역사회상을 더욱 상세하고 정확하게 볼 수 있을 것이다. 그래도 부족한 점이 있다면, 전적으로 저자의 역량부족이다. 판을 거듭하며 보완할 것을 약속한다.

이 책이 세상에 나올 수 있도록 한국현대사에 관해 새로운 지식의 세계를 열어 주신 성신여대 사학과의 홍석률 교수님, 일제강점기 경찰제도를 상세하게 알려주신 한국학중앙연구원의 장신 교수님, 한국근현대사를 이해하는 데 큰 지식을 전달해주신 서울대학교 규장각 한국학연구원의 정준영 교수님께 감사드린다. 그리고 자료정리에 큰 도움을 준 경찰대학 경찰학과의 이정범 행정관, 한국경찰사연구원의 강다희 연구원에게 고마움을 전한다. 아울러 이 책을 출판하게끔 해 주신 소명출판의 박성모 사장님과 꼼꼼하게 교정을 봐준 편집부에 감사드린다. 끝으로 천국에 계신 어머님과 아버님, 아내 윤경, 아이들인 다은, 승진, 다정, 승우에게 한결같은 사랑과 깊은 고마움을 전한다.

2023년 8월
황산荒山 자락에 있는 연구실에서

책머리에   3

제1장
지방경찰의 '반공국가'와 '반공국민' 만들기 —————— 11

제2장
일본인의 농장지역에서 해방된 김제군 —————— 23

제3장
김제경찰 근대부터 한국전쟁 발발 전까지 —————— 43

    1. 근대경찰의 탄생   43
    2. 식민지 김제경찰   50
    3. 해방부터 한국전쟁 발발 전까지   57

제4장
북한군의 전라북도 점령과 경찰 ————————— 83

    1. 한국전쟁의 발발과 전북 전황   83
      1) 북한군 제6사단의 남하   83
      2) 전북경찰의 항전과 철수   86
    2. 북한군의 퇴각과 경찰의 수복   96
      1) 전북 빨치산활동의 시작과 경찰의 대응   96
      2) 전북경찰의 복귀와 피해   109

제5장
'반공국가'를 수호하기 위한 전투와 동원 —————123

    1. 빨치산 진압   123
      1) 군경의 빨치산 진압작전   123
      2) 김제경찰의 대ﾎ빨치산활동   151
    2. 김제경찰의 전시 동원   161
      1) 제2국민병 소집   161
      2) 방공단 운영   166
      3) 탈영병 검거   172

제6장
'반공국민'으로 존속시키기 위한 사찰 —————— 179

　1. 경찰의 사찰 179
　　1) 사찰활동의 변천 179
　　2) 김제경찰의 사찰 195
　　3) 한국전쟁 말기 199
　2. 김제경찰의 민중계몽대 활용 207
　　1) 조직 구성 207
　　2) 계몽 활동 213

제7장
투서로 통해 본 주민과 경찰 간의 균열 ————— 217

　1. 비리와 민폐 218
　2. 병사 업무 223
　3. 사찰 229

제8장
김제군에서 작동된 국가권력의 실체, 경찰 ————— 233

보론
미군정기부터 한국전쟁기까지 경찰의 복무규율과 징계 —— 245

　참고문헌 268
　부록 276

표 차례

〈표 1〉 김제군의 위치(1997년)   24

〈표 2〉 전라북도 거주 요시찰인 현황표(1945년 3월 30일 현재, 단위 : 명, %)   37

〈표 3〉 김제군 거주 요시찰인 현황표(1945년 3월 30일 현재)   38

〈표 4〉 김제군 지도(1978년)   41

〈표 5〉 김제지역 헌병파견대(1907~1909년)   48

〈표 6〉 김제군의 신설 순사주재소와 출장소(1914~1917년)   52

〈표 7〉 김제군의 신설 경찰관주재소와 출장소(1921~1929년)   54

〈표 8〉 미군정기 경찰직제의 주요 변화(1946년)   72

〈표 9〉 전남 강진경찰서 직제표(1946년)   75

〈표 10〉 김제경찰서 업무분장표(1948년)   78

〈표 11〉 전북지역 북한군과 좌익세력의 인원별 경찰관서 공격 비율표
(1950년 10월 3일~11월 11일)   102

〈표 12〉 경찰관 및 주민과 북한군 및 좌익세력의 피해표(1950년 10월 3일~11월 11일)   103

〈표 13〉 전북지역 북한군 및 좌익세력의 경찰관서 공격상황표(1950년 10월 3일~11월 11일)   106

〈표 14〉 북한군 퇴각 후 전북지역의 패잔병 및 좌익세력의 이동상황표(1950년 10월~11월)   109

〈표 15〉 전북경찰국 산하 경찰서 복귀 상황표(1950년 11월 10일 현재)   110

〈표 16〉 전북경찰국 산하 지역경찰관서 복귀 상황표(1950년 11월 10일 현재)   112

〈표 17〉 전북경찰국 소속 순직경찰관 수(1950년 11월 13일 현재)   116

〈표 18〉 경찰 계급별 통솔인원 비례표(1953년)   118

〈표 19〉 전라북도경찰국 산하 경찰서 청사 피해 상황표(1950년 11월)   119

〈표 20〉 전라남·북도 지역별 빨치산 병력상황표(1951년 1월 31일 현재)   131

〈표 21〉 백야전사 창설 당시 빨치산 분포 상황표(1951년 11월 26일 현재)   135

〈표 22〉 백야전사의 작전 완료 후(後) 빨치산 감소 추세표(1951년 12월 2일~3월 31일)   136

〈표 23〉 백야전사의 작전 완료 후(後) 빨치산 이동 상황표(1952년 7월 1일 현재)   137

〈표 24〉 빨치산 이동상황표(1952년 11월 6일 현재)   139

〈표 25〉 서남지역 빨치산부대 분포상황표(1953년 6월 30일 현재)   141

〈표 26〉 전북지역 빨치산의 이동 경로(1950년 11월~1953년 6월)   144

〈표 27〉 서남지역 빨치산부대의 무장 대(對) 비무장 비율표(1953년 6월 30일 현재)   145

〈표 28〉 서남지역 빨치산부대 병력상황표(1953년 8월 30일 현재)   146

〈표 29〉 1955년 전국 빨치산 분산표(2월 1일 현재)   149

〈표 30〉 김제경찰서 병력과 무기 및 장비조사표(1953년 7월 현재)   158

〈표 31〉 김제군의 제2국민병 신체검사 상황표(1952~1953년, 단위: 명)   164

〈표 32〉 김제경찰서의 제2국민병 소집업무 수행결과표(1950년 9월~1953년 7월 5일, 단위 : 명)   164

〈표 33〉 김제군 방공단의 업무분장표(1952년)   169

〈표 34〉 김제군의 방공단원 예정표(1953년 7월, 단위 : 명)   170

〈표 35〉 김제군의 민방공 읍면지부 통계표(1953년 7월, 단위 : 개)   170
〈표 36〉 김제군 출신 탈영병 인원 상황표(1953년 6월 1일~7월 31일)   177
〈표 37〉 김제경찰서 직원배치표(1953년 7월 현재, 단위 : 명)   195
〈표 38〉 김제경찰서 사찰계의 좌익세력 검거 현황표(1953년 6월 30일 현재, 단위 : 명)   198
〈표 39〉 김제경찰서 사찰계의 부역자 검거 현황표(1953년 6월 30일 현재, 단위 : 명)   199
〈표 40〉 김제군지구 민중계몽대 명단(1953년 6월 16일 현재)   210
〈표 41〉 김제군 민중계몽대원의 직업별 구성표(1953년 6월 16일 현재)   212
〈표 42〉 김제군의 정당과 사회단체 현황(1953년 6월말 현재)   212

보론
〈표 1〉 미군정기 경찰관의 복무규율 위반 사항   249
〈표 2〉 미군정기 경찰관 사문결과 현황표(1947년 1월~5월)   255
〈표 3〉 도별 경찰관 징계 통계표(1953년, 단위 : 명)   258
〈표 4〉 경찰관 계급별 징계통계표(1953년)   260
〈표 5〉 경찰관 징계 사유통계표(1953년, 단위 : 명)   261
〈표 6〉 경찰관 연도별 징계 변화 비율표(1950년 10월~1953년 12월, 단위 : 명, %)   262
〈표 7〉 경찰관 연도별 징계사유 통계표 (1950년 10월~1953년 12월, 단위 : 명, %)   262

사진 차례

〈사진 1〉『관내상황』   18
〈사진 2〉『1950년 11월 관내상황』   18
〈사진 3〉「하문사항에 대한 보고의 건」   19
〈사진 4〉「DP 체포에 관한 건」   19
〈사진 5〉「장병 DP자 명부」   20
〈사진 6〉 전북경찰국 접수 투서 처리지시문(1952년 7월 7일)   20
〈사진 7〉 오늘날 부용역   32
〈사진 8〉 현재 부용역 앞거리   32
〈사진 9〉 부용금융조합 건물   33
〈사진 10〉 김제에서 바라 본 만경대교   90
〈사진 11〉 만경에서 군산을 향해 본 청하면 광경   91
〈사진 12〉「사찰경찰 활동강화에 관한 건」   208
〈사진 13-1〉 민중계몽좌담회 상황보고(앞면)   215
〈사진 13-2〉 민중계몽좌담회 상황보고(뒷면)   215
〈사진 14〉 귀순권고문 1종   216
〈사진 15〉 귀순권고문 2종   216

제1장 ——————————— 지방경찰의
'반공국가'와 '반공국민' 만들기

해방 후 한반도는 국제냉전의 형성과정에서 분단되어 남한과 북한이 각기 상이한 국가체제를 형성하였다. 북한에서는 소련군의 점령 아래 사회주의 국가건설이 신속하게 진행되었다. 남한에서는 좌우익의 극렬한 대립과 투쟁을 거쳐 공산주의 확산을 저지하는 '반공국가'가 수립되었다. 이러한 분단 상황에서 발생하는 적대적인 갈등은 급기야 한국전쟁을 발발시켰고, 양측에 엄청난 인적·물적 피해는 물론 정신적인 상처를 남겼으며, 그로부터 생겨나는 아픔은 오늘날까지 계속되고 있다.

한국전쟁이 전개되는 동안 남한의 지역사회[1]에서는 계층적 지위와 관계없이 '반공 이데올로기'가 지배적 이념으로서 수용되었다.[2] 전쟁 후에도 계속 조성된 준전시상태로 인해 정치, 경제, 사회, 문화, 그리고 개개인의 의식과 생활 속에서 '반공주의'가 확대 재생산되었다.[3] 이는 전쟁정

---

1   지역사회란 용어에는 공동소유, 공동체, 공동운명체 등의 의미를 지니고 있다. 지역사회에 대한 여러 학자들의 견해를 살펴보면, 넬슨(Nelson)은 일반적으로 제한된 지역에 거주하면서 공동 의식을 가지고 조직된 관계를 통하여 공통된 이익을 추구하며, 여러 가지 활동을 분담·수행하는 인간집단이라고 하였으며, 맥클버(MacIver)는 지역사회란 공동생활권이라고 지적하고, 지역사회의 기초는 지역성과 지역사회의식이 수반되어야 한다고 정의하고 있다. 이우권, 「지역사회 권력구조에 대한 실증연구 분석과 전망」, 『정치정보 연구』 제10권 1호, 한국정치정보학회, 2007, 3쪽.
2   윤충로·강정구, 「반공·안보국가에서의 묵종과 사회화—한국과 남베트남의 사례를 중심으로」, 『한국사회학회 사회학대회 논문집』, 2003, 22쪽.
3   정성호, 「한국전쟁과 인구사회학적 변화」, 『한국전쟁과 사회구조의 변화』, 백산서당, 1999, 33쪽.

치가 그 기간 대내외의 적과 마주하고 있다는 상황 인식 위에서 이데올로기 혹은 담론으로 선전되고, 정당화되며, 국가기관을 통해 구체적으로 실행[4]되었기 때문이다. 지역주민은 국가위기라는 미명하에 국가로부터 국민으로서 해야 할 일을 상세하게 실천하도록 끊임없이 강요받았으며, '반공주의'를 기반으로 한 '국민 정체성'의 형성이 진행되었다.

'국민 정체성'은 스스로 특정국가의 구성원이라고 인식하는 것으로 국가와 국민과의 관계에서 볼 때, 대개의 경우 국가가 규정하는 정치·사회·문화적 내용을 주민들이 획득하는 방식으로 형성된다.[5] 남한의 경우 이것은 '반공'이라는 적대적 논리로 무장하고 있는 것으로, 선택할 수 있는 문제가 아닌 국민이 되기 위한 필수 조건이었다.[6] 또한 '반공'이라는 가치가 전쟁 상황에서 위로부터 억압적으로 강요되어 주민들은 자신들의 가치관에 대한 자기결정권을 상실하였다.[7]

물론 북한의 남한 점령정책이 남한의 지주와 자본가에게 공산주의에 대한 적대감을 가중시켰고, 주민에게 공산주의에 대한 공포감을 배양하면서 '반공주의'는 단순한 이데올로기가 아니라 생사를 가르는 물리적 폭력을 수반하였다.[8] 그리고 '반공'이라는 이념을 통해 위로부터 강요된 폭력은 지역과 마을 단위로 내려가면서 지역의 다양한 갈등구조와 결합하였고, '반공'은 상존하던 갈등의 폭력적 해결을 정당화하고 최종적으로 봉합할 외피가 되었다.[9] 이러한 맥락에서 한국전쟁기 지역사회에서 '반

---

4   김동춘, 「냉전, 반공주의 질서와 한국의 전쟁 정치-국가폭력의 행사와 법치의 한계」, 『경제와 사회』 제89호, 비판사회학회, 2011, 338쪽.
5   김득중, 『'빨갱이'의 탄생-여순사건과 반공국가의 탄생』, 선인, 2009, 553쪽.
6   김득중, 「대한민국 '국민'은 어떻게 형성되었나」, 『내일을 여는 역사』 3월호, 제31호, 2008, 130~131쪽.
7   한지수, 「반공이데올로기와 정치폭력」, 『실천문학』 9월호, 1989, 111쪽.
8   강경성, 「반공주의」, 『역사비평』 여름호, 1995, 285쪽.

공'을 위하여 국가권력이 어떠한 작용을 했는지 밝히는 것은 한국 현대사 연구에 있어 매우 중요하다.

한국전쟁기에 한국정부가 국가체제인 '반공국가'를 수호하고, 주민을 '반공국민'으로 존속시킬 수 있었던 기반에는 중앙과 지방 행정기관의 역할이 상당히 컸다. 일반적으로 중앙 행정기관이 전국 단위의 통일적인 사무 관장을 통해 정부의 국가수호라는 의지를 달성한 한편, 지방 행정기관은 해당 지역사회에서 주민과 밀접한 관계를 유지하면서 그들의 일상사까지 국가권력이 작동하도록 만들었다. 대표적인 지방권력기관으로 읍, 면사무소와 경찰서가 있었으며, 그중에서 경찰서가 주민을 통제하고 감시하며 동원하는 데 중요한 역할을 수행하였다.

경찰서는 최말단 조직 또는 최접전 대민기관인 파출소와 지서, 출장소를 지휘하여, 경찰행정 행위는 물론 무력 통제도 행사할 수 있는 기관이었다.[10] 게다가 전시라는 특수한 상황에서 전투경찰이라는 임무를 수행하는 준군사기관으로 기능하였기 때문에 남한이 '반공'으로 무장하는 데 핵심적인 역할을 하였다.

경찰의 강력한 권한은 지역사회 권력구조[11]에 큰 영향력을 미치며 주

---

9   윤충로, 「20세기 한국의 전쟁 경험과 폭력」, 『민주주의와 인권』 제11호, 전남대 5·18 연구소, 2011, 257쪽.

10   '출장소'는 일제강점기부터 현재까지 포구, 산악지대 등 필요한 곳에 설치되어 경찰관 1명 또는 수 명이 상주하여 업무를 보는 사무소를 말하며, 지역경찰관서로 보기는 어렵다. 그 이유는 '지서'와 '파출소'는 각각 '지서장'과 '파출소장'이 관내 사무를 직장하는 구조로 되어 있으나, '출장소'는 '지서' 또는 '파출소' 소속 직원이 파견되어 각 장의 지시를 받으며 운영되기 때문이다.

11   지역사회 권력구조란 "일정 지역사회의 범위 내에서 지역의 변화를 창도할 수 있는 세력의 주체, 즉 지역사회 권력 엘리트들 간에 형성되어 있는 권력배분 양태 그리고 그러한 권력 엘리트 간의 권력적 상호작용을 의미"하는 것으로 이해할 수 있다. 이우권, 앞의 글, 2007, 8쪽.

민의 일상사뿐만 아니라 지방정치에도 깊숙이 관여하였다. 군郡 단위 지방정치의 특성 파악은 한국전쟁 시기 각종 정치적 갈등이나 학살사건의 역사적 성격을 제대로 이해하기 위해 중요한 것[12]으로, 지방정치의 기반에는 언제나 군 단위로 설치되어 있는 경찰서, 산하 파출소와 지서의 활동이 컸다. 특히 한국은 강력한 중앙집권적인 경찰제도를 운영하고 있기 때문에 일개 군을 사례로 연구한 결과라도 다른 지역을 대상으로 연구한 성과와 기본적으로 유사할 것으로 판단된다.

본 글은 한국전쟁기 경찰활동이 이루어지는 지역 단위를 '군'이라는 지방행정 구역으로 설정하고, '군' 단위 지방경찰 활동의 실상을 밝히고자 한다. 당시 국가 수준의 정치와 지방사회의 정치가 만나는 주요한 결절점은 군 단위의 지방행정 구역이었다. 각종 집단학살 사건들 대부분이 '군을 단위'로 혹은 '군 단위의 정치 지형이나 힘 관계'에 일정한 영향을 받으며 진행[13]되었기 때문이다. 군 단위의 연구는 아래로부터의 역사를 서술하거나 전통적이고 개인적인 관계들을 파악할 수 있는 마을 단위의 연구에 비해, 마을 내부의 다양한 목소리들이 소홀히 될 수 있다는 한계가 있을 수 있다. 그러나 남북분단 상황의 중층적이고 구조적인 측면을 반영하고, 상대적으로 국가와 지역사회의 관계를 이해하는 데는 도움[14]이 된다.

전쟁 시기 지역사회에 강제적으로 국가권력이 작동되는 과정에서 중요한 역할을 한 것이 군 단위 경찰서이다. 해방부터 1950년대까지 군 단위 경찰서의 활동은 일부 경찰서사警察署史[15]를 통해 알 수 있다. 그러나 그

---

12 지수걸, 「한국전쟁과 군(郡)단위 지방정치」, 『지역과 역사』 제27호, 부경역사연구소, 2010, 12쪽.
13 위의 글, 7쪽.
14 한모니까, 『한국전쟁과 수복지구』, 푸른역사, 2017, 37쪽.
15 지역경찰 활동을 알 수 있는 자료는 다음과 같다. 영동경찰서, 『영동경찰 백년사』, 계

내용은 전쟁으로 많은 자료가 사라졌기 때문에 극히 소략하여 구체적인 경찰활동을 알기는 어렵다. 일부 경찰서의 연혁사, 경찰서의 『경찰서 기본대장』 등이 온전히 남아 있다 하더라도 일반 연구자가 현실적으로 이러한 자료들을 참고하기가 거의 불가능하다. 그 결과 현재 경찰사 연구는 제도사 중심으로 이루어질 수밖에 없는 현실이다.[16] 이를 개선하기 위해

명사, 2002; 보은경찰서, 『보은경찰사』, 2003; 음성경찰서, 『음성경찰 60년사』, 대광, 2006; 상당경찰서, 『청주 상당경찰서사 1945.10.21~2006.12.31』, 일광, 2007; 김제경찰서, 『김제경찰 1000년사』, 전주 영광기획·인쇄사, 2007; 괴산경찰서, 『괴산경찰 60년사』, 대한 P&D, 2008; 제주 동부경찰서, 『제주 동부경찰서사』, 선진인쇄사, 2008; 서귀포경찰서, 『서귀포경찰 60년사 1945.12.24~2008.12.31』, 2007; 장흥경찰서, 『장흥 경찰백년사』, 대동문화, 2012; 고성경찰서, 『고성경찰사』, 도서출판 경남, 2014; 수성경찰서, 『수성경찰 30년사』, 대구출판사, 2014; 강릉경찰서, 『강릉경찰 70년사』, 채륜, 2015; 삼척경찰서, 『삼척경찰 70년사』, 성은기획, 2015; 김천경찰서, 『김천경찰 100년사』, 동아인쇄, 2017; 포항북부경찰서, 『포항지역 경찰역사』, 나무, 2021; 정읍경찰서, 『정읍경찰 100년사』, 진 디자인, 2021 등이 있다.

16　중앙의 경찰제도사 중심으로 기술된 자료는 다음과 같다. 치안국, 『대한경찰연혁사』, 1954; 현규병, 『경찰제도사』, 경찰전문학교, 1955; 치안국, 『한국경찰 10년사』, 백조사, 1958; 『한국경찰사』 I, 광명인쇄공사, 1972; 『한국경찰사』 II −1948~1961.5, 광명인쇄공사, 1973; 『한국경찰사』 III −1961.5~1979.10, 고려서적, 1985; 치안본부, 『한국경찰사』 IV −1979. 10~1993. 2, 삼신인쇄, 1994; 경찰청, 『한국경찰사』 V −1993.3~2005. 12, 대한 P&D, 2005; 경찰청, 『경찰 50년사』, 1995; 경찰청, 『한국경찰사』 VI −2006. 1~2014.12, 대한 P&D, 2015; 경우장학회, 『국립경찰 50년사』 일반·사료편, 예림인쇄, 1995. 개인이 경찰제도사 중심으로 기술한 자료는 다음과 같다. 서기영, 『한국경찰행정사』, 법문사, 1976; 김순규·이현희, 『한국경찰사』, 예일출판사, 1973(이현희가 단독으로 1979년 덕현각에서 재발간하였으며 내용은 동일하다); 박범래, 『한국경찰사』, 경찰대, 1988; 허남오, 『한국경찰제도사』, 동도원, 1998; 김성수 외 7인, 『한국경찰사』, 경찰대, 2015; 김형중, 『한국경찰사』, 박영사, 2020(개정판, 초판 2016); 이윤정, 『한국경찰사』, 소명출판, 2021(증보판, 초판 2015) 등이 있다. 그리고 지방경찰사 중심으로 기술한 자료는 다음과 같다. 수도관구경찰청, 『해방이후 수도경찰발달사』, 국도인쇄국, 1947; 제주경찰청, 『제주경찰사』, 일진옵셋인쇄사, 2000; 전남경찰국, 『전남경찰사』, 전일실업, 1992; 충남경찰청, 『충남 경찰사』 상·하권, 서울인쇄사, 1998; 부산경찰청, 『부산경찰사』, 영진공판인쇄사, 2000; 경북경찰청, 『경북경찰발전사』, 매일신문사, 2001; 강원경찰청, 『강원경찰발달사』 상·하권, 강원일보사, 2002; 전북경찰국, 『전북경찰 60

지역사와 경찰사가 연계된 연구가 필요하다.

따라서 남한 내 군 단위의 지역사회에서 행해진 경찰활동을 김제군의 사례를 통해 주민과 경찰 간의 관계에 유념하여 밝히는 것은 한국전쟁의 결과로 사회 전반적으로 더욱 강력해진 남한의 반공체제를 이해하는데 큰 도움을 줄 것이다. 한국전쟁기 전라북도 김제군에서 경찰이 '반공국가'와 '반공국민'을 만들기 위해 어떠한 역할을 수행하였는지를 살펴보며, 1950년대 남한에서 '반공 이데올로기'가 내면화되는 과정을 알아보고자 한다.

이를 위해 한국전쟁기 지역사회 연구에 관한 성과를 살펴보면 대부분 한국전쟁기에 발생한 민간인 희생자 현황조사를 기반으로 경찰이 '반공이데올로기'를 수호하는 과정에서 행한 '학살'을 주제로 하여 이루어지고 있다. 구술사연구 또한 전쟁의 실상, 국가 폭력에 대응하는 민중의 모습 및 피해, 피난과 경제상, 가족의 이산 상황 등 당시 제대로 기록되지 않은 사실史實에 접근하여 그 주제가 '학살, 폭력, 반공 이데올로기'에 집중되는 경향을 보이고 있다.

문헌연구의 경우 한국전쟁기 경찰에 관한 1차 자료가 현재 국가기록원, 경찰청과 경찰대학 등 부속기관, 지방경찰청 등에서 보관되어 있지만, 국가기록원의 자료는 주로 인사 관련문서인 신분장이며, 경찰기관이 소장하고 있는 자료는 외부에 공개되어 있지 않아 연구에 활용되기 어렵다.[17] 반면에 구술사연구는 주로 지방사에 대한 미시적이고 구체적인 사

년사』, 영광인쇄사, 2005; 경기경찰청, 『경기경찰사』, 대기전산, 2008; 울산경찰청, 『울산경찰사』, 그린애드컴, 2009; 대구경찰청, 『대구경찰 30년사－1981~2011』, 매일신문사, 2011; 경남경찰청, 『경남경찰 70년사』, 오션 커뮤니케이션, 2016; 서울경찰청, 『서울경찰사』, 2017 등이 있다.

17   현재 경찰대학에 대한민국정부 수립부터 1950년대까지 경찰의 지역전투 상황을 자세히 알

실들을 밝히는 데 치중하고 있다. 그간 분단의 장벽, 극우반공주의의 장벽에 막혀온 민중의 목소리를 통해 한국전쟁을 총체적으로 인식하기 위해 지방사 연구들이 진행되고 있지만, 지방경찰 활동의 구체적인 실상을 다룬 연구는 찾기 어렵다.

또한 기존 연구들이 의존하고 있는 문헌들은 경찰기관의 공적 기록물을 거의 참조하지 못한 채 '학살'이라는 주민의 희생에만 초점을 맞춰 경찰과 지역주민에 대한 관계를 정확하고 상세하게 보여주지 못하고 있다. 구술청취 역시 기억력의 정확성 문제, 기억의 신뢰도, 말과 사물의 일치성, 말과 기억의 주관성, 연구자가 지닌 해석의 자의성 등이라는 단점을 갖고 있다. 무엇보다 국가권력과 주민 사이에서 활동하는 경찰을 제대로 살피지 못해 한국전쟁기 국가와 주민의 관계를 총체적으로 그려내는 데 한계를 보이고 있다.

물론 학계에서는 연구방식을 떠나 경찰의 공적 기록물을 참조한 연구 결과에 대해 신빙성 여부를 두고 의문을 제기할 수 있다. 그러나 경찰 내부문서의 특성상 그 신뢰도와 정확성은 완전히 무시하기 어렵다. 이를 통해 볼 때, 한국전쟁기 지역사회를 더욱 정확하게 보기 위해서는 경찰의 내부문서 발굴이 절실하고 시급한 실정이다.

수 있는 자료가 소장되어 있으나 현재 공개되지 않고 있다. 그 자료는 다음과 같다. 『6·25 참전시 전투상황』(연도 불상), 『지리산지구경찰대 전투상보』(지리산지구경찰대, 1950), 『국립경찰의 활동상황』(내무부 치안국, 1953), 『치안일보철』 제1·2·3·6·8·10권(내무부 치안국, 1951~1952), 『전사일기』(내무부 치안국 비상경비총사령부, 1952~1953), 『경찰전적통계부』(내무부 치안국, 1951~1956), 『태백전사』(태백지구경찰전투사령부, 1951~1952), 『특수전례집』(서남지구전투경찰대, 1953~1954), 『서남지구전투경찰대 설치법』(내무부 치안국, 1953), 『적정일보』(내무부 치안국, 1953~1954), 『적정개황』(내무부 치안국, 1954·1956), 『작전관계서류』(내무부 치안국, 1955·1956·1958) 등 총 12종 43권으로, 속히 일반 연구자에게 공개되어 당시 경찰의 전투 활동이 상세하게 밝혀져야 할 것이다.

그러한 가운데 저자는 해방 후부터 1950년대까지 김제경찰서에서 근무한 경력이 있는 한 경찰관이 집안에 보관하던 당시 김제경찰서와 전라북도경찰국의 문서, 그리고 기타 문서를 입수하였다.

그 자료를 소개하면 다음과 같다.

김제경찰서가 발간한 『관내상황管內狀況』은 1950년 1월 1일부터 1953년 7월 30일까지 병사업무, 보안, 경비, 수사, 사찰 등 모든 경찰활동 사항을 취합하여 수기로 기록한 내부문서로 모두 120쪽이다. 『관내상황』은 경찰서장이 새로 부임하거나 전북경찰국장 등 고위직 인사가 경찰서에 처음 방문했을 때 관내 치안상황과 경찰활동을 종합적으로 보고할 때 활용하는 자료다. 일반적으로 당해 혹은 직전 연도의 내용만 기록되어 있으나 본 문서는 한국전쟁기 김제경찰서의 모든 활동을 정리한 것으로, 서내署內에서 계속 보관하다가 각종 보고, 기안 시 참고 등 필요할 때마다 활용된 것으로 보인다.

〈사진 1〉『관내상황』

〈사진 2〉『1950년 11월 관내상황』

전라북도경찰국이 발간한 『1950년 11월 관내상황』은 경찰국이 북한군 점령으로부터 지역을 수복한 후 처음으로 관내 전투 및 치안상황을 취합, 정리한 철필본인 내부문서로 모두 129쪽이다. 주요 내용은 경무, 보안, 경비, 사찰, 수사, 통신 등

각 소관별로 긴급하고 중요한 사항이다. 특히 1951년 11월 2일 전라북도 도청의 경찰무기고에서 로켓탄이 폭발, 도청 본관과 선화당宣化堂에서 보관 중이던 각종 서류와 역사 자료 등이 모두 소실[18]되었기 때문에 이 문서는 전라북도사 연구에도 도움이 될 것으로 판단된다.

김제경찰서장이 1951년 8월 20일 내무부장관에게 보내도록 결재한 「하문사항下問事項에 대對한 보고報告의 건件」은 수기본으로, 당시 전북지역 빨치산들이 군경의 강력한 진압 작전으로 인해 속리산, 태백산, 지리산 등으로 분산, 이동할 때 경찰의 선무활동의 하나로 행해진 격문배포의 목적과 세부사항을 알게 해준다.

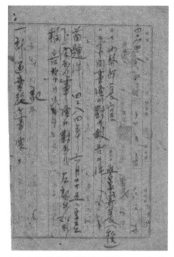

〈사진 3〉 「하문사항에 대한 보고의 건」

김제경찰서 사찰계가 작성한 「DP 체포逮捕에 관關한 건件」과 「장병 DP자 명부」는 1953년 6월 1일부터 7월 31일까지 2개월 간 육군 헌병과 함께 탈영병을 체포하기 위하여 일제 검문검색 활동 및 검거 방법을 지시한 철필본 문서다.

또한 1953년 6월 10일 작성한 「휴전회담休戰會談을 위요圍繞한 비상사태非常事態 대비對備에 대對한 비상경계非常警戒 실시계획

〈사진 4〉 「DP 체포에 관한 건」

---

18   전라북도, 『전라북도 일지 1945~1991』, 청웅인쇄, 1993, 102~103쪽.

〈사진 5〉「장병 DP자 명부」

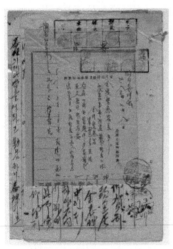

〈사진 6〉 전북경찰국 접수 투서
처리지시문(1952년 7월 7일)

實施計劃의 건件」은 사찰경계와 검문검색, 선무활동을 지시한 철필본 문서다. 이와 함께 1953년 6월 16일 작성한 「사찰경찰활동査察警察活動 강화强化에 관關한 건件」은 정전협정 체결 당시 경찰서 간부와 군郡 유력인사로 이루어진 '민중계몽대'를 조직하여 주민의 반공의식 고양, 경찰의 민정 파악과 빨치산 가족을 통한 대對빨치산 귀순 종용 등을 지시한 철필본 문서다.

그리고 김제군 주민들이 1952년 2월부터 1953년 3월까지 경찰의 각종 비리와 민폐, 제2국민병 소집 등의 문제로 전북경찰국장 또는 김제경찰서장에게 보낸 친필 투서가 있다. 투서는 주민들이 당시 경찰의 '반공국가'와 '반공국민' 형성과정에서 발생한 각종 문제에 저항하기 위한 가장 큰 수단이었다. 이를 통해 한국전쟁기 경찰을 통한 국가권력과 지역주민 간에 생긴 균열을 자세하게 볼 수 있다.

이러한 문서들은 군 단위의 사료史料로서 전시戰時 중앙단위의 국가정책이 지역사회에 어떻게 실현되었는지, 전쟁이 지역사회(민)에 어떤 영향을 미쳤으며, 지역사회(민)는 이에 어떻게 대응했는지 등을 연구하는 데 유용한 자료다.[19]

특히 한국전쟁기 경찰의 내부문서는 오늘날 문서와 마찬가지로 보존

기간이 지나면 대부분 폐기되는 특성으로 인해 현재까지 남아 있기가 어렵다. 따라서 그 희소성이 높은 편이다. 게다가 이들 문서는 대부분 철필본으로 작성되어 필사본보다는 판독이 쉽기 때문에 더욱 정확하고 상세하게 한국전쟁기 경찰과 주민 간의 관계를 볼 수 있다.

물론 김제경찰서의 역사로는 2007년에 발간된 『김제경찰 1000년사』가 있다. 그러나 이 책의 내용 대부분은 1998년 경찰청이 개청된 이후부터 오늘날까지의 경찰활동이다. 한국전쟁기 경찰활동에 관해서는 『전라북도 호국경찰사』[2012]에 나온 조촌面境 방어전에 관한 내용만 서술되어 있다. 따라서 이 책들을 통해 지역사회에서 행해진 경찰활동의 실상을 파악하기는 어렵다.

저자는 이들 김제경찰서와 전북경찰국의 1차 자료를 주로 분석하면서 지역 자료, 전사戰史, 중앙 또는 지방경찰기관이 당시부터 최근까지 발행한 문헌자료 등도 폭넓게 활용하고자 한다. 다만 일선경찰서의 자료를 주로 참조하였기 때문에 경찰지휘부의 정책수립 취지 등은 알기 힘든 단점이 있다. 이를 보완하기 위하여 중앙·지방경찰의 기관지, 경찰교과서, 경찰참고서 등을 추가로 활용하려 한다.

그리고 연구의 범위를 1950년 6월 25일 한국전쟁 발발일부터 1955년 7월 1일 서남지구전투경찰대의 해대일解隊日까지로 정하고자 한다. 1950년 9월 15일 인천상륙작전 이후 백야전전투사령부 등 국군과 경찰의 강력한 빨치산 진압작전으로 인해 빨치산의 수는 1950년 12월 22,602명[20]

---

19 한모니까, 「남북한 자료의 발굴·정리·활용 현황」, 『역사학의 시선으로 읽는 한국전쟁 –사실로부터 총체적 인식으로』, 휴머니스트, 2010, 709쪽.
20 내무부 치안국 대한경찰전사발간회, 『대한경찰전사 제1집 민족의 선봉』, 홍문출판사, 1952, 182쪽.

에서 1955년 2월 106명으로 급감[21]하였다. 그러나 이때까지도 서남지구 전투경찰대가 여전히 전시戰時경찰 활동을 수행하였다. 이에 전시경찰 활동은 1955년까지 지속되었다고 볼 수 있는 것이다.

---

21   국방부 군사편찬연구소,『대비정규전사』, 서라벌인쇄주식회사, 1988, 339쪽.

제2장 ——————— 일본인의 농장지역에서 해방된 김제군

김제군[1]은 전라북도에 위치해 있다. 오늘날 행정구역으로 보면 동쪽은 전주시 일부 및 완주군과 경계를 이루고, 서쪽은 만경강 하류에서 시작하여 군산시와 접하며, 남쪽은 동진강 하류를 기준으로 부안군과 정읍시와 경계를 이루고, 북쪽은 만경강 중류 연안을 따라 익산시와 접해 있다.

지세는 대체로 죽산평야, 만경평야, 진봉평야 등으로 이루어진 평야부이나 동남쪽으로 금산면과 금구면 일부가 소백산계 노령산맥에서 뻗어 내려가는 지산맥선에 속하여 동에서 서로 서서히 낮아진다. 김제에서 가장 높은 지대의 주봉은 금산면 금산리 소재 모악산[797m]으로, 동쪽으로 완주군, 남쪽으로 정읍시의 상두산과 연결된다. 그리고 산줄기가 시계 방향으로 진안군의 운장산과 마이산, 임실군의 성수산과 백련산, 순창군의 회문산, 정읍시의 내장산까지 광범위하게 이어진다. 게다가 서쪽에 위치한

---

1 '김제군'은 한국전쟁기 지방자치단체명이다. 오늘날은 '김제시'이다. 그 과정을 보면 1989년 1월 1일 김제군의 김제읍, 월촌, 백산, 봉남, 황산면 일부가 김제시로 승격되었으며, 1995년 1월 1일 김제군과 김제시가 통폐합되었다. 2023년 6월 30일 현재 김제시의 총 면적은 547.02km²로(전라북도의 6.7%), 김제시 중앙부분인 요촌동을 가운데 두고, 시계방향으로 신풍동, 교월동, 백산면, 황산면, 봉남면, 부량면, 죽산면, 성덕면, 만경읍, 청하면, 공덕면, 백구면, 용지면, 금산면, 광활면, 진봉면으로 이루어져 1읍, 14면, 4동(151리·동, 765마을, 1,547반)으로 구성되어 있다. 김제시청 인터넷 홈페이지(2023년 7월 10일 검색), 주민 수는 2022년도를 기준으로 남자 43,041명, 여자 42,883명으로 총 85,924명이며 이 가운데 외국인 수는 남자 1,417명, 여자 612명으로 총 2,029명이다. 국가통계포털(2023년 7월 10일 검색).

〈표 1〉 김제군의 위치(1997년)

※전라북도, 『전북학연구』 I, 혜안, 1997, 46쪽.

금구면의 선암리 등 5개 리와 북쪽에 소재한 금산면의 화율리 등 10개
리가 중소 연봉連峰으로 연결되는 모악산의 산악지대에 속해 있어, 이 지
역이 한국전쟁기 전북의 대표적인 빨치산 활동 지역이었다.

이처럼 지리적으로 아주 중요한 모악산은 정상에 어머니가 아이를 안
고 있는 형상의 바위가 있어 그 이름이 붙여지게 되었다. 모악산의 주변
에는 599년백제 법왕 1년 창건된 금산사가 있고, 1895년 5월 배재성당이 이
전하여 개칭된 수류성당²이 있으며, 1905년 설립된 금산교회가 있다. 이
외에도 구한말 증산교를 비롯한 많은 민족종교와 신흥종교가 발흥하였

---

2 배재성당은 1888년 6월 전라도지역으로 파견된 파리외방전교회(M. E. P.)의 베르모
   렐(J. Vermorel, 張若瑟, 요셉) 신부에 의해 금구현에 설립되었다. 1895년 5월 배재성당
   의 3대 주임으로 임명된 라크루(M. Lacrouts, 具瑪瑟, 마르첼로) 신부는 성당 위치가 적
   당하지 않다고 생각하고, 같은 해 10월 초 금구현 배재에서 가깝고 교통이 편리한 금구
   현 수류면 상화리(현재 김제시 금산면 화율리)로 성당을 이전하면서 '수류성당'으로 개
   칭하였다. '수류성당'이 있는 마을의 주민 대부분은 천주교 신자로, 이들 가운데 많은
   이들이 신부로 서품되어 오늘날 '신부 마을'로 알려져 있다.

다.[3] 완주군 구이면 좌측 방향에는 김일성의 본관인 전주 김씨의 시조묘인 김태서의 묘가 있다.[4] 김정일은 이에 관해 2000년 8월 북한을 방문한 한국의 신문협회와 방송협회 사장단과 만난 자리에서 "남한에 갈 수 있으면전주 김씨-저자 시조묘를 참배하고 싶다"고 언급한 적이 있다.[5]

대표적인 하천은 익산시, 완주군 등의 평야를 가로질러 서해로 유입되는 만경강이다. 이 강은 전북 고산高山지역에서 발원하여 상류는 완주군을 지나 전주와 익산이 만나는 지점에서 하천의 본류를 형성한 후, 익산과 옥구의 양안을 거쳐 서해로 빠져 나간다. 한국전쟁 발발 직후 북한군 제6사단이 장항과 군산을 거쳐 전주로 입성하기 위해 반드시 통과해야 했던 강으로, 이 강둑을 따라 군경의 조촌만경방어선이 형성되어 전투가 벌어졌다.

김제군의 옛 이름인 '벽골碧骨'의 뜻은 '벼, 고을'로, 이를 한자식으로 쓴 것이다. 그 유래는 이 지역이 농사짓기에 적합하고, 기후가 온후다우하여 일찍이 벼농사가 발달한 것에서 비롯되었다.[6] 그러나 아직까지 신석기시대의 유적은 발견되지 않았고, 단지 인근 부안군 변산면 대항리 '합구미'의 조개무지에서 빗살무늬토기 조각 발견이 보고되었으며, 계화도에서는 빗살무늬토기 조각과 함께 마제석기가 발견되었다.[7] 그리고 선사시대의 농사 유적은 발견되지 않았지만 원평강 유역의 충적층 또는 구릉지

3 박영순, 「모악산 금산사와 김제팔경」, 『국토』, 국토연구원, 2008, 183쪽.
4 "우리 가문은 김계상 할아버지 대에서 살길을 찾아 전라북도 전주에서 북으로 들어왔다. 만경대에 뿌리를 내린 것은 증조할아버지(김웅우)대부터였다." 김일성, 『세기와 더불어』 제1권, 조선로동당출판사, 평양종합인쇄공장, 1992, 4쪽.
5 「김정일 위원장·언론사장단 대화록─과거 남북정권이 체제유지에 통일 이용」, 『조선일보』, 2000.8.14, 4면.
6 김제군사편찬위원회, 『김제군사』, 호남문화사, 1978, 110쪽.
7 김제시, 『김제시사』, 학예사, 1995, 218쪽.

대에 취락지가 있었을 가능성이 있다.[8]

기원전 6년온조왕 13년 백제는 마한의 벽비리국闢卑離國 지역이었던 이곳을 병합하였고, 280년고이왕 47년 원마한에 속하였다. 그리고 330년비류왕 27년 지명을 벽골군으로 개칭하였다. 이후 삼국을 통일한 신라는 757년경덕왕 16년 전국의 지명을 한자명으로 고치면서 이 지역을 '김제金堤'로 부르게 하였다.[9]

1018년고려 현종 9년 전라주도, 양광충청주도, 경상진주도, 교주도, 서해도로 이루어진 5도가 성립되었다. 그리고 전주, 영주瀛州, 순주淳州, 마주馬州 등의 주현이 소속된 강남도와 나주, 광주光州, 정주靜州, 승주昇州, 패주貝州, 담주潭州, 낭주朗州 등의 주현이 소속된 해양도를 합쳐 전라도라 하였다.[10] 당시 전남지방이 나주목에, 전북지방이 전주목에 속하면서 김제지역이 전주목에 속하게 되었다. 이후 1143년인종 21년 김제지역이 김제현령속현 평고, 금구현령속현 거야으로 나누어지고, 만경이 임피현령에 속하게 되었다. 1106년예종 원년 만경에는 기존 감무가 현령으로 승격되었다. 이로써 김제지역이 김제, 만경, 금구의 3현령으로 나누어져 행정, 조세, 상업 등 중심활동이 크게 세 축으로 분산되어 1914년 하나로 통합될 때까지 이어졌다.

1403년조선 태조 3년 김제현이 김제군으로 되면서, 김제지역은 만경현과 금구현과 함께 1군 2현으로 편제되었다. 1620년광해군 12년 만경현은 김제군에 병합된 후 2년 후인 1622년 다시 전주부로 이속되었지만 기존의 김제, 만경, 금구 중심이었던 경제활동은 변함이 없었다. 만경의 경우 읍성의 둘레가 854m2,820척, 높이가 3.63m[12]척이고, 성안에 6개의 우물이 있으며, 동쪽에 토성이 있다고 기록[11]되어 있을 정도로 만경평야를 기반으로

---

8   위의 책, 220쪽.
9   김제군사편찬위원회, 앞의 책, 1978, 131쪽.
10   최정환, 『고려 정치제도와 녹봉제 연구』, 신서원, 2002, 96쪽.

현세縣勢가 상당히 컸던 지역이었다. 당시 읍성의 흔적은 오늘날 남아있지 않고, 현재까지 지속되고 있는 사직재, 교동, 옥거리, 서문외리, 서문안, 동문안 등의 지명을 통해서만 자취를 알 수 있다. 다만 만경현에 속한 면의 수는 적은 편이었다. 1670년현종 11년에 발간된 『동국여지지東國輿地誌』에 의하면, 김제군은 19면, 만경현은 5면이었고,[12] 1759년영조 35년에 출간된 『여지도서輿地圖書』에는 김제군 19면, 만경현 8면, 금구현 10면으로 기록되어 있다.[13]

1876년 조선과 일본 간에 조일수호조규朝日修好條規, 강화도조약가 체결된 이후 점차적으로 진행된 일본인의 토지투자는 미곡의 주산지인 삼남지방의 평야지대에 집중되어 있었다. 그중 전라북도의 경우 금강, 동진강, 만경강의 3대 하천유역인 군산부근과 전주평야가 일본인의 토지투자지로 가장 좋은 지역으로 꼽히고 있었다.[14]

그런 가운데 1894년고종 31년 3월 무장茂長에 설치된 남접도소에서 동학접주 전봉준 등을 중심으로 동학교도와 농민들이 합세하여 '수심경천守心敬天하는 도道'라는 인식에서 출발한 '협동일치協同一致'라는 종교적 성격과, 각 지역의 '폐정개혁弊政改革'이라는 정치적 지향점을 지닌 동학운동이 발생하였다.[15] 무장에서 봉기한 농민군은 먼저 고부를 4일간 점령하여 폐정개혁弊政改革을 단행하고, 군기고에서 무기를 꺼내어 무장한 후 태인, 원평김제 금산, 금구로 진출하였다가 전라도 감영에서 1만여 명이 출동한다는 정

---

11 민족문화추진회 편, 『(국역)신증동국여지승람』 제4집, 1971, 455쪽.

12 금구현에 대하여는 기록이 누락되어 있다.

13 문교부 국사편찬위원회 편, 『輿地圖書』 하권, 규장문화사, 1979, 1131 · 1152~1153 · 1166쪽.

14 원용찬, 『일제하 전북의 농업수탈사』, 신아출판사, 2004, 16쪽.

15 김경순, 「1894년 농민집강소의 민주적 성격」, 『사회과학연구』 제16집, 계명대 사회과학연구소, 1997, 198쪽.

보에 의해, 금구에서 부안을 거쳐 고부로 후퇴하여 고부 황토현에서 이들을 격퇴하고, 정읍, 영광, 함평, 장성 등지를 접수한 후 4월 전주로 무혈입성하였다.[16] 이후 무주, 진안, 장수 등에서 농민군이 열세였던 반면 김제, 정읍, 고창, 장성 등 지역에서는 농민군이 매우 우세한 지역이었다. 김제지역의 경우 만경은 농민군의 힘이 지배 권력을 압도한 지역으로, 이곳에 단순히 치안기능에 한정하지 않은 농민권력기구이자 민정기관으로 기능을 확대한 도소都所가 설치되었다. 또한 김제와 금구에는 집강소가 설치되었다. 이들 지역은 대부분 7, 8월 동안 전봉준의 지시에 따라 치안기능을 강화하였지만 만경은 달랐다. 만경은 남원, 순천 등지와 마찬가지로 전봉준의 지시를 거부하거나, 소극적으로 임하였다.[17]

1894년 9월 호남지역에서 규모가 큰 27개 집강소의 농민군 병력 수는 총 114,500명으로, 김제지역의 농민군은 김제 4,000명, 금구 5,000명, 원평 7,000명을 합쳐 모두 16,000명이었다.[18] 이 가운데 김제군 농민군은 군사력을 강화한 것 외에 동학 농민군의 군수미軍需米를 제공하는데 큰 역할을 한 것으로 추정된다. 그 이유는 당시 집강소의 농민군이 군수전軍需錢과 군수미軍需米를 비롯한 군수물자를 조달하는 방식이 "관곡官穀과 관전官錢 징발", "농민군의 적대세력인 부호에게 강요하여 징수", "일정한 격식에 따라 일반 민간인에게 배당"하는 것으로 구분[19]한 데서 찾을 수 있다. 즉 김제군에서는 벽골제가 있는 부량평야가 인접하여 "부호에게 강요

16   위의 글, 196쪽.
17   김양식, 「1894년 농민군 都所의 설치와 그 이념 — 全州和約期 전라도지역을 중심으로」, 『한국근현대사 연구』 제2호, 한국근현대사학회, 1995, 39쪽.
18   신용하, 「갑오농민전쟁 시기의 농민집강소의 활동」, 『한국문화』 제6호, 서울대 규장각 한국학연구원, 1985, 44~45쪽.
19   위의 글, 51~52쪽.

하여 징수"한 경우가 많았을 것으로 보인다. 반면에 금구와 원평은 모악산의 산악지대에 인접하여 농지가 부족하였기 때문에 "일반 민간인에게 배당"을 통해 해결한 것으로 판단된다. 이는 조선 조정이 전봉준에게 "금구의 백성을 생업으로 돌아가게 하기 위해서는 해당 지역의 관원들을 파면 축출하는 등 엄격하게 처리할 것"이라고 연락[20]한 점을 감안하여 추정할 수 있는 금구지역 주민의 곤궁한 삶을 통해 알 수 있다. 원평 주민 역시 농산물 생산보다 조선 선조대부터 세워진 전주, 김제, 정읍 등 인근 지역의 상인과 주민을 주 대상으로 하는 '원평장'이 생계의 큰 기반이 된 점을 통해 볼 때 농업보다 상업에 더 치중했음을 알 수 있다. 특히 원평은 동학농민운동 당시 지리적 이점과 큰 장으로 인해 주변 지역 농민군들의 활동 중심지였다. 이곳에서는 백정 출신 동록개가 1894년 5월 전주화약 후 전봉준과 전라감사 김학진金鶴鎭이 관민상화의 원칙에 따라 집강소를 설치하기로 합의하자, 대접주 김덕명金德明에게 집강소로 사용할 공간으로 자신이 소유하고 있는 초가 4채를 헌납까지 할 정도로 동학운동의 참여도가 높았다.

그러나 만경평야를 두르고 있는 만경에서는 동학 농민군의 봉기 초기인 7, 8월 도소가 설치되었음에도 불구하고 전봉준의 지시에 적극적인 지지를 보이지 않았고, 9월에는 아예 이 지역에 농민군이 편성되어 있지 않았다. 이 점을 감안하면 김제지역에서는 전통적으로 평야지대와 산악지대에 사는 주민 간에 농산물 생산과 관련한 문제로 인해 각종 현안에 대한 '협조와 비협조'라는 상충 관계가 지속되어 왔다고 판단된다.

1895년고종 32년 5월 만경현과 금구현이 각각 군으로 승격하여 김제군과

---

20   장희흥, 「동학농민운동기 전후 조선 정부의 호남지역에 대한 인식변화 대책」, 『동학연구』 제24호, 한국동학학회, 2008, 12쪽.

함께 전주부에 속하고,[21] 1899년 5월 군산항이 개항하였다. 일본은 군산항의 개항을 통해 곡물을 자국으로 유출시키는 동시에 자국인과 자국 자본의 한국 농촌으로의 진출을 본격적으로 시도하였다.[22] 일본인들은 이 지역의 많은 토지를 용이하게 매입하였는데, 이는 땅값이 일본에 비하여 10분의 1에서 최대 30분의 1로 헐값이었고, 토지투자의 수익성이 매우 높았기 때문이다.[23] 이와 같은 일본인의 토지매입은 주로 전북의 북부 해안지방을 중심으로 확대되어 나갔다. 당시 일본인이 "최초로 농장을 일으킨 곳은 군산 부근에서 전주 사이를 중심으로 점차 그 좌우로 넓혀 나가 현재1909년-저자는 11개 군에 퍼져 있지만 매수 경지가 많은 곳은 익산, 옥구, 임피, 김제 4개 군이다"[24]라고 기록한 것은 이를 잘 보여준다.

또한 이 시기부터 김제와 군산 간의 관계가 서로 밀접하게 연계되기 시작하였다. 1909년 통감부 조사에 따르면 대일對日수출품의 약 90%는 현미, 정미 등의 쌀로 군산항의 외국무역은 대부분 일본과의 무역이었다. 이 가운데 20%는 김제, 익산, 옥구 등 배후지에서 생산된 군산미群山米였다.[25]

그리고 김제지역에서는 근대적인 농업기반이 본격적으로 조성되었다. 일본은 1905년부터 한국의 전통적인 수리시설과 수리관행을 조사하면서 대부분의 수리시설이 국유 내지 공유라는 결론을 내리고, 1908년 각 부군府郡에 훈령하여 제언계堤堰契를 조직하도록 하였다. 그 결과 1911년

21 김제시사편찬위원회, 앞의 책, 1995, 556쪽.
22 조승연, 「일제하 농업생산기반의 형성과 일본인 대지주의 농장경영」, 『민속학연구』 제6호, 한국민속학회, 1999, 396쪽.
23 원용찬, 앞의 책, 2004, 20쪽.
24 福島北俁, 『朝鮮と全州』, 共存舍, 1909, 121~122쪽; 조승연, 앞의 글, 1999, 397쪽에서 재인용.
25 최은진, 「군산미의 대일 수출구조-개항(1899년)~1910년대를 중심으로」, 『역사와 현실』 제81호, 한국역사연구회, 2011, 345~346쪽.

전북에서는 김제를 중심으로 22개의 제언계가 조직[26]되어 김제지역이 미곡생산 중심지로 특화되는 발판을 마련하였다.

1912년 1월 11일 김제역이 신설되어 운송 사업을 시작하였고, 역사驛舍가 위치한 김제면의 성산 일대는 주로 일본인의 상점과 주택 등이 들어섰고, 1912년 말 김제군에 거주하는 일본인 관리, 사업가, 상인 등의 수는 48명, 15가구가 되었으며, 다음해에는 87명, 29가구에 이르렀다.[27]

같은 해 10월과 12월 호남선의 이리~김제, 김제~정읍 구간 개통[28]은 김제지역이 미곡 생산물과 여타 지역의 각종 물화를 수송하는 역할을 크게 담당하는 계기가 되었다. 이어 1914년 1월 1일 김제역과 이리역 사이에 부용역[29]이 신설되어 김제지역의 물화 수송권역이 한층 더 세분화되면서 확장되었다. 부용역이 위치한 백구면 월봉리는 경찰관출장소, 우편소, 도정 공장, 대형 양조장 등이 들어서면서 크게 번창하였을 뿐 아니라 1929년 개설된 부용금융조합이 인근 공덕면과 용지면의 주민들에게 자금을 융통할 정도로 경제력도 강화되었다.

1914년 2월에는 김제지역의 행정기관이 정비되었다. 조선총독부는 전

---

26 박명규, 「일제하 수리조합의 설치과정과 그 사회경제적 결과에 대한 연구－전북지방을 중심으로」, 『성곡논총』 제20호, 성곡언론문화재단, 1989, 178쪽.

27 조승연, 「일제하 식민지형 소도시의 형성과 도시공간의 변화」, 『민속학 연구』 제7호, 국립민속박물관, 2000, 20쪽.

28 호남선은 1911년 7월 대전~연산간 39.9km를 개통하기 시작하여 연산~강경 구간(1911년 11월), 강경~이리 구간(1912년 3월), 이리~김제 구간(1912년 10월), 김제~정읍 구간(1912년 12월), 학교(함평)~목포 구간(1913년 5월), 나주~학교(함평) 구간(1913년 7월), 광주 송정~나주 구간(1913년 10월), 정읍~광주 송정 구간(1914년 1월)이 차례로 개통되었다. 1914년 1월 22일 목포에서 총 260.6km의 호남선 전통식이 거행되었다. 한국철도시설공단, 『한국철도건설백년사 상권』, 웅진씨앤피주식회사, 2005, 118~119쪽.

29 부용역은 2008년 여객업무가 중단되어 현재 폐역이다.

〈사진 7〉 오늘날 부용역

〈사진 8〉 현재 부용역 앞거리

라북도의 28개 부군을 폐합, 14개 군으로 축소하면서 만경군과 금구군을 김제군으로 병합하였다. 이로써 1106년예종 원년 김제지역이 김제, 만경, 금구가 현으로 분화된 이래 오랫동안 행정적·경제적으로 3개축을 이루던 체제가 하나로 통합되어 군세郡勢가 더욱 강화되었다. 그렇지만 만경은 여전히 만경평야를 기반으로 한 쌀 생산과 인근 군산, 이리 등을 포함

〈사진 9〉 부용금융조합 건물

한 상권에 의해 북부지역의 농업과 상업중심지라는 위상을 유지하고 있었다. 금구 역시 모악산 주변에 금을 함유한 석영맥이 많이 있어 오래전부터 두월천을 중심으로 한 사금 산지였다. 게다가 전주와 정읍을 연결하는 도로에 의한 교통요충지라는 특성과 인근 원평장의 활발한 경제활동에 따라 동부지역 상업중심지의 역할은 변함없었다.

1917년 김제군의 인구는 조선인 97,386명[남 49,903명, 여 47,483명], 일본인 2,199명[남 1,228명, 여 971명], 지나인 63명[남 62명, 여 1명]으로 총 99,648명[남 51,193명, 여 48,455명]이었다. 가구 수는 조선인 19,201호, 일본인 760호, 지나인 21호로 총 19,982호였다.[30] 이는 군산항의 개항과 호남선의 추가 철도 개통 이후 일본인들이 김제, 태인, 익산 등으로 본격적으로 이주한1912년에 비해 5년만에 일본인의 수가 무려 45배, 가구 수는 50배 이상 급증한 것을 보여준다.

---

30   조찬성, 『김제군지』, 1917, 44쪽.

일본인들은 정미업과 자국민 거류자를 위한 조미료업, 양조업, 식료품업, 기타 생필품 등의 경공업을 상업이 밀집된 김제역과 성산 부근 그리고 동진농조와 관련된 시설이 있는 곳에서 경영하였다.[31] 다만 이들의 유입은 1919년을 기점으로 점차 감소하고 있는데, 이는 일본인의 정착에서 비롯된 도시 성장이 나중에는 조선인의 도시로의 인구유입에 의하여 지속되었음을 보여준다. 그 일례로 1927년 김제군에 거주했던 일본인 수는 1,290명, 가구 수는 329호로[32] 이주한 지 10여 년 만에 이들의 인구는 절반 이상, 가구 수는 절반 가까이 감소하였다.

이후 김제군에서는 두 차례에 걸친 일제의 산미증식계획[1920~1925, 1926~1934] 실시로 수리시설의 개선, 간척사업, 품종개량, 퇴비장려, 심경深耕, 제초사업 등을 통해 몽리면적蒙利面積의 확대와 수확량의 증대로 미곡생산중심지로서의 입지가 굳어지게 되었다.[33]

물론 이와 같은 농산물 생산의 증가는 전반적으로 전라북도에서는 공통적인 현상이었다. 1933~35년간 조선의 농산물 생산액 가운데 미곡 비중이 전체 49.5%인데 비해 전북은 전국적으로 가장 높은 62.2%였다. 농업생산력도 1931~35년 단보당 1,057석으로 조선 전체에서 가장 높은 수준[34]이었다.

---

31 김제군에 거주하는 일본인의 업종별 종사자 수는 미곡 및 비료 11명, 의복 및 포목 16명, 식료품 15명, 과자 및 담배 7명, 양복 7명, 자전거 2명, 금방 2명, 약장사 5명, 목재 및 시멘트 2명, 문구점 2명, 염료 1명, 기계 및 기계유 2명, 우육(牛肉) 4명, 음식물 6명, 지물류 2명, 석탄 1명, 도자기 1명, 시계방 1명, 신발 1명, 술 소매(소주) 2명으로 모두 20개 업종 90명이다. 宇津本初三郎, 『金堤發達史』, 78~79쪽; 조승연, 앞의 글, 2000, 24~25쪽에서 재인용.
32 조승연, 위의 글, 22쪽.
33 김제시사편찬위원회, 앞의 책, 1995, 741쪽.
34 김영정 외, 『근대 항구도시 군산의 형성과 변화―공간, 경제, 문화』, 한울아카데미, 2006, 87쪽.

그리고 김제군은 일본인 대농장 또는 대지주에 속한 소작농가가 많은 지역이었다. 1930년대 중반 전북이 조선 전체에 비하여 일본인 지주에 소속된 농가율이 두 배 정도가 되는 일본인 집중지대[35]임을 볼 때, 이는 비단 김제군에 국한된 현상은 아니었다. 당시 전반적인 전북의 농업생산이 이러한 구조를 갖고 있었다.

1926년 전북의 21만 9천 농가 중에서 소작농이 70%를 차지하고 있었다. 전북 평균보다 훨씬 높게 소작민이 집중되어 있는 군은 정읍, 고창, 부안, 김제, 옥구, 익산 등이었다.[36] 이후 1930년 김제군의 경우 일본인 지주에 속한 조선인 소작농가의 비율이 전보다 낮아졌지만 그래도 전체 소작농가 19,054호 가운데 10,487호로 절반이 넘는 55%에 달하여 여전히 소작에 의존하여 생계를 유지하는 주민이 많았다.[37]

게다가 대규모 농토를 소유한 일본인은 더욱 증가되었다. 1939년 당시 토지소유별 상황을 보면 1,000정보町步 이상 5명, 300정보 이상 4명, 100정보 이상 9명으로 100정보 이상의 지주와 농장주는 동척 1,848정보, 동진농업주식회사 1,425정보, 구마모토熊本 농장 1,316정보 등 모두 일본인이 소유하고 있었다.[38] 그 대표적인 사례가 벽골마을로, 이 마을의 농민들이 경작한 소작지는 모두 일본인의 대규모 농장 소유였다. 이 가운데 구마모토熊本농장이 50%, 동척東拓이 20%, 이시가와石川농장이 20%를 차지하였다.[39] 이들 농장주는 소작인 선발, 품종선택에서 시작하여 생산, 유

35   소순열, 「일제하 지주제의 지대구조」, 『농업정책연구』 제19권 1호, 농업정책연구학회, 1992, 194쪽.
36   원용찬, 앞의 책, 2004, 119쪽.
37   김영정 외, 앞의 책, 2006, 111쪽.
38   조승연, 앞의 글, 2000, 23쪽.
39   조승연, 앞의 글, 1999, 398~399쪽.

통, 분배 등의 노동과정 전체에 대한 강력한 노동통제를 행하는 기업가적 지주였다. 농장의 소작인들은 노동과정 전체를 강력히 통제당하여 농업 노동자와 크게 다를 바 없는 존재였다.[40]

소작료는 소작농민들이 집조법執租法,[41] 정조법定租法,[42] 타조법打租法[43] 에 의해 지불하였는데 일반적으로 마름을 통해 거두어졌다. 당시 전북 지방의 소작료 지불형태별 비율을 보면 집조 49%, 정조 45%, 타조 6% 를 보이고 있다.[44] 1930년에 실시된 조선총독부의 조사에 의하면 전북 의 소작료는 전체 조선의 중간 평균수준인 50% 정도이지만, 보통 소작 농이 지주에게 빌린 비료, 종자, 경우耕牛, 농량자금 이자를 합쳐 생산량의 70~80% 정도를 지불해야 할 정도로 주민의 부담이 컸다.[45] 그 결과 전라 북도는 조선 전체에서 소작쟁의가 빈번하게 발생한 지역이 되었으며, 김 제군의 소작쟁의는 1930~39년간 5,998건으로 전국에서 1위를 차지[46]할 정도였다.

지주제와 소작제로 말미암은 주민들의 불만은 일제강점기 말 독립운 동으로 이어진 것으로 보인다. 1945년 3월 30일 경무국이 작성한 「전라 북도 요시찰인 명부」를 보면 김제군민의 항일투쟁 양상을 알 수 있다. 먼 저 전북 거주 요시찰인 현황을 보면 다음 표와 같다.

---

40 조승연, 「일제하 농민의 농업생산형태에 관한 연구−전북지역 한 촌락의 사례를 중심 으로」, 『민속학연구』 제8호, 한국민속학회, 1999, 156쪽.
41 수확기에 지주가 소작인과 함께 수확량을 추정하고, 그 추정액의 일정비율을 소작료로 확정하는 방식이다.
42 미리 소작료가 정해져 있는 방식이다.
43 전통적인 지불방법으로 생산된 곡물을 일정 비율에 의해 나누며, 주로 5%이었다.
44 동학농민혁명기념사업회, 『전북의 역사와 문화』, 서경문화사, 1999, 260쪽.
45 소순열, 「1920-30년대 농민운동의 성격 변화−전북지역을 중심으로」, 『지역사회연구』 제15권 2호, 한국지역사회학회, 2007, 6쪽.
46 위의 글, 9쪽.

	도내	일본	국외	외사[47]	합계	비율
전주	11	1	3	1	16	12.21
완주	7	0	0	0	7	5.34
군산	4	1	0	0	5	3.81
익산	9	4	1	0	14	10.68
옥구	5	0	2	0	7	5.34
김제	11	5	5	0	21	16.03
정읍	7	4	3	1	15	11.45
부안	4	3	1	0	8	6.10
금산	3	0	2	0	5	3.81
남원	5	1	0	0	6	4.58
임실	3	1	0	0	4	3.05
순창	2	1	1	0	4	3.05
고창	3	4	1	0	8	6.10
무주	1	0	0	0	1	0.76
진안	1	0	0	0	1	0.76
장수	1	0	0	0	1	0.76
기타[48]	7	0	0	1	8	6.10
합계	84	25	19	3	131	100

※조선총독부 전라북도지사(경찰서장), 「요시찰인 약명부 조제에 관한 건」(全北高 제348호), 1945.3.30.

〈표 2〉를 보면 전라북도에서 요시찰인이 가장 많은 지역은 김제, 전주, 정읍, 익산, 고창, 완주의 순이다. 이들 대부분 지역의 공통점은 김제와 가까운 거리에 있다는 것이다. 특히 김제 거주 요시찰인의 수가 21명으로 군산의 5명보다 훨씬 많다. 이는 해방 직전 최악의 전시통제 경제 체제하에서 농업지역 주민의 생활이 도회지 주민보다 어려웠고, 이에 따른 대일 對日 불만과 항쟁 의식이 더욱 강화하였음을 보여준다.

다음으로 『조선인 요시찰인 약명부』[49]에 나온 대상자들의 출신 읍·면,

---

47 외사는 '외국 간첩'을 말하며 주로 중국인이었다.

48 도내에 함북 길주 2명, 함북 성진 2명, 함남 홍원 1명, 충남 논산 1명·예산 1명으로 모두 전주형무소에 수감되어 있으며, 외사는 중국 산동성 1명이다.

49 2017년 8월 한국학중앙연구원의 장신 교수님이 민족문제연구소가 출간(2023년 2월) 되기 전 제공하여 주셨다. 이에 감사를 드린다.

직업, 사유 등을 원문 그대로 옮기면 다음과 같다.

〈표 3〉 김제군 거주 요시찰인 현황표(1945년 3월 30일 현재)

구분	이름	지역	직업	사유	기타
도내	정진흥 (鄭鎭興)	청하	-	민족의식이 농후하고 조선 독립의 몽상을 갖고 비밀리 결사 조직 후 실천할 가능성 농후	민족 주의
	박찬순 (朴贊旬)	금구	금조서기 (金組書記)	상동(上同)	
	김원주 (金源柱)	월촌	-	상동(上同)	
	문홍항 (文洪恒)	백산	-	상동(上同)	
	정희수 (鄭喜秀)	김제읍	목사	민족의식이 농후하고 외국선교사와 연락하여 이면책동(裏面策動)을 위하여 타인을 편동하기 위하여 불온(不穩) 언동이 농후	
	권중기 (權重祺)	백구	농업	민족적 좌경 의식을 포지(抱持)하고, 불온(不穩) 언동을 할 가능성이 농후	
	오오득 (吳五得)	봉남	-	공산주의를 신봉하고, 청년 장악 후 선전을 실천할 가능성이 농후	공산 주의
	김병숙 (金炳璹)[50]	진봉	농장 서기	공산주의에 공명(共鳴)하여, 비밀 결사 조직 후 공산주의를 선전할 가능성이 농후	
도내	김종련 (金宗蓮)	백구	광산인부 감독	공산주의에 공명(共鳴)하여, 비밀 결사 조직 후 공산주의를 선전할 가능성이 농후	공산 주의
	박판동 (朴判同)[51]	김제읍	고무신 판매	공산주의에 공명(共鳴)하여, 지방 청년에 대해 선전 편동하고, 결사를 조직할 가능성이 농후	
	임종남 (林種楠)	봉남	농업	공산주의를 포지(抱持)하고, 지방 청소년에 대한 선전 편동할 가능성이 농후	
일본	김병일 (金炳一)[52]	김제읍	사무원	공산주의에 공명(共鳴)하고, 비밀 결사를 조직, 공산주의를 선전할 가능성이 농후	히로 시마

50　「출판법」과 「보안법」 위반으로 기록되어 있다. 「일제 감시대상 인물카드」, 국사편찬위
　　원회, 『한국사 데이터베이스』(2020년 3월 7일 검색). 이하 인터넷 주소 생략.

51　「치안유지법」 위반으로 기록되어 있다. 위의 자료.

52　위와 같은 법을 위반한 것으로 기록되어 있다. 위의 자료.

구분	이름	지역	직업	사유	기타
일본	이강휘 (李烱徽)	청하	노동	민족주의를 포지(抱持)하고, 조선 독립 달성을 위한 실천운동을 할 가능성이 농후	오사카
	박상호 (朴相浩)	공덕	화물 운송업	공산주의 사상을 포지(抱持)하고, 불온(不穩) 언동을 할 가능성이 농후	도쿄
	김용규 (金容珪)	금구	-	공산주의를 신봉하고, 비밀결사를 조직할 가능성이 농후	-
	강석린 (姜錫麟)	진봉	교토제대 의학부	민족의식이 농후하여 비밀결사 가입실천 운동을 할 가능성이 농후	교토
국외	이봉길 (李奉吉)	김제읍	-	공산 민족주의를 포지(抱持)하고, 비밀 결사 출판 등 불온(不穩) 과격한 언동 및 민중 편동할 가능성이 농후	중국 신경
	이상규 (李祥奎)[53]	봉남	-	공산주의에 동조하여, 불온(不穩) 과격한 언동으로 타인을 편동할 가능성이 농후	중국 봉천
	박기성 (朴奇盛)[54]	만경	-	공산주의를 신봉하고, 불온(不穩) 과격한 언동 을 확산하여 좌익단체의 가입을 실천할 가능성 이 농후	만주국
	오원모 (吳元模)	성덕	-	공산주의자로 지나 홍군에 투신하여 선전 운동을 함	소재 불명 (중국)
	정윤옥 (鄭允玉)[55]	월촌	-	상하이에 있는 조선인 무정부주의자의 수령 격 으로서 한국 맹혈단의 배후에서 언제나 직접적 인 행동에 나섬	소재 불명 (중국)

※조선총독부 전라북도지사(경찰서장), 「요시찰인 약명부 조제에 관한 건」, 1945.3.30(全北高 제348호).

53 위반한 법이 기록되어 있지 않다. 위의 자료.
54 「치안유지법」 위반으로 기록되어 있다. 위의 자료.
55 본명은 정현섭(鄭賢燮)으로 1896년 출생하여 1981년 사망하였다. 1919년 3·1운동 때 김제에서 시위운동에 참가하였으며, 1920년 8월 극동을 시찰하는 미국의원단의 한반도 방문 때 일제침략의 부당성을 건의하려다 일본경찰에 쫓기게 되자 중국 상해로 망명하였다. 1928년 이회영, 신채호 등과 함께 조국광복운동은 혁명적 무력투쟁방법에 의존할 수밖에 없음을 협의하였다. 1930년 4월 20일 남화한인청년연맹과 흑색공포단을 조직해 직접적인 무력항일투쟁을 전개하였다. 1940년부터 푸젠성 내에서 이강과 함께 해방 때까지 광복군 활동의 현지 책임자를 지냈다. 이때 일본군의 수송로를 폭파하는 큰 성과를 거두었으며, 생포된 연합군의 포로구출 공작과 일본군 내의 한국인 학도병 탈출 공작을 전개하였다. 해방 후 귀국하여 4·19혁명 후 통일사회당 정치위원으로 활동하였다. 한국학중앙연구원, 『향토문화전자대전』(2023년 5월 31일 검색).

〈표 3〉을 보면 도내에 있는 김제 거주 요시찰인들은 대체적으로 '민족주의자'와 '공산주의자'로 나눌 수 있으며, 그 비율도 비슷하다. 이들의 직업은 기재된 것으로만 볼 때 금융조합 서기, 광산인부 감독, 목사, 농업 등 각계각층의 직종에 해당한다.

그러나 일본으로 갈수록 '공산주의자'가 많아지며, 직업은 전북 도내에 있는 요시찰인과 마찬가지로 사무원, 노동 등 다양하다. 특히 당시 지식인층으로 볼 수 있는 교토제대 의학부에 재학 중인 진봉 출신의 한 주민이 민족주의자로 비밀결사 조직을 만들 가능성이 있다는 이유로 요시찰인이 된 점이 주목된다.

일본을 제외한 국외의 경우는 모두 '공산주의자'이다. 특히 월촌 출신의 정윤옥은 무정부주의자이면서 맹혈단원의 핵심적인 인물로 일제 경찰의 특별한 감시를 받고 있었다.

김제군의 행정구역은 1931년 4월 1일 개정된 읍면제에 의해 지정면이 읍으로 바뀌고, 각 읍과 면에는 읍회와 면협의회가 모두 선거에 의해 구성되면서 읍회에 의결권이 부여되고, 면협의회는 자문기관으로 유지되었다.[56] 이에 따라 김제군에서는 지정면이었던 김제면이 김제읍으로 승격되었고, 면은 월촌, 부량, 죽산, 성덕, 광활, 진봉, 만경, 청하, 백산, 공덕, 용지, 백구, 봉남, 황산, 금산, 금구면으로 이루어졌다. 이러한 읍면제는 한국전쟁이 발발한 후에도 그대로 유지되었다.

김제군에서는 해방 직후 인민위원회의 세력이 군산, 옥구, 익산 등과 마찬가지로 강세를 보였으나, 정작 미군정이 실시될 때는 소규모의 방해

---

56 허영란, 「일제시기 읍·면협의회와 지역정치－1931년 읍·면제 실시를 중심으로」, 『역사문제』 제31호, 역사비평사, 2014, 134쪽.

〈표 4〉 김제군 지도(1978년)

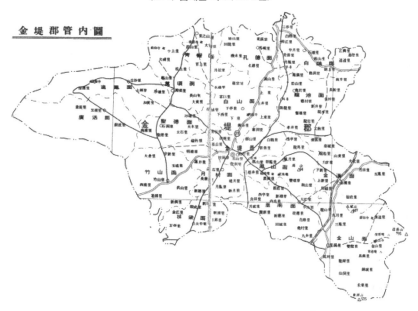

金 堤 郡 管 內 圖

※김제군사편찬위원회, 『김제군지』, 호남문화사, 1978.

공작이 있었을 뿐 커다란 소요사태는 없었다.[57] 1945년 12월 경찰이 인
민위원회의 기록을 탈취하고, 점유했던 건물에서 나가도록 명령하여 인
민위원회가 군청을 점거하고 면과 리에 재조직되었지만 이미 세력을 많
이 상실한 상태였다. 다음해 1월 일부 부락이 아직 인민위원회의 영향 아
래에 있자 경찰이 미 전술부대의 지원하에 면 인민위원회들을 습격하고,
지도자들을 체포하여 이들 조직이 거의 무력화되었다.[58]

　1946년 3월 16일 일제강점기에 설치되었던 도평의회, 부회府會, 읍회,
면의회, 학교평의회가 폐지[59]된 반면 도제道制, 부제府制, 읍면제는 계속 존

57　브루스 커밍스, 김자동 역, 『한국전쟁의 기원』, 일월서각, 2008, 294~393쪽.
58　위의 책, 395쪽.
59　「법령 제60호」(1946년 3월 14일), 내무부 치안국, 『미군정 법령집』, 연도 미상, 54쪽.

속되어 대한민국이 수립된 이후까지 지속되었다. 1949년 7월 4일 「지방자치법」이 공포[60]되어 1950년 8월 15일 지방의회 선거를 할 예정이었으나 한국전쟁의 발발로 연기되었다. 이후 전황이 국지전으로 변하고 국내정국이 다소 안정되자 1952년 4월 25일 시읍면협의회 선거가 먼저 실시되었다. 그 결과 김제군에서는 읍의회 의원 15명, 월촌면 등 16개 면의회의원 197명이 당선되었다.[61] 또한 같은 해 5월 10일 도의회의원 선거에서도 김제군에서 인근 지역보다 많은 5명이 당선되었다.[62] 이는 농촌인구가 집중된 데 따른 것으로 당시 김제군이 여전히 많은 주민의 농업력에 기반을 둔 지역임을 보여준다.

이하 발행기관과 연도 생략.

60   「지방자치법」에 의하면 지방자치단체의 종류는 서울특별시 및 도와 시, 읍, 면의 2종으로 된 중층제로 하고, 구역은 행정구역으로 하되 군만을 자치단체로 하지 않으며, 기관 대립주의에 따라 지방의회와 장이 각각 상호 견제토록 하면서 집행기관의 장은 중간단체의 경우 임명제, 시·읍·면은 내각책임제가 가미된 절충형으로 하였다. 김운태, 「권력구조와 정부」, 『한국정치외교사논총』 제13호, 한국외교정치사학회, 1995, 147쪽.

61   투표율이 91%인 가운데 전주, 이리, 군산 등 3개 시와 김제, 삼례, 금산, 남원, 정주, 고창 등 6개 읍, 그리고 161개 면에서 실시되었다. 그 결과 시 61명, 읍 91명, 면의회 1,976명, 모두 2,128명이 선출되었다. 김제시, 앞의 책, 1995, 521~523쪽.

62   도의원은 익산, 정읍, 고창은 각각 4명이었다. 전라북도, 『전북학연구』Ⅰ, 혜안, 1997, 297쪽.

1. 근대경찰의 탄생

조선정부는 1894년고종 31년 6월 설치된 군국기무처를 통해 중앙정부 권력기구의 재조직화, 청나라에 대한 독립 천명, 과거제도의 폐지, 새로운 관리 임용, 양반과 상인 등 계급의 타파, 연좌율緣坐律의 폐지, 조혼 금지, 공사노비의 해방, 과부의 재가 허용, 재정제도의 일원화 등을 통해 종래 조선이 갖고 있었던 각종 문제를 급진적으로 변혁하려고 하였다.

이에 따라 같은 해 7월 14일 「경무청관제」[1]가 제정되어 근대적 경찰기관인 경무청이 창설되었다. 경무청은 내무아문에 소속되어 수도 한성의 치안을 책임지면서 산하에 경무서를 설치하였다. 경무청의 장長인 경무사는 그 지위가 정2품으로 승격되었는데, 이는 갑오개혁 이전 좌·우포도청이 병조에 속하면서 포도대장이 종2품으로 그쳤던 것과 비교된다. 또한 종래 병조 소속의 좌·우포도청이 담당하던 무관경찰제가 내무대신

---

1   「경무청관제」는 조직법으로 총 22개조로 이루어져 있다. 주요 내용은 인원(제1조), 지휘, 감독(제2~3조), 경무사 권한(제4~9조), 경무사 관방 설치(제10~11조), 총무국, 총무국장, 과장(제12조~14조), 경무사 감독(제15~16조), 경무서 설치(제17조), 경무서장 임명(제18조), 감옥서 사무(제19조), 감옥서장(제20조), 감옥 서기(제21조), 순검·간수에 관한 별도 규정(제22조)이다.

소속의 경무청으로 변경되면서 문관경찰제로 바뀌게 되었다. 그러나 경무사의 권한은 변화를 거친 것에 비해 상대적으로 제한적이었다. 의정부, 내무, 외무 등 모든 대신은 "경무사와 각 지방장관을 감독할 수 있으며 경무사, 지방장관의 행정이 성규成規에 위반되거나 공익을 침해하거나 월권연행越權擅行이 있으면 정지를 명하거나 전폐全廢"[2]할 수 있었다. 이러한 경무사의 권한은 다음 해에도 "각부 주무에 관하는 경찰에 당當하여 각부대신의 지휘를 승承함"[3]이라는 조항에 의해 재확인된다.

1900년 6월 의정부에 경부警部가 신설되었다. 경부대신은 의정부에서 토론과 표결을 행사하는 찬정贊政으로, 전국의 경찰사무를 관장하였다. 한성에서는 판윤이 경무감독소警務監督所를 신설하여, 경무警務 동東, 서西, 남南, 북北, 중서中署를 지휘하였다. 경부가 1901년 3월 폐지되자 경무청이 복설되어 내부소속으로 경찰사무를 그대로 이어 받아 전국의 경찰, 소방, 감옥사무를 담당하였다. 경무사는 사법경찰 사무에 관해서 이전처럼 법부대신의 감독과 지휘를 받았지만, 그 외에는 각 부府, 부部, 원院의 장長과 대등하게 업무를 처리하였다. 조직으로 직속 관방비서과, 경무감독소을 두었고, 산하에 경무국警務局을 두어 경무과, 문서과, 기록과, 회계과를 관할하게 하였다. 그리고 1905년 2월 기존 경무청 산하기관인 경무국이 독립되어 그 업무가 전국의 행정 및 사법경찰, 각 항시장 및 지방경찰 업무, 도서출판, 감옥사무, 전염병 예방과 종두 접종 등 공중위생에 관한 사항, 검역, 정선停船, 의사·제약사·약제사의 개업 시험과 약품 조사 등으로 확대되었다. 이에 반하여 경무청은 관할지역이 한성과 경기도지역으로 축소

---

2 「各府·各衙門 通行規則」(1894년 7월 14일) 제10조, 국사편찬위원회, 『한국근대사 기초 자료집』, 이하 『한국근대사 기초 자료집』.

3 「경무청관제」(1894년 7월 14일) 제3조, 위의 책.

되면서 수도경찰로 환원되었다.

1906년 2월 조선통감부가 설치되자 일본 정부의 칙령에 의해 대한제국에 주둔한 헌병이 군사경찰 외에 행정경찰과 사법경찰 업무를 담당하게 되었다. 같은 해 8월 일본군사령부가 한성 용산에 상주하고 난 후 군율을 발포하여, 위반자에게 감금, 추방, 태픔, 과료를 벌칙으로 가하였다. 게다가 당시 고문경찰단의 활동이 본격화되면서 헌병은 한성과 인근 지역의 고등경찰사무까지도 담당하게 되었다.

1907년 7월 헤이그 밀사사건으로 고종이 퇴위하고, 민심이 동요하면서 의병이 봉기하자, 일본은 이를 진압하기 위하여 헌병대를 크게 확충하였다. 이어 10월 7일 「한국 주차헌병에 관한 건」을 제정하여, 헌병이 치안유지에 관한 경찰업무를 맡도록 명문화하였다. 그리고 헌병대 편제를 개정하여 기존 '주한주차헌병분대'를 '한국주차헌병대'로 승격하여, 대장을 육군 소장으로 임명하였다.

같은 해 7월 27일 경무국이 일본의 동경경시청과 같이 이름이 경시청警視廳으로 변경되고, 그 장長이 경무사에서 경시총감으로 개칭되었다.[4] 또한 같은 날 전국의 모든 경무서가 경찰서로, 분파소가 순사주재소로 개칭되었고, 계급도 경무관, 총순, 순검은 경시, 경부, 순사라는 일본식 계급으로 변경되었다. 그러나 여전히 경기도에서는 경무사가, 다른 지방에서는 관찰사가 내부대신의 명에 의해 관할 경찰서장에 대하여 지휘권과 감독권을 행사하였다.

1908년 7월 20일 관제가 개정되어 각 도에 내무부內務部와 경찰부警察部가 신설되었다.[5] 이 관제에 의하면 내무부는 지방행정 사무, 구휼 및 자

---

4 「칙령 제1호-경무청관제 개정」(1894년 7월 14일), 위의 책.
5 「칙령 제49호-지방관 관제」(1908년 7월 20일), 위의 책.

선, 향제享祭, 종교 및 사사祠社, 토목, 지적 및 토지 수용, 교육 학예, 권업勸業, 외국인에 관한 사무 등을 담당하였다. 경찰부는 경찰, 위생, 민적, 이민 등에 관한 사무를 담당하였다. 그 장인 경찰부장은 경시로 임명되어, 관찰사를 보좌하면서 산하 경찰서장에 대해 지휘와 감독을 하였다. 그리고 1910년 6월 29일 한성에 경무총감부가 설치되고, 경무총감부의 장은 칙임관인 경무총장이 임명되었다. 기존 경찰부는 경무부로 개칭되면서 그 장은 주임관인 경시가, 경찰서장은 전임관인 경부가 임명되었다.[6]

전라북도에서는 1885년 5월 26일 조칙詔勅이 반포되어 전국 도, 부, 목, 군, 현의 행정구역이 23부, 337군으로 되면서, 종래 부윤, 목사, 군수, 서윤, 판관, 현령, 현감 직이 모두 폐지되고, 모든 부윤 이하의 장이 군수로 개칭되었다. 1886년 8월 4일 다시 지방제도가 1부府, 한성 13도[7]로 변경되면서 기존 전주부와 남원부가 '전라북도'로 통합되어 산하에 26개 군을 두었다.[8] 이로써 전주부와 남원부에서 근무하던 경무관과 경무관보는 폐지되었고, 전북 감영에서 경찰 업무를 담당하는 관원은 주사 6명, 총순 2명, 순검 30명, 서기 10명, 통인通引 · 사령使令 15명, 사용使傭 8명, 사동使童 8명이었다.[9] 관찰사는 여전히 산하 군郡 사무를 통할하였으나, 각 부 주무에 관한 업무는 변함없이 관할하는 부 대신의 지휘와 감독을 받았다. 군수는 각 군에 주임 1명을 두고 관찰사 휘하에서 사무를 처리하였다.

이후 큰 변화는 없었으나 경찰제도가 1906년에 중요한 계기를 맞이하게 된다. 일본 헌병의 영향력이 크게 확장되던 시기인 1906년 7월 6일

---

6   「칙령 제39호-통감부 경찰서 관제」(1910년 6월 29일), 위의 책.
7   경기도, 황해도, 강원도, 충청남 · 북도, 경상남 · 북도, 전라남 · 북도, 함경남 · 북도, 평안 남 · 북도.
8   「칙령 제35호」(1896년 8월 4일), 『한국근대사 기초 자료집』.
9   내무부 치안국, 『한국경찰사』 I, 광명인쇄공사, 1972, 402쪽.

수도 한성에만 설치되었던 경무서와 경무분서가 전국으로 확대 시행[10]되면서 전북에서는 전주에 전라북도경무서가, 남원에 남원경무분서가 신설되었고, 각각 장(長)으로 경무관과 총순이 임명되었다. 관할지역을 보면 전라북도경무서가 김제, 태인, 여산 등이었으며, 남원경무분서는 구례, 운봉, 장수 등이었다.

1908년 7월 20일 지방관제 개정으로 전북경찰부장 겸 전주경찰서장으로 경시 가와타케 유키川武行가 내임來任[11]하였고, 남원·고부경찰서가 신설되었다. 이로써 당시 전북에서는 전주경찰서가 전주, 김제, 금구 등을, 군산경찰서가 만경, 신창진신설, 옥구 등을, 남원경찰서가 운봉, 장수, 임실 등을, 금산경찰서가 금산, 용담, 무주를, 고부경찰서가 부안, 태인, 정읍 등을 관할하도록 조정되었다.

1910년 6월, 앞에 쓴 바와 같이 한성에 경무총감부가 설치되자 전북에서는 종래 경찰부가 경무부로 개칭되었고, 관찰사가 근무하는 전주 감영에 헌병대장으로 키치 히로무코吉弘庚 중좌가 착임하였다.[12] 같은 해 8월 5일 전주경찰서는 전주군 내, 진안경찰서는 진안군과 장수군, 임실경찰서는 임실군과 장수군 일부, 정읍경찰서는 정읍군 내, 고창경찰서는 고창군과 무장군 등을, 줄포경찰서는 부안군 내, 군산경찰서는 함열군 내와 만경군 등으로 관할이 조정되었다.[13] 또한 같은 날 익산헌병분대가 익산군과 여산군 등을, 남원헌병분대가 남원군 내와 운봉군 등을, 고부헌병분대가 부안군 내와 김제군 등을, 금산헌병분대가 무주군과 금산군 등을 관할

---

10 「내부령 제4호 – 경찰구획 개정」(1907년 12월 27일), 『한국근대사 기초 자료집』.

11 전북경찰국, 『1950년 11월 관내현황』, 1950, 6쪽.

12 위의 책.

13 「통감부령 제44호 – 경무부 및 경찰서 명칭, 위치 및 관할 지역의 건」(1910년 8월 5일), 『한국근대사 기초 자료집』.

구역으로 하여 경찰활동을 담당하였다.[14]

김제지역의 김제, 만경, 금구는 1906년 7월 6일 전라북도경무서의 관할지역에 속하였다.[15] 그리고 같은 해 10월 1일 전국적으로 분파소가 신설[16]되면서 전국의 경찰관서 수가 경무서 13개, 분서 26개, 분파소 299개로 증가하였다.[17] 이때 김제와 만경에서는 고부경무분서 분파소가, 금구에서는 남원경무분서 분파소가 신설되었고, 인원은 모두 순검으로 김제는 6명, 만경과 금구는 각각 4명이었다.

1906년 2월 조선통감부가 설치된 이후 조선 전역에 배치된 헌병 병력이 782명으로 증가하였다.[18] 같은 해 8월 말에 일본 정부가 의병진압을 위하여 파견한 일본군 제12여단이 도착하고, 10월에는 기병 1개 연대가 도착하였다. 이 부대들은 6개 분대로 재편되어, 전국 각 지방에 분견소를 두고 주둔하면서 그 병력 수가 1907년 말 2,000명으로 대폭 증가하였다.[19] 이에 따라 다음과 같이 김제에 헌병파견대가 설치된 것으로 보인다.

〈표 5〉 김제지역 헌병파견대(1907~1909년)

일자	관서명	주소	비고
1907.3.13	금산파견대[20]		1909년 10월 27일 순사주재소 신설
1907.11.5	금구파견대[21]		
1908.8.10	죽산파견대	죽산면 578번지	

※김제경찰서, 『김제경찰 1000년사』, 전주 영광인쇄사, 2007, 275・290・295쪽.

---

14 「통감부령 제42호 – 경찰서의 직무를 행하는 헌병분대의 명칭 위치 및 관할 지역의 건」
    (1910년 8월 5일), 『한국근대사 기초 자료집』.
15 「내부령 제5호 – 지방경무서 및 경무분서의 관할구역」(1906년 7월 6일), 위의 책.
16 「내부령 제10, 11, 12호」(1906년 10월 1일), 위의 책.
17 내무부 치안국, 앞의 책, 1972, 526쪽.
18 차문섭, 『조선시대 군사관계 연구』, 단국대 출판부, 1996, 137쪽.
19 위의 책.

이와 함께 1907년 12월 18일 군산경찰서가 신설되면서 12월 27일 김제와 금구는 전주경찰서로, 만경과 신창진[신설][22]은 군산경찰서 관할로 변경되었다. 1908년 6월 다시 전국 경찰기관의 관할 지역이 변경[23]되어 김제, 만경, 금구가 전라북도경무서 소속으로 되면서 배치된 순사 수가 각각 4명이었다.[24] 그리고 1910년 8월 한일병합이 되기 직전 전북의 치안기관이 경찰서와 헌병대[본대]로 분할되면서 김제, 금구, 금산, 죽산이 전주헌병대 고부헌병분대의 관할로 되었고,[25] 만경과 신창진은 계속 군산경찰서 관할에 남게 되었다.[26]

20 김제경찰서의 『기본대장』에는 이 파견대가 1909년 4월 15일 금산순검대로 개칭되었다고 나온다. '순검대' 명칭에 관한 자료는 현재까지 발견되지 않았다. 다만 당시 일선경찰관들이 순검으로 불리었기 때문에 지역경찰관서를 이렇게 명명한 것으로 추정된다.

21 금구에서는 1906년 7월 6일 이미 분파소가 신설되어 1910년 8월까지 존속되었기 때문에 증치(增置)된 것으로 보인다.

22 오늘날 만경읍에서 동쪽으로 군산 방향에 있는 청하면 동지산리 일대를 관할하였다.

23 「내부령 제3호각 경찰서, 동 분서, 동 분파소의 관할구역 및 경찰관리 배치정원에 관한 건」(1907년 6월 30일), 『한국근대사 기초 자료집』.

24 전라북도 경무서 관할지역은 전술한 지역을 제외하고 임피, 함열, 용안, 익산, 여산, 고산, 진안, 남원분서는 운봉, 장수, 임실, 순창, 고부분서는 부안, 태인, 정읍, 덕흥, 고창, 무장, 금산분서는 진산, 용담, 무주를 관할하였다.

25 「통감부령 제42호 - 경찰서의 직무를 행하는 헌병분대의 명칭 위치 및 관할 지역의 건」(1910년 8월 5일), 『한국근대사 기초 자료집』.

26 「통감부 고시 제170호 - 순사파출소 및 순사주재소의 명칭·위치에 관한 건」(1910년 8월 5일), 위의 책.

2. 식민지 김제경찰

일제는 1910년 8월 29일 대한제국의 국권을 피탈하였다. 그리고 종래의 통감부보다 더욱 강력한 통치기구인 조선총독부를 두었다. 초대 총독으로 이미 통감으로 있던 육군대장 데라우치 마사타케寺內正毅가 취임하였다. 일제가 무관총독을 내세우고 군사력을 동원하여 조선을 통치하게 된 데에는 한국병합이 군부의 주도로 이루어졌으며, 무력에 의한 한국병합은 군사력에 의한 대륙진출의 전진기지를 마련한다는 점에서 일본제국주의의 사활이 걸린 일이었다.[27]

조선총독부는 최고 경찰기관으로 경무총감부를 두어, 그 장長을 칙임관인 경무총장으로 하였다. 경무총장은 전국의 경찰사무를 관장하고 모든 직원을 대상으로 지휘, 감독을 하였다. 또한 주조선헌병사령관이 경무총장을 겸직하였다.

전라북도에는 경무부警務部를 두었다. 그 장長은 칙임관인 경무부장으로 도내의 경찰사무와 관내 경찰서를 관장하였으며, 그 지역을 관할하는 헌병대장이 겸직하였다. 경찰서가 없는 지역에는 헌병분대, 분견소를 두어 헌병과 경찰의 두 조직체계가 연립하였다. 헌병이 최고 치안책임자로 두 조직의 수장을 겸하는 일원적인 명령계통을 이루고 있었다.[28] 헌병에게는 조장행정 원조사무라는 행정기능이 부여되어 도로 수축, 세금징수 원조, 농업지도, 해충구제, 산업장려, 부업 및 저금장려, 어업단속 등 행정기

---

27   박만규, 「보호국체제의 성립과 통감정치」, 『한국사 – 근대민족의 형성1』 11, 한길사, 1994, 214쪽.
28   이상의, 「일제하 조선경찰의 특징과 그 이미지」, 『역사교육』 제115호, 역사교육연구회, 2010, 169쪽.

관의 사무를 원조하는 형식으로 겸행하였다.[29]

또한 전국의 지역경찰관서는 '순사파출소'와 '순사주재소'로 구분되었다. '파출소'라는 명칭은 대한제국 이전부터 일본이 편의적으로 설치한 사무소를 말하며,[30] 1910년 8월 이러한 명칭이 처음으로 정식 직제로 구분되어 나타난다.[31] 한성에서는 주로 '순사파출소', 지방에서는 관할지역이 넓거나 역이 있는 중심가 등에는 '순사파출소', 그 외의 경우는 '순사주재소'로 명명되었다. 김제지역에서는 헌병대 분대가 파견된 지역을 제외하고 모든 지역경찰관서가 '순사주재소'였다.

김제지역에서는 일제강점이 시작된 지 얼마 되지 않은 1910년 10월 25일 진봉면 고사리 1411번지에 고사순사주재소가 신설되었다.[32] 이로써 당시 경찰관서가 있는 지역은 김제면, 만경, 금산원평, 금구, 죽산, 고사진봉로 모두 6곳이 되었다. 그 가운데 금산, 금구, 죽산을 관할한 전주헌병대 고부분대는 활동 영역이 고창, 순창 등으로 상당히 넓은데,[33] 이는 헌병의 관할구역이 김제군 부량면을 경계로 하여 북부는 규모가 큰 분대가, 남부는 그보다 작은 분견소가 담당하였기 때문으로 보인다.

1914년 2월 만경군郡과 금구군郡이 김제군에 병합되어 대체적으로 오

---

29 김민철, 「식민지 통치와 경찰」, 『역사비평』, 제26호, 역사비평사, 1994, 212쪽.

30 대한제국기 이전에는 황성신문 등에 그 명칭이 나오며, 공적 기록물인 『일본 외무성 경찰사』의 부록편 「경찰관 배치 근무」에는 "김천파출소는 1903년 3월 2일 경부철도공사 보호를 위한 건설회사의 청원에 의해 신설되어 순사 1명이 배치되었고, 삼랑진파출소 또한 1903년 3월 10일 같은 이유로 설치되었다"는 등의 내용이 기술되어 있다.

31 「통감부 고시 제170호 — 순사파출소 및 순사주재소의 명칭 위치에 관한 건」(1910년 8월 5일), 『한국근대사 기초 자료집』.

32 김제경찰서, 『김제경찰 1000년사』, 전주 영광인쇄사, 2007, 301쪽. 이하 각주에서는 『김제경찰 1,000년사』(2007).

33 「조선총독부령 제43호 — 조선주차헌병대관구 및 배치표 개정의 건」(1910년 12월 10일), 『한국근대사 기초 자료집』.

늘날의 행정구역이 정해졌다. 1917년에 발간된 『김제군지金堤郡誌』에 나온 김제경찰서 현황을 보면 순사주재소는 죽산, 용지, 백구, 만경, 청하, 진봉, 금구, 금산원평면에 있었으나 면사무소 소재지인 김제, 월촌, 백산, 부량, 공덕, 성덕, 하리, 쌍감, 초처[34]에는 설치되지 않았다. 이는 당시 경찰력으로는 모든 면에 주재소를 설치하기 어려웠기 때문으로 판단된다. 소속 직원은 서장 1명경부 순사부장 3명, 순사 16명, 순사보 31명으로 총 51명이었다. 이러한 수는 군청 직원이 총 16명군수 1명, 용원 12명, 농업교사 2명, 조수 1명임을 감안할 때 3배가 넘는 많은 인원이었으며, 당시 경찰관 1명 당 주민 수는 약 1,953명이었다.[35]

〈표 6〉 김제군의 신설 순사주재소와 출장소(1914~1917년)

일자	관서명	주소	기타
1914.3.1	공덕순사주재소	공덕면 황산리 197-7번지	
1914.3.10	김제순사주재소	김제읍 요촌리 4구 464번지	대지 82평, 2층 건물
	부량순사주재소	대평리 211-1번지	
	성덕순사주재소	성덕면 남포리 316번지	
1914.6.1	부용순사출장소	백구면 월봉리 241-6번지	1918년 4월 1일 청사 신축(40평)
1914.10.13	만경순사주재소	만경면 만경리	
1916.3.20	하리순사주재소	하리·초처리	현 봉남면
1916.6.16	청하순사주재소	청하면 동지산리 702-3번지	
1917.3.20	쌍감순사주재소	쌍감면	현 황산리, 768평, 건평 41평, 목조와가

※김제경찰서, 『김제경찰 1000년사』, 전주 영광인쇄사, 2007, 273·277·284·295·298·303·307·310·322쪽.

1919년 3월 1일 일제의 식민지 지배에 저항하는 최대 규모의 항일독립운동이 일어났다. 전북지역에서는 3월 4일 옥구, 3월 5일 군산, 3월 13일

34　1935년 하리와 초처는 봉남면으로 통합되고, 쌍감면이 황산면으로 변경되었다.
35　당시 전체 군민 수는 99,648명이다.

과 14일 전주 등에서 만세시위가 전개되어 도내에 확산되었다.[36] 김제의 경우 3월 6일 읍내에 약간의 독립선언서가 배포되었으나 사전 정보가 새어 나가 만세시위로 확대되지 못하고, 3월 20일 원평 장날에, 그리고 4월 4일 만경 장날에 총 3,000여 명이 참여한 가운데 만세시위가 전개되었다.[37]

조선총독부는 3·1운동을 계기로 1919년 8월 19일 칙령 제386호 「조선 총독부관제 개정」[38]을 공포하여 종래 외청이었던 경무총감부를 부내府內 1개국인 경무국으로 개편하였다. 각 도에서는 일본의 제도에 준하여 경찰권이 도지사에게 이양되었고, 도내 제3부에 경무과, 고등경찰과, 보안과, 위생과가 설치되었다.[39] 이 제3부는 1921년 2월 경찰부警察部로 개칭되었다. 그리고 1부府, 1군郡 경찰서, 1면 주재소를 원칙필요한 곳은 2개 이상의 경찰서 또는 주재소를 설치으로 하고, 경찰서장은 경시 또는 경부를 임명하며, 종래 조선인에 한해 임명하였던 순사보를 '내선철폐'라는 이름 아래 폐지하는 대신 조선인 순사보를 모두 순사로 진급시켰다.[40] 이와 함께 종래 '순사파출소'와 '순사주재소'의 명칭이 '경찰관파출소'와 '경찰관주재소'로 변경되었다.[41] 파출소는 경찰서가 있는 지역을 담당하였기 때문에 장長인 수석이 없었고 경찰서가 직접 지휘와 감독을 하였다.

1921년 전국 경찰의 정원은 경찰부장 13명, 경시 54명, 경부 509명,

---

36   전라북도, 『전북학연구』 I, 혜안, 1997, 297쪽.

37   위의 책, 243쪽.

38   조선총독부 조직이 관방, 총무부(문서과, 인사국, 외사국, 회계국, 감사실), 내무부(서무과, 지방국, 학무국, 경무국), 탁지부(서무과, 세관공사과, 사세국, 사계국), 농상공부(서무과, 식산국, 상공국), 사법부(서무과, 민사과, 형사과, 특수수사과)로 개편되었다.

39   안용식, 「일제하 한국인경찰 연구」, 『현대사회와 행정』 제18권 3호, 한국국정관리학회, 2008, 194쪽.

40   김민철, 「식민지 통치와 경찰」, 『역사비평』 봄호, 제26호, 역사비평사, 1994, 214쪽.

41   「조선총독부 고시 제215호」(1919년 8월 20일), 『한국근대사 기초 자료집』.

순사 18,588명으로 총원 19,164명이며, 1910년대 중반 5,767명과 비교하면 약 3.3배 증원되었다.[42] 일제는 필요한 인원의 대부분을 일본 현지에서 구하는 방법을 택하였다. 모두 3,000명을 모집하기 위해 나고야, 오사카 등에 지부를 두어 모집관 40여 명을 파견하기도 하였다.[43] 이들 경찰관은 치안행정 외에 여전히 사법사무검사사무와 민사조정와 조장행정사무 등 식민통치 전반에 걸쳐 관여하였고, 이후 1939년도 통계에 의하면 치안활동이 아닌 법정취체, 집달리 사무, 우편 보호, 세관 사무, 전매사무, 삼림취체 등에 종사한 순사 수도 연인원 206,234명으로, 1일 평균 565명이었다.[44]

대대적으로 경찰력이 확충됨에 따라 김제군에서도 다음과 같이 경찰관주재소와 출장소가 증설되었다.

〈표 7〉 김제군의 신설 경찰관주재소와 출장소(1921~1929년)

일자	관서명	주소	기타
1921.3.1	용지경찰관주재소	용지면 구암리 388-2번지	대지 224평, 건평 24평
	동진경찰관출장소	광활면	
1922.3.1	백산경찰관주재소	백산면 하리 12번지	1939년 4월 15일 백산면 하리 6-2번지로 이전[45]
1924.3.31	역전경찰관주재소	김제읍 신풍동 13-16번지	대지 113평, 건평 24평
1929.9	월촌경찰관주재소	월촌면 입석리 402-6번지	

※김제경찰서, 『김제경찰 1000년사』, 전주 영광인쇄사, 2007, 270·286·307·316·320쪽.

---

42 김정은, 「1920~30년대 경찰조직의 개편—내용과 논리」, 『역사와 현실』 제39호, 한국역사연구회, 2001, 303쪽.
43 장신, 「경찰제도의 확립과 식민지 국가권력의 일상 침투」, 『일제의 식민지배와 일상생활』, 혜안, 2004, 571쪽.
44 김민철, 「식민지 조선의 경찰과 주민」, 『일제 식민지지배의 구조와 성격』, 경인문화사, 2005, 225쪽.
45 대지는 446평, 건평은 35평이다.

그리고 김제경찰서 청사 또한 1924년 3월 31일 김제군 김제읍 신풍리 141-1번지에서 목조와당건평 60평으로 개축되면서, 목조와가49평로 된 별관과 연와와가9평 1동이 신축되어 확장되었다.[46] 지역경찰관서 역시 증설되었다. 1934년에 발간된 『김제발전사』에 의하면 당시 김제경찰서 관하에는 직할 파출소 1개, 경찰관주재소 13개가 있었다.[47] 이 가운데 직할 파출소는 역전에, 경찰관주재소는 죽산, 공덕, 김제(읍), 부량, 성덕, 만경, 청하, 하리, 쌍감, 용지, 백산, 월촌, 금구에 설치된 것으로 보인다.

일제는 1931년 만주사변을 일으키고, 1937년 7월 7일 중일전쟁을 개시함으로 조선이 일본군의 병참기지로 전락하였다. 더욱이 1941년 태평양전쟁이 발발하면서 침략전쟁이 더욱 확대되기 시작하자, 새로운 국제정세에 대처하고, 조선 내부의 통치력을 극대화하기 위하여, 조선에 대한 지배방침을 새롭게 강구하였다. 즉 국민총력운동을 철저히 하면서 황국신민화의 강화, 적성敵性사상의 경계, 국토방공의 준비 등 치안대책을 강화하였으며, 만주 개척정책에 대한 협력을 통하여 선만일여鮮滿一如도 철저히 하고자 했다. 또한 생산력 확충계획으로서 전시식량 대책을 추진하였으며, 주요 광물증산을 중심으로 하는 광공업의 진흥, 물자동원계획, 물가통제, 국민저축의 장려 및 강화 등을 통해 전시경제체제를 강화시키고, 노무동원을 적극적으로 추진하였다.[48]

전시체제기 김제경찰서의 자료는 현재까지 발견되지 않았다. 다만 미나미 지로南次郎 총독이 1938년부터 1940년까지 도경찰부장 회의에서

46　『김제경찰 1,000년사』(2007), 123쪽.

47　宇津木初三郎,『김제발전사』, 1934, 63~64쪽.

48　박경식,「일제의 황민화정책」,『한국사－식민지시기의 사회경제1』13, 한길사, 1994, 164쪽.

"방공방첩사상의 강화, 경제통제의 강화와 조장행정의 배가, 민심의 동향 찰지察知와 언론기관의 지도 조성 등"을 구체적으로 지시[49]한 점을 보면 김제경찰서는 다른 경찰서와 마찬가지로 일반경찰 활동, 고등경찰 활동, 경제경찰 활동, 외사경찰 활동 등 가용할 수 있는 모든 경찰력을 동원하여 최후의 식민지 지배정책을 관철하려고 노력하였을 것으로 판단된다.[50]

또한 경찰과 주민 간의 관계는 노동력과 군사력 동원, 물자동원과 시국동원, 단체가입 종용, 물자와 생활통제, 창씨개명 강제, 경방단 활동 지원, 지속적인 위생경찰 활동, 그리고 일상 업무인 조장행정 사무와 호구조사 등으로 밀접하게 연계[51]되어 있는 점을 감안하면 김제경찰서 역시 적극적으로 이와 같은 경찰활동을 한 것이 분명하다.

---

49   김민철, 앞의 책, 2005, 220쪽.
50   1942년 김제경찰서의 지역관서 현황은 파출소로 김제읍 신풍리에 역전파출소 1개소, 경찰관주재소로 죽산면 죽산리에 죽산경찰관주재소, 용지면 구암리에 용지경찰관주재소, 백구면 반월리에 백구경찰관주재소, 부량면 대평리에 부량경찰관주재소, 만경면 만경리에 만경경찰관주재소, 공덕면 황산리에 공덕경찰관주재소, 청하면 동지산리에 청하경찰관주재소, 성덕면 남포리에 성덕경찰관주재소, 진봉면 고사리에 진봉경찰관주재소, 금구면 금구리에 금구경찰관주재소, 봉남면 도장리에 봉남경찰관주재소, 황산면 용마리에 황산경찰관주재소, 금산면 쌍용리에 쌍용경찰관주재소로 총 13개소가, 출장소로는 백구면 월봉리에 부용경찰관출장소 1개소가 있었으며, 이러한 지역경찰 체제는 해방될 때까지 계속 유지되었다. 조선경찰협회, 『지방행정구역 명칭일람』, 1942, 93~94쪽.
51   김민철, 앞의 책, 2005, 252~258쪽.

3. 해방부터 한국전쟁 발발 까지

1945년 8월 15일 정오, 일본 천황이 교전당사국이었던 미국, 영국, 중국 등에 대해 포츠담 공동선언을 수락하며, 무조건 항복을 한다는 발표를 하였다. 이로써 제2차 세계대전은 막을 내리고, 한반도는 북위 38도선을 경계로 미국과 소련에 의해 남북이 점령당하는 운명을 맞이하게 되었다.

일본 정부는 항복을 접수할 미국과 접촉을 시도해, 8월 20일 마닐라에 있는 태평양 미육군총사령부 총사령관 맥아더^{Douglas MacArthur}로부터 조선의 남북 분할점령 내용이 담긴 「일반명령 제1호」를 교부받았다. 이에 일본 정부는 8월 22일 엔도 정무총감에게 전보를 보내, 38선을 기준으로 무장해제 담당구역이 나뉜다는 사실을 예고했다. 미군 진주가 확인된 상황에서, 조선총독부는 적어도 내부적으로는 건준에 대해 지원과 선언적 경고 포고라는 기존 기회주의적 양면작전에서 지원 철회로 방향을 전환하면서, 새로운 지배자인 미군과의 접촉을 이어 나갔다.[52] 남한 점령군으로 선발된 24군단장 하지^{John R. Hodge} 중장은 8월 29일 맥아더 사령부를 경유하여 일본군 사령관이 보내온 조선에 관한 최초의 상황보고서를 읽었다. 이후 독자적으로 일본군 지휘관과 전문을 주고받아 8월 31일 일본군 사령관 코오즈키 요시오^{上月良夫}와의 연락 관계를 수립하는 데 성공하였다.[53]

1945년 9월 7일 미24군단이 인천에 도착하기 전날 맥아더는 상당히 위협적인 「포고 제1호」와 「포고 제2호 범죄 또는 법규위반」을 선포하여 강력한 치안조치를 취할 것을 예고하였다. 「포고 제1호」의 주요 내용은 다음과 같다.

---

52 이완범, 『한국해방 3년사』, 태학사, 2007, 75~76쪽.
53 정용욱, 『해방 전후 미국의 대한정책』, 서울대 출판문화원, 2013, 130쪽.

점령군의 보전保全을 도모하고, 점령지역의 공중안전·질서의 안전을 기하기 위하여 (일본의─저자) 항복 문서의 조항 또는 태평양미국육군최고지휘관의 권한 하에 발發한 포고·명령·지시를 위반한 자, 미국인과 기타 연합국인의 인명 또는 소유물 또는 보안保安을 해한 자, 공중치안 질서를 교란한 자, 정당한 행정을 방해한 자, 또는 연합군에 대하여 고의로 적대행위를 하는 자는 점령군 군율회의에서 유죄로 결정한 후 동 회의가 결정하는 대로 사형 또는 타 처벌에 처함

9월 8일 미24군단이 인천에 도착한 다음 날 서울로 입성하였다. 이 군단은 주력부대인 제7사단, 제40사단, 제96사단, 제308전폭비행단 그리고 군수지원 부대로 편제되어 있었다.[54] 9월 12일부터 23일까지 제7사단의 3개 연대와 제24군사지원단이 중심이 되어 서울 주변 50마일 둘레에 있는 개성·수원·춘천 등을 점령하였다. 이어 부산, 경상남·북도에 제40사단, 전라남·북도와 충남에는 제96사단그 후 6사단으로 교체, 제주에는 제25기지창, 경기도서울와 황해도 남부는 제24군단의 직할을 받았으며, 충북과 강원도에는 사단 규모의 부대가 배치되지 않았다.[55] 그 과정에서 미군은 전국의 기존 경찰관들에게 경찰권의 중요성을 다음과 같이 강조하며 힘을 실어 주었다.

서울에 미군美軍이 진주進駐한 후 십월 팔일十月八日경 경무국장警務局長, 지금 경무부 (警務部) 대리代理 마샬 대장代將이 남선南鮮 첫 순시차巡視次로 내도來道하여 장성長城 광주光州 화순和順 보성寶城 벌교筏橋 순천順天 광양光陽을 역임歷任하였을 때 마‒샬 대장代將의 말에 의依하야 『경찰권權은 너의 경관警官의게 부여附與하니 경관이외

54   김일영·조성렬,『주한미군─역사, 쟁점, 전망』, 한울 아카데미, 2003, 41쪽.
55   신복룡,『한국분단사 연구 1948~1953』, 한울 아카데미, 2006, 147쪽.

警官以外에는 누구를 물勿논하고 경찰권權 행사行使를 허아지 않는다』는 말을 듣고 기세氣勢가 왕성旺成하였고 마샬 대장代將이 서울에 도라간 후 경무국警務局으로 붙어 각지방경찰서各地方警察署에서는 오십 명五十名 내지內至 백 명百名식 경관警官을 모집募集하라는 통첩通牒이 있었음[56]

그리고 11월 10일 제6사단 20보병연대가 제주도에 도착하여 남한 전체에 대한 군사점령을 일단락지었다. 미 사단들은 주요 도시에 연대본부를 두었으며, 예하 각 대대가 수개 군을 관할 지역으로 담당하고, 다시 시, 읍에 소대, 분대를 파견하였다.[57]

미군이 남한지방을 점령하는 동안 제7보병사단장 아놀드Arnold. A. V. 소장이 9월 12일 군정장관으로 임명되었다. 그는 9월 14일 일본인 경무국장인 니시히로 다다오西廣忠雄를 파면하였고, 9월 17일 총독부의 산하 국장들을 소속 장교로 대체하였다.[58] 경무국장으로 헌병사령관인 매글린 William Maglin 육군 대령을 임명하였다. 같은 날 아놀드 군정장관은 성명서를 발표하여 정치집단, 귀환병단歸還兵團 또는 일반 시민단체의 경찰력 행사를 금지하고, 새로운 경찰권이 미군의 군정권에 있음을 명백히 하였다. 9월 20일 군정청의 성격, 임무, 기구 및 국·과장급 인사가 발표됨으로써 남한에 본격적인 미군정 통치가 시작되었고, 이로써 치안은 '군정경찰 military government police'이 담당하게 되었다.

당시 미군이 실시한 '군정경찰'의 개념은 "어떤 국가가 병력으로 다른

---

56 제8관구(전남)경찰청 편집부, 「새경찰 건설소기(建設小記)」, 『경성(警聲)』 9월호, 1946(추정), 34쪽.
57 류상영, 「미군정 국가기구의 창설과정과 성격」, 『한국사-분단구조의 정착1』 17, 한길사, 1994, 190쪽.
58 송남헌, 『해방 3년사』 II, 까치, 1985, 333쪽.

나라 영토를 일시 점령하고 그 점령지역 내의 주민을 보호하기 위하여 행하는 경찰'로 정의되었다.[59] 이러한 경찰제도는 비록 "경찰권의 권한은 군정의 책임자 즉 외국인인 군정장관에게 있으므로 진정한 인민의 경찰이 될 수 없다"는 한계가 있었으나 "자주독립 정부를 보진육성保進育成하기 위한 과도적 행정"이라는 의미로 '과정경찰過政警察'로 인정되었다.[60] 또한 미군이 경찰권을 행사한 근거는 다음과 같이 설명되었다.[61]

첫째, 1945년 9월 7일 태평양미육군총사령부의 「포고 제1호」 1조에 명시된 '38도선 이남의 지역과 주민에 모든 행정권은 태평양 미육군 최고사령관의 권한 하에서 시행된다'는 조문은 남한에 군정을 실시한다는 선언이다. 군정권은 행정권을 의미하며, 이 행정권에 경찰권이 포함되어 있다.

둘째, 같은 해 11월 2일 「포고 제2호」에 있는 '38도선 이남의 지역과 주민에 모든 행정권은 태평양 미육군 최고사령관의 권한 하에서 시행된다'는 조문과 같은 해 11월 2일 재조선미육군 군정청 「법령 제21호」의 제1호에 '모든 법률 또는 조선 구정부가 법률적 효력이 있는 규칙, 명령, 고시 기타 문서로서 1945년 8월 9일 실행 중인 것은 그간에 폐지된 것을 제외하고 조선정부의 특수명령으로 폐지할 때까지 전부 존속한다'는 조문은 종래 조선에 실시되고 있는 일제강점기에 실시되고 있는

---

59 박재우, 『신경찰법』, 대성출판사, 1949, 45쪽.
60 위의 책. 저자인 박재우는 당시 경찰전문학교 교수였다. 그는 경찰의 종류를 중앙경찰과 지방경찰, 행정경찰과 사법경찰, 보안경찰과 특수경찰, 통상경찰과 비상경찰, 예방경찰과 진압경찰, 민주주의 경찰과 탄압경찰, 자주경찰과 군정경찰, 대인경찰과 대물경찰, 일반경찰과 집행경찰, 기타 경찰로 구분하였다.
61 홍순봉, 『경찰법 대의』, 동아출판사, 1947, 15~17쪽.

법률, 직명, 제령, 조선총독부령 등은 당분간 그 효력을 인용한다.

셋째, 이를 감안하여 군정장관의 특수한 명령 등을 통해 이를 폐지 또는 변경하지 않는 한 그 효력이 존속한다.

미군은 군정기간 경찰을 재건하고, 발전시키고자 하였다. 이는 그들에게는 경찰이 갖고 있는 인적 구성과 조직력을 통해 당시 좌익계열이 만든 '인민공화국'과 지방의 인민위원회를 견제할 수 있으리라는 믿음이 있었고, 당시 경찰 이외의 어떠한 강제기구가 없었기 때문이다.[62] 이러한 경찰 조직을 기반으로 미군은 빠른 시일 내에 좌익의 거센 도전을 막아낼 수 있는 강력한 통제 기구를 마련하였지만, 그 중추는 경찰, 군대, 관료조직에 몸담고 있던 친미적일 뿐만 아니라 보수적이고 반공적인 인물들이었다.[63]

실제로 1946년 10월사건 후 제8관구(전남)경찰청장은 다음과 같이 좌익세력에 대해서 강력하게 대처하였다.

일월一月 일일一日 십팔시十八時 십오분十五分 박朴(승관承琯)-저자) 각하閣下게서는 광주방송국光州放送局 마이크를 통通하야 좌기左記와 여如한 방송放送을 하시엇다. (…중략…) 십월十月 삼십일三十日 오전午前 육시六時 삼십분三十分 폭민暴民 사십명四十名이 목포木浦 관내管內 수개數個 파출소派出所를 습격襲擊 경찰관警察官 삼명三名 부상負傷 폭도暴徒 오명五名 체포逮捕, 동수 시각時刻 폭민暴民 팔명八名 목포감찰서장木浦監察署長 관사官舍 습격襲擊 무피해無被害이고 기타其他 요처要處도 습격襲擊이 있으나 피해被害는 없고 폭도暴徒 검거檢擧 팔십명八十名에 달達하였고 동수 칠시七時 삼십분三十分 무안경찰서務安警察署 관내管內 지서支署 수개數個 피습被襲이 있었으나 폭

62 이혜숙, 『미군정기 지배구조와 한국사회』, 선인, 2008, 151~152쪽.
63 임영태, 『대한민국 50년사』, 들녘, 1998, 45쪽.

도暴徒 삼명三名 부상외負傷外 별무別無 피해被害 하얏고 십일월十一月 일일一日 오전午前 륙시六時 미명未明에 폭도暴徒 약約 천명千名이 함평서咸平署를 습격襲擊 방화放火코저 하얏으나 무장경관武裝警官의 용감勇敢한 총탄銃彈에 폭도暴徒 일명一名이 즉사卽死 오전午前 십일시十一時 나주서羅州署 관내管內 세지細枝·공산公山·왕곡旺谷·고막원古幕院·반남潘南·다시多侍·영산포榮山浦 각各 지서支署를 습격襲擊하랴고 수천數千 폭도暴徒가 시위행진示威行進하얏으나 무장경관武裝警官의 총탄銃彈에 폭도暴徒 약約 십명十名의 사상死傷을 냇고, 패잔敗殘 폭도暴徒는 김천金川 폭도暴徒와 호응呼應 나주서羅州署 피습被襲 점거占據를 목표目標로 나주읍내羅州邑內로 침입侵入하얏으나 삼엄森嚴한 철통鐵桶같은 경비진警備陣에 대항對抗치 못하고 잠복潛伏 또는 해산解散하얏다. (…중략…) 본인本人은 건국도상建國途上의 치안책임자治安責任者로서 (…중략…) 좌기左記 이드, 삼항목三項目을 엄수嚴守하야 민족民族의 치욕적恥辱的 불상사不祥事를 야기惹起치 안토록 특特히 요망要望하였다.

　一. 오관하吾管下 전경찰관全警察官은 사기왕성士氣旺盛 본사태本事態에 대對하야 만단萬端의 준비準備를 완성完成 대기중待機中이다. 경찰警察을 절대絶對 신뢰信賴하라

　二. 도민道民 각위各位는 각자各自의 직장職場을 사수死守하며 침착냉정沈着冷靜 자중自重하라

　三. 경찰警察의 해산명령解散命令에 불응不應할 시時는 차此를 폭도暴徒로 인정認定하고 발포發砲할 터이니 양민良民은 가담加擔치 말고 경거망동輕擧妄動 비명非命의 횡액橫厄을 삼가라.강조-저자[64]

위 인용문을 보면 박승관 제8관구(전남)경찰청장은 방송을 통해 관내

64　제8관구(전남)경찰청, 「청장 각하 방송」, 『警聲』 제3호, 1946, 76~77쪽.

에서 발생한 10월 사건을 설명하면서 많은 경찰관들이 "폭민暴民"에 의해 희생되었고, 경찰관서 역시 큰 피해를 입었다고 하였다. 또한 앞으로 경찰이 내리는 해산명령을 주민들이 불응할 경우 그들을 "폭도暴徒로 인정認定하고 발포發砲"할 것이므로, "경거망동輕擧妄動을 삼가하여 목숨을 잃지 말라"고 강력하게 경고하고 있다.

미군정청이 반공정책을 확고하게 추진하기 위하여 시행한 정책 가운데 가장 큰 문제가 된 것은 경찰간부 대부분을 일제경찰 출신자들로 재임용한 것이었다.[65] 이들은 일제강점기에 근무하면서 교육이나 사상범들을 검거한 경험 등을 통해 철저히 반공주의로 무장되어 있었다. 이러한 점은 한국사회가 철저한 '반공국가'로 나아가는 기초가 되었다.

그 사례를 보면 1946년 1월 친일경찰로 악명이 높은 노덕술이 경기도경찰부 수사과장으로 등용되었다. 노덕술의 임용에 대해 『해방 이후 수도경찰발달사』에 "맹호猛虎 張廳長장택상－저자의 화룡점청畵龍點睛의 격格이며 건국도상建國途上에 있어 조선경찰朝鮮警察의 일대위관一大偉觀"[66]으로 기록될 정도로 수도관구경찰청에서는 문제의식이 없었다.

게다가 1947년 사법부의 변호사국장 겸 법원국장인 강병순은 당시 중앙경찰의 기관지 『민주경찰』[67] 창간호에 기고한 글을 통해 일제강점기

65　헌병사령관이었던 매글린(William. Maglin) 육군 대령의 보고서를 보면 당시 관구경찰청장 63%, 국장 80%, 총경 83%, 경감 75%, 경위 83%가 일제강점기 전력 경찰관이었다. 안진은 이 자료를 10월사건 이후 열린 조미회담에 제출한, 군정경찰 책임자인 매글린의 보고서에서 재작성하였으며, 이외에 치안감 1명도 식민지경찰 출신으로 되어 있다. 그러나 1946년 당시 치안감이라는 직책 또는 계급은 없었다. 관구경찰청장 이상의 계급으로 경무부장인 조병옥이 있는데, 그는 일제강점기 경찰관으로 근무한 경력이 전혀 없다. 따라서 '치안감 1명'은 본 글에서 삭제하였다. 안진, 『미군정기 억압기구 연구』, 선인, 2012(1986), 136쪽.

66　수도관구경찰청, 『해방 이후 수도경찰발달사』, 국도인쇄국, 1947, 134쪽.

67　『민주경찰』은 1947년 6월 20일 경무부 교육국이 처음 발간하여 1961년 5·16 군사정

전력 경찰관의 고위직 임용을 위한 정당성을 다음과 같이 적극적으로 옹호할 뿐 아니라 이를 비난하는 자들을 '소아병자'로 취급하였다.

타면他面 당면當面한 경찰警察의 책임責任과 국가國家의 요청要請은 치안治安의 확보確保요, 범죄犯罪의 진압鎭壓이요, 사회社會의 안녕安寧과 질서秩序의 유지維持에 있다는 것을 간과看過하여서는 아니될 것이다. 따라서 경찰警察 수뇌부首腦部의 편성編成이 여사如斯한 책임責任을 완수完遂하며 그 능솔能率을 앙양昂揚할 수 있는 적격자適格者로서 되어야할 것도 또한 국립國立 경찰警察의 사명使命으로부터 연역演繹되는 귀결歸結이요, 실제實際上의 요청要請이라고 할 수가 있는 것이다. (…중략…) 그러므로 과거過去의 경찰부문警察部門의 경험자經驗者를 그 풍부豊富한 경험經驗과 상당相當한 역량力量을 인정認定하여 적당適當히 등용登用하는 행위行爲를 무조건無條件하고 비난非難하며 반대反對하는 것은 감정感情의 포로捕虜가 자者된이나 또는 관념적觀念的 소아병자小兒病者라고 아니할수 없는 것이다.강조─저자[68]

당시 경찰관 교육에 대한 최고 책임자인 경무부 교육국장 김정호金正晧도 경찰의 단결을 위하여 일제경찰관의 등용문제에 더 이상 거론하지 말 것을 다음과 같이 단호하게 경고하고 있다.

전직자前職者는 신직자新職者자를 포용抱擁하고 친절親切히 인도引導하며 반성反

변 이후 폐간된 기관지로, 발간 목적은 경무부가 일제강점기 동안 형성되었던 경찰의 부정적인 모습을 벗어버리고 새로운 경찰로 태어나기 위하여 경찰관에 대한 민주주의적인 교양과 민경간의 유대를 강화하기 위한 것이었다. 당시 유일한 중앙경찰의 기관지로,「1947년 9월 30일 警敎 제20호 경무부장 통첩」에 의해 모든 경찰관의 월급에서 강제적으로 50원을 갹출하여 배포되었다.

68   강병순,「意識과 力量」,『민주경찰』창간호, 경무국 교육국, 1947, 28쪽.

省할 것이며 기술技術과 경험經驗의 체득體得으로서 동족同族을 상존相尊하여 단일체單一體의 단결團結을 강화強化하는 것이 민주경찰民主警察의 목적目的일 것이다. (…중략…) 과연果然 독재주의獨裁主義 파벌주의派閥主義로서 자칭自稱 애국정치가愛國政治家들의 난립亂立한 현단계現段階에 있어 급선문제急先問題는 거족적擧族的 단결團結일 것이다. 만약萬若 개제皆際 경찰부警察部내 신구新舊의 알력軋轢이 생生할 시時는 이유여하理由如何를 막론莫論하고 양방兩方에 대하여 단호斷乎한 처치處置를 인색吝嗇치 않겠다.강조-저자[69]

이와 같은 친일경찰을 존속시킨 경찰 측의 논리와 함께 해방 후 민주국민당 최고위원, 제2대 부통령 등을 지낸 김성수가 북한의 군사적 위협에 관해 다음과 같이 말하고 있다.

제군諸君의 독립獨立과 자유自由를 탈취奪取하려는 적敵이 미증유未曾有의 절대絶大한 폭력暴力으로 임림臨할지도 모른다. 무력武力과 모략謀略으로 조국祖國의 일절一切을 약탈掠奪할지도 모른다. 그들북한-저자의 군대軍隊가 조국祖國을 유린蹂躪하고 완전完全히 국토國土를 점령占領할지도 모른다. 최악最惡의 경우를 상상想像하면 여사如斯한 비상난국非常難局에 처處하여 정권政權을 장악掌握하는 자者가 과오過誤를 감행敢行하고 적敵의 괴뢰傀儡가 되고 심甚한데 이르러서는 그들의 개인적個人的 이해利害를 적敵의 주요목적主要目的과 합치合致시킬지도 모른다.강조-저자[70]

그는 이 글에서 북한의 군대가 남한의 영토를 약탈하고 유린할 수 있다는 강한 불안감을 느끼고 있으며, 이를 막기 위해서는 반드시 우익이 남한에서 반드시 집권하여야 한다는 급박한 위기감을 보여주고 있다.

69 김정호, 「第5管區 警察官에게 告함」, 앞의 책, 78쪽.
70 김성수, 「創刊에 際하여」, 앞의 책, 10쪽.

따라서 이러한 인식하에서 경찰은 군과 동일하게 국방을 담당해야 한다고 강조되었다. 『민주경찰』의 주간인 김일수는 위기 속에서 경찰은 언제라도 다음과 같이 희생할 준비가 되어 있어야 한다고 강조한다.

군비軍備가 없는 과도기過渡期에 있어 (경찰이-저자) 유일唯一한 무장기관武裝機關이므로 순충애국純忠愛國의 무사적武士의 기백氣魄으로 국가國家의 간성干城이 되어야 할 것이다. (…중략…) 경찰은-저자 군인軍人의 의기義氣와 봉사奉仕의 심정心情과 사표師表의 긍지矜持와 지도자적指導者的 노력努力으로 국가민족國家民族을 위爲하여 신명身命을 홍모鴻毛와 같이 희생犧牲할 각오覺悟로 최선最善의 충성忠誠을 다하여 응분應分의 활동活動으로 건국建國의 초석礎石이 되어야 민주적民主的인 애국경찰愛國警察의 명실名實이 상부相符 하게 될 것이니 현명賢明한 경찰관警察官 여러분은 주소일념晝宵一念으로 애국愛國의 귀貴한 사명使命을 권권복응眷眷服膺하여 천여天與의 성직聖職을 유종有終의 미美가 있도록 완수完遂하길 바란다.강조-저자[71]

또한 이와 같은 인식은 고위 경찰간부인 박명제 제1관구(경기도)경찰청장이 경찰의 사회질서 유지활동은 군대와 같이 엄격한 명령계통을 통해 이행하여야 한다는 다음 인용문에서 확인할 수 있다.

우리는 무엇보다도 명령계통命令系統을 밟아야 하며 명령命令에 복종服從하여야 하겠다. 우리 경찰警察은 군대軍隊와 같이 명령하命令下에 조금도 불평불만不平不滿이 없이 복종服從하여야 하며 우리 경찰警察은 외부外部나 내부內部에 있어 질서秩序를 유지維持하여야 하겠으며 질서秩序를 유지維持하지 않으면 다른 사회社會에 보지 못하는 그 암담暗澹한 기현상奇

71   김일수, 「機關誌創刊과 愛國警察」, 앞의 책, 13쪽.

現象을 보이게 된다. 우리는 자기가 맡은 그 직무職務를 완전完全히 수행繡行함으로써 명령계통命令系統을 받게 되며 경찰警察의 질서秩序를 유지維持하게 된다.강조-저자[72]

신규 경찰관 채용과 교육도 문제였다. 미군정이 실시되고 난 후 서울에서는 처음 『매일신보』의 1945년 9월 16일 자에 "경찰관 희망자는 9월 16일부터 22일까지 조선경찰관강습소에 지원하라"는 공고가 실렸다. 제1차 경찰관 임명선서식이 9월 18일 오후 5시 A. F. 브렌드 서테디 소령의 사회로 개최되어, 177명이 임용된 것을 시작으로 제3차에 걸쳐 임명된 신임 경찰관의 수가 총 984명이었다.[73] 이들은 오늘날 대한민국 역사박물관 자리에 있던 '조선경찰관강습소'에서 다른 지역의 지원자들과 함께 교육을 받았다.[74] 채용 절차는 거주지 관할 경찰서 경무계장의 추천서 제출, 간단한 제식 시범, 그리고 지원 이유를 묻는 면접 등 단순하게 진행되었다.[75] 그리고 지방에서는 1946년 2월 1일 '도경찰학교'로 개칭된 '도경찰관교습소'에서 순사교육을 실시하였으며 채용절차는 서울과 비슷하였다. 이런 과정에서 부적격자를 철저하게 거르는 것은 불가능하였다.

이에 대해 수도관구경찰청의 『해방 이후 수도경찰발달사』는 다음과 같이 일본인경찰관 1명에게 모든 책임을 묻고 있으나 설득력이 많이 떨어진다.

72 박명제, 「第1管區 警察官에게 告함」, 앞의 책, 81쪽.
73 이현희, 『한국경찰사』, 덕현각, 1979, 137쪽.
74 수도관구경찰청, 앞의 책, 1947, 115쪽.
75 "저는 (1945년) 10월 5일에 경찰에 들어왔는데 (…중략…) '좌향좌 우향후 뒤로 돌아가'가 면접이고 '왜 들어 왔냐'가 질문이었지요. 그런 게 질문이었고 대답은 '혼란한 사회에 나라를 위하여 들어왔습니다'하고 다 같은 대답이었어요." 강찬기의 구술, 김평일 외, 『구국경찰사』 1, 경찰청, 2016, 261쪽.

당시當時의 경찰관강습소警察官講習所의 교관敎官 왜인倭人 경부警部 전환강田丸剛은 치안교란治安攪亂을 목적目的으로 지원자志願者의 학력學歷과 신분身分을 불문不問하고 전과자前科者 혹或은 문맹자文盲者 등等을 순사巡査 혹或은 순사부장巡査部長으로 임명任命하여 각서各署에 임의배치任意配置하였다.[76]

물론 당시 남한에서는 사회적으로 적산가옥 인수와 각종 이권에 개입하는 모리배들의 책동 방지, 급진세력의 질서 파괴행위 대비 등 시급히 대처해야 할 문제가 산적해 있었다. 또한 기존 경찰관들을 전원 해고한다면 새로이 경찰관을 모집하고, 신임교육을 실시하는 동안 미헌병이 전적으로 치안을 담당해야 했다. 그러나 이를 위해 전술군 대부분이 헌병으로 병과를 전환해야 했고, 나아가 각종 범죄자에 대한 조서를 작성할 수 있도록 한국어도 배워야 했다. 따라서 미헌병에게 모든 한국경찰관이 신규 채용되어 교육을 받은 후 임용될 때까지 치안을 담당하도록 하는 것은 불가능했다.

또한 신임교육에도 문제가 있었다. 제3관구(충남)경찰청의 기관지『새벽종』을 참조하면 다음과 같이 당시 미군정 법령의 해석에 대한 교관과 교육생 간에 혼란이 있었음을 알 수 있다.

군정법령軍政法令은 포고문布告文의 번역飜譯 관계關係가 잇서서 해석解釋이 곤난困難하온즉 차此를 군정청軍政廳과 연락連絡하야 확실確實한 정의定義와 해석解釋을 제정制定하야 교수敎授함을 요要함 단지但只 법령法令을 해석解釋함에 불과不過하야 수강자受講者로부터 수다질의數多質疑가 잇쓰나 차此에 확답確答치 못하는 유감遺憾이 잇슴[77]

---

76 수도관구경찰청, 앞의 책, 1947, 106쪽.

게다가 교육생들은 조련操鍊 수업을 할 때 제식용어가 한글보다 일본어가 더 이해가 잘 된 상태에서 교육받았음을 다음과 같은 교육생의 수기에서 알 수 있다.

> 나는 과일過日에 해군병海軍兵으로 잇쏜적이 잇섯기 째문에 교련教鍊에는 자신自信이 잇섯스나 그 호령號令이 제국주의하帝國主義下에 일본어日本語로 통용通用이 되어 나왓스니 최초最初에 국어國語로 하게 되어 보조步調가 맛지 안엇으나 현재現在에 잇서서는 오히려 나젓다[78]

이에 따라 이 기관지에는 별도로 '호령號令'란을 편성하여 "氣ヲ著ケ→차려", "廻レ右前へ進メ→뒤로 돌아-가-아", "突擊＝進メ→뭇찌러-가아" 등으로 일본어를 병기하면서 조련操鍊을 설명하였다. 한글 사용에 관한 이러한 문제는 전국적인 것으로, 1947년 12월에 가서야 경찰전문학교에서 개최된 관구경찰학교장 및 훈련담당자회의에서 종래 중앙의 경찰전문학교와 지방경찰학교[79]에서 별도로 만든 구령법이 통일되었다.[80]

게다가 1948년까지도 경찰관들이 한글이 능숙하지 않아 공문기안을 하는 데 지장이 있을 정도로 심각하자 제3관구(충남)관구경찰청이 『국문

---

77 제3관구(충남)경찰청, 『새벽종』, 1946(추정), 21쪽.

78 위의 책, 24쪽.

79 1947년 11월 1일 발행된 제6관구(전북)경찰학교의 『경찰교련필휴』(전편)에도 '앞으로 가'는 '前へ 進メ', '우로 나란히'는 '右へ 並へ', '쏘아'는 '射テ' 등을 '口令法'이라는 항목으로 상세하게 설명되어 있다.

80 "과반(過般) 국립경찰전문학교(國立警察專門學校)에서 개최(開催)된 각관구경찰학교(各管區警察學校) 급(及) 훈련담당자(訓練擔當者) 회합(會合)에서 좌(左)와 여(如)히 구령(口令)의 통일(統一)을 보게 되었다." 「개정 구령표」, 『민주경찰』 제5호, 경무부 교육국, 1947, 77쪽.

초보강의』를 발간하여 대상자들에게 배포하였다. 그 서문에는 이 책의 편찬 목적을 다음과 같이 말하였다.

> 우리는 근사십년近四十年동안 일본인日本人의 조선인朝鮮人 황민화皇民化 강요強要 바람에 우리의 말이나 글을 공부하지 못하였기 때문에 근사용近使用하는 조선 어문朝鮮文에는 공문서公文書 중中에서도 그릇된 것이 많다. (…중략…) 여기에 문법입문文法入門의 아조 간단한 설명說明을 붙이어서 우리말본 공부工夫에 도움 이 되기를 꾀한다.[81]

해방 후 경찰의 직제는 미군이 진주한 직후 일제 식민지경찰 체제를 그대로 유지하였다. 다만 9월 18일 집회, 시위에 대한 허가제를 실시하였고, 9월 24일 경무국의 위생과를 폐지함과 동시에 위생국을 신설하여 그 업무를 이관시켰다.[82] 9월 23일에는 일반시민의 무장을 해제하였고,[83] 이어 9월 29일 일반시민의 무기, 탄약, 폭발물 등의 소지도 금지하면서, 소지가 허용된 자들은 일정 기간 내에 해당 물품들을 경찰관서에 보관시키도록 하였다.[84] 그리고 일제강점기 대표적인 악법인 「정치범처죄법」1919년 4월 15일 제정, 「치안유지법」1925년 5월 8일 제정, 「정치범보호관찰령」1936년 12월 12일 제정 등을 폐지하였다.[85]

그리고 미군정청은 1945년 10월 21일 조병옥을 경찰과장으로 임명하였으며, 이날을 오늘날 경찰청에서는 경찰이 해방 후 새로이 출범한 날로

---

81 제3관구(충남)경찰청, 『국문초보강의』, 1948, 1쪽.
82 「법령 제1호−위생국 설치에 관한 건」(1945년 9월 24일), 『미군정 법령집』, 5쪽.
83 「법령 제3호−일반시민의 무장해제」(1945년 9월 23일), 위의 책, 7쪽.
84 「법령 제5호」(1945년 9월 29일), 위의 책, 8쪽.
85 「법령 제11호」(1945년 10월 9일), 위의 책, 13~14쪽.

삼고 있다.[86] 당시 경무국에는 관방, 총무과, 공안과, 수사과, 통신과가 있었다. 지방에는 각 도지사 밑에 기존 경찰부를 존속시켰고, 그 산하에 경무과, 보안과, 형사과, 경제과, 정보과, 소방과경기도, 위생과가 있었다.

1946년 1월 16일 기존 경무국이 경무부로 승격되었다.[87] 이때부터 미군정청은 종래 일본식 계급인 경시, 경부보, 경부, 순사부장, 순사를 총경, 경감, 경위, 경사, 순경으로 변경하고, 여자경찰관제도를 시행하였으며, 기존 지명 중심의 경찰부와 경찰서의 이름을 미국식으로 번호를 붙인 관구경찰청과 구區경찰서로 개칭하는 등 외형적으로 일제강점기와 차별성을 두려고 하였다. 그러나 경찰활동은 종래 방식과 크게 달라지지 않았으며, 법령도 대부분 그대로 이어받았다. 미군청정에 의해 변경된 1946년의 경찰 직제는 다음과 같이 4차에 걸쳐 변경되었다.

---

86 이상호는 「'경찰의 날'에 대한 역사적 고찰과 변경가능성에 대한 연구」(치안정책연구소 보고서 2012-03, 2012)에서 서주석의 논문인 「한국의 국가체제 형성 과정 – 제1공화국 국가기구와 한국전쟁의 영향」(서울대 외교학과 박사논문, 1996)에 나온 내용을 인용하면서, 미군정 자료에는 경무국이 새로이 창설되었다는 기록이 없고, 조병옥의 『나의 회고록』(1959)을 참고로 하여 "1945년 10월 21일은 군정당국이 경무국을 창설한 날이 아니라 조선총독부로부터 경무국을 이양 받아 경무국장에 조병옥을 임명한 날, 즉 한국인으로 하여금 경찰권을 지휘하도록 한 날"이라고 하였다.

87 「軍政警 제23104호 – 경무국 경무부에 관한 건」(1946년 1월 16일), 내무부 치안국, 앞의 책, 1972, 938쪽.

<표 8> 미군정기 경찰직제의 주요 변화(1946년)

일자	주요 변화		기타
	구분	내용	
1946.1.16	중앙	경무부 산하에 관방, 총무국(인사과, 경리과, 용도과), 공안국(기획과, 공안과, 경비과, 여자경찰과), 수사국(총무과, 정보과, 특무과, 감식과, 법의학실험과), 교육국(교육과, 교양과), 통신국(유선과, 무선과), 감찰실 설치 및 부설 국립경찰학교	
1946.1.16	지방	- 종래 경찰부 유지, 경찰부차장직 신설, 산하기관으로 총무, 문서, 공안, 형사, 교통, 통신, 소방과 설치 - 경찰서 수가 7개 이상의 시에서는 경무감(警務監)[88] 신설	전북경찰부에서는 교통과가 공안과로 병합되어 공안교통과로, 형사과는 수사과로 개칭
	공통	계급을 경무국장 → 경무부장, 도경찰부장(존속), 도경찰부 차장(추가)경시 → 총경, 감찰관(신설), 경부 → 경감, 경부보 → 경위, 순사부장 → 경사, 순사 → 순경으로 변경	
1946.4.11[89]	중앙	기존 지방 경찰부와 경찰서의 명칭을 지명위주에서 관구(管區) 또는 구(區)로 하면서 미국식인 번호로 변경[90]	-전북경찰부는 제6관구경찰청으로 개칭 -5월 9일 경찰직제 개정으로 다시 과, 서의 각 계의 주임은 계장으로 호칭되었고, 지서 주임의 명칭은 그대로 존속[91]
	지방	- 계급을 관구경찰청장, 관구경찰부청장, 총경, 감찰관, 경감, 경위, 경사, 순경으로 변경 - 경찰관주재소가 지서로 그 이름이 변경되면서 장(長)이 수석에서 주임으로 개칭되었고, 각 지서에는 차석인 경사 또는 순경을 두어 주임을 보좌하고 주임에게 사고가 있을 시 그 사무를 대리	
	공통	과(課)·서(署)·계(係)의 계선조직 가운데 계에는 반(班)이 설치	

88 감찰활동을 강화하기 위해 경찰서 수가 7개 이상인 경우 둔 것으로, 그 계급은 7~10개 서를 관할하는 경우 총경, 3~6개서를 관할하는 경우 감찰관, 2개서 이하를 관할하는 경우 선임 경감이 담당하도록 되어 있다.

89 치안국의 『경찰10년사』(1958)는 1946년 4월 1일로 기술하고 있다. 그러나 이 책의 제4편 경찰일지에는 4월 11일로 되어 있고, 『한국경찰사』 II(1973)와 『한국경찰 50년사』(1995)도 1946년 4월 11일로 기술하고 있다. 따라서 본문에서는 4월 11일로 한다.

90 수도관구경찰청(서울특별시, 10구 경찰서), 제1관구경찰청(경기도, 21구 경찰서), 제2

일자	주요 변화		기타
	구분	내용	
1946.5.15	공통	여자경찰관 모집[92]	7월 1일 경무부 공안국에 여자경찰과 신설[93]
1946.9.17	중앙	경무부 산하 기관을 관방, 총무국(인사과, 경리과, 용도과), 공안국(기획과, 공안과, 여자경찰과), 수사국(총무과, 범죄정보과, 특무과, 감식과, 법의학실험소), 교육국(교육과, 교양과, 감식과), 통신국(유선과, 무선과)으로 변경(국립경찰전문학교는 존속)	
	지방	경무총감부 신설[94]	

※『대한경찰연혁사』(1954)에 나온 내용을 정리하였다.

관구 경찰청(강원도, 12구 경찰서), 제3관구경찰청(충청남도, 16구 경찰서), 제4관구경찰청(충청북도, 10구 경찰서), 제5관구경찰청(경상북도, 24구 경찰서), 제6관구경찰청(전라북도, 14구 경찰서), 제7관구경찰청(경상남도, 24구 경찰서), 제8관구경찰청(전라남도, 24구 경찰서).

91 수도관구경찰청, 앞의 책, 1947, 151쪽. 본문에 있는 '주재소 수석이 주임으로 개칭'된 내용은 『경찰 10년사』(1958, 456쪽)에도 있다. 그러나 이현희의 『한국경찰사』(1979, 165쪽)에서는 1946년 1월 16일 군정계(軍政警) 제23104호 「경무국 경무부에 관한 건」에 의해 경찰직제가 변경되면서 거의 동시에 "주재소를 지서로, 수석이 지서장으로 개칭"되었고, 1946년 8월 26일 "지서장이 주임으로 변경"되었다고 기술되어 있다. 본 글은 가장 연도가 빠른 『해방이후 수도경찰 발달사』의 내용을 선택하였다.

92 국립경찰학교에서 2개월간 교육을 실시한 후 7월 16일 간부 15명과 순경 64명이 최초로 임명되었다. 대한민국 여경재향경우회, 『한국 여자경찰 60년사』, 에스프리, 2007, 25쪽.

93 1947년 5월 22일 공안과에 여자경찰계가 신설되어 여자경찰사무를 전담토록 하다가 1948년 4월 19일 여자경찰계를 공안과로부터 분리하여 설치한 것이다.

94 제1경무총감부는 본부를 서울에 두고 제1, 2관구경찰청을, 제2경무총감부는 본부를 전주에 두고 제3, 6, 8관구경찰청을, 제3경무총감부는 본부는 대구에 두고 제4, 5, 6관구경찰청을 관할하였다. 운수관구경찰청은 경무총감부에 배속되지 않고 경무부 직속으로 되었다. 경무총감은 경무부장을 대리하여 관할 내 관구경찰청의 일반적인 감독과 조사, 경무부 「규칙」에 명시된 규율 준수에 관한 감찰, 경감 이상의 경찰관에 대한 사문위원회(査問委員會) 총리(總理), 기타 경무부장 지시 이행 등이었다. 전북은 제3관구(충남)경찰청과 제8관구(전남)경찰청을 함께 관할하는 제2경무총감부(본부–전주)의 관할이었다. 제3관구(충남)경찰청, 『경찰교과서 경찰법』, 1947년(추정), 11~12쪽.

전라북도에서는 해방 직후 조선군관구사령부가 일본군 500명을 도내 주요 경찰서에 배치하였다. 그러나 일본군은 자국민들의 일본귀환에 전념하고, 치안유지 업무에는 방관하는 태도를 취하였다. 이에 전북경찰부의 조선인 간부들이 여러 차례 회합하여 대책을 강구한 후 8월 18일 경찰부장에게 도내 각 경찰서장의 모든 권한을 조선인경찰관에게 일임하라고 요구하였다. 그리고 이들은 같은 달 20일 도내 각서의 조선인 간부를 서장으로 임명하여 실권을 장악하였다. 10월 15일 김응조가 초대 경찰부장으로 임명되었다. 김응조는 만주 봉천군관학교를 졸업하고 만주군 중위로 있다가 해방 후 귀국한 자로 한국전쟁 때에는 수도사단 22연대장으로 참전한 후 보병 제101사단장 등을 역임한 전형적인 군 출신 인사였다.[95] 그는 취임 즉시 모든 간부를 조선인으로 임명하였고, 17일 일본인경찰관 전원 778명을 파면하면서 동시에 조선인으로 교체하였다.[96] 이후 군정당국의 지시에 의해 신속히 소속 경찰관수를 25,000명으로 증원하는 계획을 수립하여 각 경찰서장 직권으로 필요한 순사를 모집하여 임명하였고, 경찰서를 보안서로 개칭하여 경찰활동을 전개하였다.[97]

그리고 김제군에서는 해방 직후 주민들이 혼란한 사회를 정리하기 위해 당시 면리 단위로 임의적으로 조직된 청년단체나 자발적으로 구성한 야경원 등이 치안을 확보한 것으로 추정되나 이에 대한 자료는 아직까지 발견하지 못하였다. 다만 제1대 정성봉[98] 서장이 1945년 9월 16일부터 10월 17일까지 재임한 것을 감안할 때 경찰서 조직이 상당히 불안정하게

---

95   국사편찬위원회, 「한국근현대 인물자료」, 『한국사 데이터베이스』.
96   『1950년 11월 관내상황』, 10쪽.
97   위의 책.
98   국사편찬위원회의 『한국사데이터베이스』에 의하면 충남 논산 출신으로 당시 38세였으며, 남원, 진안, 정읍경찰서장 등을 역임한 것으로 나온다.

운영된 것으로 판단된다.

김제경찰서의 최초 조직을 알기 위해 『경찰서 기본대장』을 참조하면 1946년 1월 16일 "총무, 공안, 제1수사, 제2수사"로만 간략하게 기술되어 있어 구체적인 직제를 알 수 없다.

보다 더 구체적인 것을 알기 위해 비슷한 시기의 「전남 강진경찰서 직제표」1946.5.26~1946.10.28를 보면 다음 표와 같다.

<표 9> 전남 강진경찰서 직제표(1946년)

총무과99		서무계	
		회계계	
		경찰계	
	외근	직할 외근	
		유치장	
공안과100		공안계	
		방역계	
수사과101		서무계	
		1계	
		2계	
		3계	
지서102	병영, 군동, 암천 등 8개		

※「강진경찰서 직제표」, 1946.

99 인원은 총무과장(경위) 1명 외에 서무계는 주임(경위) 1명, 계원 2명(순경), 회계계는 주임(경사) 1명, 계원 1명(순경), 경찰계는 주임(서무계장 겸직, 경사) 1명, 계원 3명(순경2, 용원1), 외근은 감독자 경사 1명(서무계장 겸직), 소속직원으로 직할외근 순경 17명과 유치장 감독자 경사 1명, 순경 4명이다.

100 인원은 공안과장(경위) 1명 외에 공안계는 주임(경사) 1명, 계원 2명(순경), 방역계는 주임(공안주임 겸직, 경사) 1명, 계원 1명(순경)이다.

101 인원은 수사과장(경위) 1명 외에 서무계는 주임(경사) 1명, 계원 2명(순경), 1계는 주임(서무주임 겸직, 경사) 1명, 계원 5명(경사1, 순경4), 2계는 주임(서무주임 겸직) 경사 1명, 계원 순경 1명, 3계는 주임(경사) 1명, 계원 순경 6명이다.

102 지서명과 인원은 병영(경위1, 순경5), 군동(경사1, 순경2), 작천(경사1, 순경2), 암천(경사1, 순경3), 성전(경사1, 순경2), 도암(경사1, 순경3), 칠량(경사1, 순경2), 대구(경사1, 순경3)이다.

〈표 9〉를 감안하여 볼 때 김제경찰서는 총무과서무계, 회계계, 경찰계, 외근(직할 외근, 유치장), 공안과공안계, 방역계, 수사과1계, 2계, 그리고 지서로 구성된 것으로 추정된다.

1946년 4월 11일에는 전라북도경찰부가 제6관구경찰청으로 개칭되면서 김제경찰서는 제5구경찰서로 호칭되었다. 이때부터 경찰서장의 재임기간을 보면 제5대 송충현 경감이 1947년 7월 1일부터 1947년 7월 6일까지 근무한 것을 제외하고, 4대 이보운 경감이 1946년 6월부터 1947년 7월까지, 6대 나균섭 경감이 1947년 7월 6일부터 1949년 7월 5일까지 각각 1년이 넘게 근무하여 이전에 비해 조직이 크게 안정되었다.

그리고 김제경찰서는 1946년 일자 미상으로 부용역이 자리한 백구면 월봉리에 있는 부용출장소를 지서로 승격하였다. 이어 1947년 3월 7일 총무계에 공보반을 설치한 후 6월 5일 광활면에 동진출장소를 신설하여 기존 진봉지서가 관할하던 옥포, 은파, 창제리 지역을 분담하게 하였다. 그리고 대한민국정부 수립 직전 8월 10일 동진출장소를 광활지서로 승격하여, 지서장으로 경위 또는 경사를 임명하였다.

1948년 5월 31일 남한에서 제헌국회가 개최되어 신속하게 헌법을 심의하여 국호를 '대한민국'으로 하고, 정치체제를 '민주공화국'으로 하며, 대통령중심제 국가로 하였다. 그리고 1948년 7월 17일 법률 제1호 「정부조직법」을 제정하여 행정부 조직을 내무부, 외무부, 국방부 등 11개 부로 구성하였다.

기존 경무부는 이 법에 의해 내무부장관 산하의 1개국인 치안국으로 격하되었다. 그 이유는 「정부조직법」을 제정하는 과정에서 제헌의원 가운데 일부가 민주주의와 국제적 위신 등 대의 명분을 주장하였고, 좌익계통도 경찰권 약화를 시도한 데 반해 우익은 주로 반공을 이유로 경찰권

강화를 찬성하는 등 대립하여 결국 표결한 결과, 경찰 최고기관을 독립부서로 만들지 않기로 결정되었기 때문이다.[103] 11월 17일 내무부장관이 경찰의 최고 관청이 된 데[104] 이어 11월 24일 치안국의 조직이 경무과, 보안과, 경제과, 사찰과, 수사지도과, 감식과, 통신과, 여자경찰과, 소방과의 9개 과로 구성되었다.[105]

전라북도에서는 1948년 9월 3일 종래 제6관구경찰청장의 권한이 도지사에 귀속되면서 전라북도경찰국이 되었다. 전라북도 도지사는 내무부장관의 지휘와 감독하에 도내 사무를 관장하고, 하급 관청의 명령 또는 처분을 중지 또는 취소할 수 있을 뿐만 아니라 위임된 권한 내에서 도령道令을 발령할 수 있었다. 특히 그는 지역 군대 사령관에 대한 출병 요구권을 갖고 있어 유사시 군의 지원을 받을 수 있었다.[106] 전북경찰국의 직제는 국장경무관 휘하에 경무과, 보안과, 사찰과, 수사과, 감식과, 통신과, 그리고 소속 경찰서와 소방서로 되어 있었다.

김제경찰서의 존재가 법적으로 뒷받침되었을 때는 대한민국정부가 수립되고 난 후 1년 가까이 지난 1949년 7월 4일 법률 제32호 「지방자치법」이 제정되면서부터다.[107] 이어 제정된 「경찰서 직제」[108]에 따라 경무계

---

103 내무부 치안국, 앞의 책, 1973, 67쪽.
104 「지방행정에 관한 임시조치 법」(1948년 2월 17일), 대한행정학회, 『대한민국 법령집』, 지방·행정편, 고려문화사, 1949, 1쪽.
105 「대통령령 제18호−내무부직제」(1948년 2월 4일), 위의 책 관규·인사편, 19쪽.
106 「지방행정에 관한 임시조치법」 제11조, 대한행정학회, 위의 책 지방·행정편, 1쪽.
107 「법률 제32호−지방자치법」(1949년 7월 4일) 제150조, "시, 구, 군에 경찰서를 둔다. 단 지방의 필요에 의하여 대통령령으로 따로 구역을 정하여 경찰서를 증멸(增滅)할 수 있다", 대한행정학회, 위의 책 지방·행정편, 13쪽.
108 「대통령령 제680호−경찰서 직제」 제6조. "서울특별시장 또는 도지사는 경찰서장의 소관 사무를 분담시키기 위하여 내무부장관의 승인을 얻어 경찰서 소재지에 경찰관파출소를 기타의 지(地)에 경찰지서를 두며 임시 필요한 때에는 경찰관출장소를 둘 수 있

경무, 사찰, 통신, 보안계경비, 수사계가 설치되었다. 각 과의 업무 사항은 이전과 크게 달라진 것이 없이 한국전쟁이 발발하기 전까지 계속되었다.

다만 이 직제는 경찰서의 등급을 청사 소재지가 시 또는 군郡인지 여부, 주민 수 등을 감안한 중요도에 따라 1급과 2급으로 구분하여 총경은 1급 경찰서장으로, 경감은 2급경찰서장으로 임명하였다. 이에 따라 김제경찰 서는 2급 경찰서로, 서장은 경감으로, 각 계장은 경위 또는 경사로, 그리 고 각 직할 파출소장과 지서장도 경위 또는 경사로 임명되었으며, 구체적 으로 각 부서의 업무와 관할구역이 정해졌다.

1948년 김제경찰서 직제는 경무계, 보안계, 수사과, 사찰계, 통신계로 구성되었다. 각 계의 업무 사항은 다음과 같다.

〈표 10〉 김제경찰서 업무분장표(1948년)

부서	업무
경무계	문서의 수발, 기록, 편찬, 보관, 관인관수(官印管守), 직원의 임면, 상벌, 기타 신분에 관한 사항, 후생, 예산·경리, 용도(用度), 영선, 통번역, 서내 취체(복무규율), 타 계에 속하지 않은 사항
보안계	경찰조직, 경찰구역, 감찰, 경찰관 교양, 훈련, 시험, 호구조사, 경찰소년단, 경비, 경위(警衛), 풍속영업 취체, 영화·흥행취체, 총포·화약류·인화물질·기타 위험물 취체, 건축취체, 원동기취체, 운송조사, 보건, 교통, 수상경찰, 기타 행정경찰 사항
수사계	사법경찰에 관한 사항, 범죄수사, 형사방범, 감식, 지문, 경제경찰, 범죄통계, 유치장에 관한 사항, 기타 사복경찰에 관한 사항
사찰계	외사경찰, 각종 정보수집, 신문·잡지·출판물·저작물에 관한 사항, 기타 각종 사찰에 관한 사항
통신계	경찰통신에 관한 사항, 전화교환수에 대한 지도와 감독

※이근갑, 『경찰복무』, 동아출판사, 1948, 68~72쪽.

이 가운데 보안계 업무인 외근경찰관의 호구조사는 사찰업무에 준하 여 그 업무를 수행하여야 했다. 이들은 대상자를 은밀하게 시찰하되 형무

다." 경남경찰국, 『경찰상식문답집』 제1집, 1955, 3쪽.

소에서 석방된 대상자는 귀주歸住 후 6개월간 특별하게 유의하여 사찰하여야 했다.[109] 그리고 사찰부에 관내 정신병자, 폭행행위자, 밀매음자, 금매매자, 불량소년 소녀, 밀항자 및 밀항주선자, 부랑자 등을 기재하고 수시로 특이사항을 기록, 관리하여야 했다.[110]

이와 함께 모든 경찰관은 근무형태에 따라 내근, 외근, 형사로 구분되었다. 내근은 총무, 경리, 통신, 공안, 기타 경찰 사무에 종사하는 것이고, 외근은 경비, 경위警衛, 순찰, 교통 취체, 호구조사, 영업 감사, 기타 집행업무이며, 형사는 범죄수사, 정보수집, 기타 수사 및 사찰업무 등을 말한다. 근무시간은 업무 시작 전 15분에 출근하여 출근부에 날인한 후 점검 및 훈수訓授를 받으며, 내근 형사, 지서, 출장소 근무 경찰관은 일근을 하되 총 근무시간은 주당 44시간이었다.[111]

지역경찰관서로는 직할파출소와 지서가 있었다. 직할파출소는 경무계 소속으로 읍내·역전파출소가 있었으며, 소속 직원 수는 군내郡內 중심가를 담당하였기 때문에 직할 외근을 포함하여 경찰서에서 가장 많은 20~30명이었다. 지서는 월촌, 부량, 죽산 등 17개로 지서장인 경위 또는 경사, 직원인 순경을 포함하여 규모에 따라 4~6명이 근무하였다.

이들은 경무계장 또는 지서장의 책임하에 갑, 을, 병으로 이루어진 3부제로 근무하였다. 근무시간은 일근인 경우 오전 9시부터 오후 9시까지, 야간 당번은 일근 근무자가 퇴근한 시간부터 다음 일근 근무자가 출근한 시간까지였다. 일근은 파수입초, 순찰호구조사, 영업 감사, 휴식으로 구분되었다.

---

109 김도원, 『경찰실무요강』(상), 수도관구경찰청 경무과, 1948, 62쪽.
110 이근갑, 『경찰실무』, 동아출판사, 1948, 114~115쪽.
111 제6관구(전북)경찰학교, 『경찰교과서 복무』, 1947(추정), 22~23쪽. 이 책은 미군정기 자료이나 한국전쟁 발발 전까지 경찰관의 복무방법은 큰 변화가 없었다.

일근을 하는 1개부의 인원이 4명인 경우 1시간 단위로 A는 파수^{입초}, B와 C는 순찰, D는 휴식을 하였으며, 이 가운데 1명을 경찰서장이 호구조사, 영업 감사, 기타 근무 등을 전담하게 할 수 있었다. 1개부의 인원이 3명인 경우 1시간 단위로 A는 파수^{입초}, B는 순찰, C는 휴식을 하였다. 야간에는 휴식시간으로 2시간이 주어졌다. 파수^{입초}는 내파수와 외파수로 구분되어 파출소나 지서 문 앞^{내파수} 또는 도로변 등 지정된 장소에 서서 근무하는 것^{외파수}으로 지리교시, 교통질서 유지, 불심검문 등을 주로 담당하였다. 순찰은 도보, 기마, 자전거로 하게 되어 있었으나 김제경찰서는 말을 보유하지 못해 기마순찰을 할 수 없었다.

순찰구역은 경찰서 또는 지서 소재지인 경우 1시간에 1회 순찰할 수 있는 지역을 순찰구로 정하여 매일 10회 이상 실시하고, 그 외의 지역에서는 8시간에 1회, 매일 1회 이상을 실시하도록 되어 있었다. 8시간 이상이 소요되는 지역은 특별순찰구로 지정하였다. 이와 같은 순찰횟수의 3분의 1은 야간에 실시하여야 했다. 이러한 근무는 순찰^{제1, 2, 3, 특별순찰구}, 호구조사, 교통취체, 영업감사, 시장취체, 사찰, 교육출서^{敎育出署}, 비번, 그리고 비고란이 양식으로 되어 있는 「외근예정 급 실시표」에 의해 지정되었고, 이 표는 10일 단위로 작성되었다.[112] 또한 순찰 중 처리한 중요 업무나 특이사항을 일시별로 근무일지에 기록하여야 했다.

한편 제6관구^(전북)경찰학교가 1947년^{추정} 발간한 『경찰 교과서 복무』를 보면 '제4장 예식 급 호칭'의 제2조에 경찰관은 경찰청장 이상에게 '각하^{閣下}', 경감 이상에게 '영감^{令監}', 주임경위 이상에게 '어른', 경사에게 '님'이라는 호칭을 사용하도록 되어 있다. 이를 통해 직책에 따라 경무부장과

---

112 위의 책, 22~26·33~34쪽.

관구경찰청장은 '○○○ 각하閣下', 경찰서장은 '○○○ 영감令監', 그리고 계장인 주임은 '○○○ 어른'으로 호칭되었으며, 당시 경찰조직에는 상당히 권위주의적인 문화가 형성되어 있음을 알 수 있다.[113]

---

113 위의 책, 8쪽.

1. 한국전쟁의 발발과 전북 전황

1) 북한군 제6사단의 남하

1950년 6월 25일 새벽 4시경 옹진반도로부터 개성, 동두천, 포천, 그리고 동쪽의 주문진에 이르는 38선 전역에서 북한군의 공격이 개시되었다. 북한군의 주공 제1군단은 연천과 운천에서 의정부에 이르는 축선과 개성·문산으로 이어지는 접근로에 전투력을 집중하였으며, 춘천과 강릉을 목표로 한 조공 제2군단은 화천-춘천 접근로에 중점을 두고 계획된 축선을 따라 38도선 방어진지를 돌파하였다.[1] 전력 면에서 절대적으로 열세에 있던 38선 일대의 국군과 경찰은 고전을 면치 못하였다.

전북지역으로 향한 북한군 주력부대는 제6사단^{사단장 방호산}이었다.[2] 이

[1] 국방부 군사편찬연구소, 『6·25전쟁사-북한의 전면남침과 초기 방어전투』2, 서울인쇄정보산업협동조합, 2005, 55쪽.

[2] 방호산(方虎山)은 본명이 이천부(李天富)로 1913년(일부자료-1916년) 함경도에서 출생하였다. 1931년 만주사변 후 흑룡강성 밀산지역에서 공산당 항일유격대에 참가하고, 1936년경 공산당 만주성 위원회의 추천으로 소련에서 교육을 수료한 후 연안에 도착하여, 동북간부훈련반과 중국 중앙해외사업위원회에서 교육을 받았다. 일제 패망 후 동북조선의용군 제1지대 이홍광지대, 동북 민주련군 독립 제4사, 제166사의 정치위원으로 만주의 국공내전에 참가하였다. 그 후 1949년 7월 제166사단을 인솔하여 신의

사단은 1942년 관동군에서 도주한 조선인들을 모아 편성한 중국의 제 166사단으로, 이미 중국 공산당의 팔로군 예하에서 항일 전쟁과 국공내전의 전투경험을 가지고 있는 최정예부대였다.[3] 전쟁이 발발하자마자 북한군 제6사단은 북한의 선제타격계획 중 "서울의 서북과 북·동남과 남으로 각각 우회한다. 그 후 38선 지역의 국군과 횡성, 원주, 이천 및 수원의 서남, 남쪽에서 전방을 지원하는 국군을 분리시킨다. 그리고 국군의 주력을 서울에서 포위하여 섬멸한다"[4]는 제1단계 작전을 갖고 있었다. 이에 옹진반도를 공격하는 제3경비여단에 제1연대를 배속한 후, 개성을 공격하여 점령하였다.

이후 제2단계 작전계획인 "미군이 증원되기 전 한강을 도하하여 국군의 주력을 수원 이북에서 포위, 섬멸하여 평택 - 안성 - 충주 - 제천 - 영월선까지 진출한다"는 방침에 따라 영등포 - 수원 - 평택을 주공지역으로 삼았다. 그리고 6월 28일 저녁 김포 북방에서 도하한 후 29일 국군 제18연대의 저항을 물리쳐 김포비행장을 점령하고,[5] 7월 3일 인천과 영등포를 점령하였다.[6] 7월 5일에는 천안 - 공주 방향으로 진출한 제4사단과 천안 - 유성으로 진출하는 제3사단을 후속하여 서해안 축선의 천안 - 예산방향으로 기동하였다.

주로 입북한 후 북한군 제6사단으로 개편하고, 사단장에 임명되었다. 최용호, 「한국전쟁시 북한군 제6사단의 서남부 측방기동 분석」, 『전사』 제4호, 국방부 군사편찬연구소, 2002, 74쪽.

3 이광일, 「한국전쟁의 발발 및 군사적 전개과정」, 『한국전쟁의 이해』, 역사비평사, 1993, 143쪽.

4 위의 책, 145쪽.

5 일본육전사연구보급회, 육군본부 군사연구실 역, 『한국전쟁 - 38선 초기전투와 지연작전』 1, 명성출판사, 1986, 119쪽.

6 이광일, 앞의 책, 1993, 121쪽.

그리고 제3단계 작전계획인 "미군과 국군에게 타격을 가하여 방어선ⁿ 강·소백산맥을 신속히 돌파한다. 이후 대전지역에서 미군과 국군의 주력을 포위, 섬멸한 후 전주 – 논산 – 문경 – 울진선의 남부지역을 점령한다"는 방침에 따라 7월 7일부터 공세를 가속화하면서 서해안을 따라 이동하였다.[7]

7월 11일 북한군 제6사단은 천안을 출발하여 서쪽으로 방향을 전환하여 다음 날 아침 공주 유구에 도달하였다. 그리고 7월 16일 제4사단이 논산을 장악하자 때를 맞추어 일제히 금강을 도하하였다.[8] 같은 날 북한군 제6사단은 전북 이리를 점령한 후 2개 제대로 분진하여, 그 중 1개 제대인 제13, 15연대는 이리 – 김제 – 목포 방향으로, 또 다른 제대인 제1연대는 이리 – 전주 – 구례 – 순천 방향으로 계속 진출하였다.

당시 전북지역에서는 7월 7일부로 하달된 「육본 특명 제11호」에 의해 서울 북방지역전투에서 해체된 국군 제5사단과 7사단이 재편성되고 있었으며, 같은 달 8일 전남·북편성관구사령부가 설치되었다. 그러나 새로 편성 중인 제7사단 예하 제2, 3연대는 대부분 비무장이었기 때문에, 7월 16일을 기하여 병력보전책으로 후방으로 이동하였고, 1개 대대만이 군산에 상륙하였으며, 7월 16일 전보병학교 교도대 장병 300여 명만이 남아 있었다.[9]

---

7   제4차 작전계획은 7월 20일까지 대전 남방, 영남의 관문인 함창–예천의 북방, 동해안의 영덕을 잇는 전선이 형성되자 대전을 점령한 북한군은 소백산맥을 한 번에 돌파하고 "영동, 함창, 안동 지역에 배치되어 있는 미국의 방어부대를 격멸하고, 낙동강을 도하하여 UN군을 격멸·소탕 하기에 유리한 조건을 만든다"는 것이었다. 이광일, 위의 책, 1993, 145~153쪽.
8   국방부 군사편찬연구소, 『6·25 전쟁사 – 금강 – 소백산맥선 지연작전』 제4권, 서울인쇄정보산업협동조합, 2008, 425쪽.
9   위의 책, 437~438쪽.

2) 전북경찰의 항전과 철수

전쟁이 발발하자 김제경찰서의 상급기관인 전라북도경찰국은 치안국의 지시에 따라 즉시 비상경비사령부를 설치하고, 6월 26일 도내 경찰병력을 전투부대로 개편하였다. 이러한 조치는 남한에서 1946년 9월 총파업부터 10월사건, 제주 4·3사건, 여순사건 등에 이르기까지 경찰이 남로당을 비롯한 좌익세력에 대해 강력하게 대처한 경험에 의해 신속하게 이루어졌다. 또한 대한민국 정부 수립 후에도 경찰은 국군과의 군사훈련 일원화를 통해 준準군대조직으로서의 역량을 강화하고 있었다. 그 사례는 다음과 같은 1949년 1월 경찰전문학교에서 실시된 간부를 대상으로 한 교육을 통해 알 수 있다.

> 국토國土를 통일統一할 중대사명重大使命을 쌍견雙肩실에 걸머진 우리 국군國軍과 경찰警察의 금후今後의 활동活動은 자못 크며 거족적擧族的으로 기대期待하고 있거니와 무엇보다 행동통일行動統一이 절실切實히 요청要請되는 이때 국립경찰전문학교國立警察專門學校에서는 각도경찰국各道警察局에서 선발選拔되어 모여온 경찰간부警察幹部 이십명二十名에 대對하여 위선爲先 **군사훈련軍事訓練을 국군國軍과 일원화一元化**하기 위하여 국방부國防部에서 신응균소령申應均少領 이하以下 이명二名을 초청招請하여 군사훈련軍事訓練을 십일간十日間 실시實施한바 있다. 연일連日 실전實戰을 연상聯想시키는 맹훈련猛訓練을 거듭하여 다대多大한 성과成果를 올리고 드디어 일월一月 이십사일二十四日 상오上午 열시 회의실會議室에서 수료식修了式을 하게 되었는데강조-저자[10]

미군정기부터 경찰에서는 소요, 재해 등 국가비상 사태가 발생하였을

---

10 경찰전문학교, 「경찰간부들 재교육 실시」, 『민주경찰』 제3권 1호, 경무부 교육국, 1949, 76쪽.

때를 대비한 '비상경계'제도가 있었다. 이 '비상경계'는 "소요, 재해 기타 비상사변이 발생할 때 가장 신속히 경찰력을 발동시켜 그 피해를 최소한도로 방지하도록 특별히 경계를 실시"하는데 목적이 있었다. '비상경계'가 발령되었을 때는 모든 경찰관이 '비상소집', '경계소집', '특별 경계소집'으로 구분되어 소집되었다. ① '비상소집'은 전국 또는 2개도 이상이 해당지역이 될 때 경무부장이 발령하는 것이고, ② '경계소집'은 관구경찰청장의 명에 의하여 경찰서장이 전 직원 또는 일부를 소집하는 것이며, ③ '특별 경계소집'은 관구경찰청장이 도 전역이나 2개 이상의 경찰서 관할구역이 해당되는 경우 발령하는 것이었다. 이러한 비상제도는 구체적으로 경무부의 「비상경계 규칙」과 전라북도경찰국의 훈령 「비상경계 시행세칙」[11]에 명시되었다. 또한 소집훈련은 각 경찰서별로 매년 1회 이상 실시되었다.[12]

게다가 전북경찰국은 치안국이 국가비상시 전투력을 향상시키고, 1949년 9월 구舊빨치산[13]의 준동에 대비하기 위해 하달한 「비상경비사령부 설치의 건」에 의해 전투부대를 설치할 수 있었다. 이 문서에 의하면 1개 전투부대는 총인원을 50여 명으로 하고, 다시 10여 명으로 이루어진 분대로 세분화하였다. 이렇게 편성된 부대는 경찰서 단위에서는 경찰서장이 대장, 이를 다시 경찰국 단위로 묶어 경찰국장이 경찰국 대장이 되었다. 다음으로 경찰국에서는 서무과, 통신계, 경비대, 구호계, 회계계, 운

---

11   경무부 「훈령 제5호」(1947년 2월 28일), 『미군정 법령집』.

12   제6관구(전북)경찰학교, 『경찰교과서 복무』, 1947(추정), 48쪽.

13   구(舊)빨치산은 한국전쟁 발발 이전에 활동하였던 빨치산을 의미한다. 대표적인 구빨치산으로 1948년 10월 19일 발생한 여순사건을 주도하였던 여수 14연대의 일부가 지리산으로 입산하면서 활동한 빨치산이 있다. 이선아, 「한국전쟁 전후 빨치산의 형성과 활동」, 『역사학의 시선으로 읽는 한국전쟁―사실로부터 총체적 인식으로』, 휴머니스트, 2010, 400쪽.

송계를 산하에 두었다.[14] 그럼에도 불구하고 막상 한국전쟁이 발발하였을 때는 불시에 북한군이 강력하게 침략한 점과 이에 따른 급격한 사회혼란 등을 감안해 보면, 이와 같은 '비상경계'제도는 38선 일대와 서울, 경기도, 강원도 지역에서는 그다지 큰 효과가 없었을 것으로 추정된다.

전북경찰국은 전황이 날로 심각해지자 관내를 크게 서북부 평야부와 동북부 산악지대로 구분하여 경찰력을 분산하여 대비하였다. 그리고 방어선을 제1지구군산에서 익산 망성면까지, 제2지구망성면에서 완주군 운주면까지, 제3지구 운주면에서 금산군과 무주군까지로 설정하였다.[15] 이 가운데 전북경찰국은 만경강만 통과하면 곧바로 전주로 들어올 수 있는 가장 가까운 지역인 제1지구를 조촌만경강방어선으로 불렀다. 그리고 전주에 주둔한 국군 제7사단 1개 중대와 전남경찰대 1,000여 명을 응원요청한 후 이 부대들을 만경강에서 익산과 금마면으로 이어지는 하천을 따라 배치하였다.[16]

북한군 제6사단은 7월 17일 장항에서 오전 10시경 군산경찰서원과 후퇴한 충남경찰대원 40명, 해병대 30명으로 구성된 군경 합동부대와 접전하여 사살 20명, 포로 2명이라는 피해를 입었다.[17] 그러나 같은 날 오후 1시경 다시 병력을 충원하여 강경을 공격하여 군경 합동부대가 금강하구까지 후퇴하였다. 다음 날 18일 오전 5시경 이 부대가 강경지구에서 용안·망성지구까지 진출하자 전북경찰 제1대대와 제3대대가 응전하여 강경을 수복하였으나 7월 19일 북한군이 다시 병력을 증원하여 공격하자 이들 경찰부대가 강경에서 후퇴하여 이리 방면으로 후퇴하였다.[18] 이에

---

14 이근갑, 앞의 책, 1948, 141~142쪽.
15 전라북도경찰청, 『전라북도 호국경찰사』, 인문사artCom, 2012, 139쪽. 이하 『전라북도 호국경찰사』(2013)로 한다.
16 위의 책, 139쪽.
17 위의 책, 141쪽.

따라 북한군 제6사단은 이날 오전 군산을 점령하였다. 그리고 공주를 점령한 북한군 제4사단과 제6사단 일부와 함께 같은 날 오전 2시를 기하여 익산 황화면[19]과 용안면을 공격하였다. 황화면에 방어진을 구축한 전북경찰 제3대대는 전력부족으로 익산 망성면을 거쳐 금마면으로, 같은 시각 용안면에서 방어하던 전북경찰 제1대대는 금마면과 면계를 이루는 황등면으로 철수하였다.[20] 이 지역에서는 공주경찰서원 150명, 경기도경찰국 소속 경찰관 100명, 분산되었던 전북 제1대대 약 50명, 전남응원부대 약 400명, 총 700여 명으로 편성된 연합부대가 전열을 가다듬고 있었다. 7월 19일 오전 10시 연합부대는 금마면에서 우회하여 황등면을 지나 이리시에 진입하는 북한군에게 해병대 2개 중대와 함께 총반격을 시도하여 5시간 만에 북한군 17명을 사살하는 전과를 올렸다.[21] 그러나 연합부대원 17명이 전사하는 피해를 입은 가운데 미공군기의 오폭으로 인해 상당한 타격마저 입고 후방 24km 지점인 조촌^{만경강}방어선으로 후퇴하고 말았다.[22] 이후 7월 20일 북한군 제6사단은 김제와 정읍을 점령하였다. 이에 따라 정읍에 주둔하고 있던 해병 중대는 다음 날 21일 목포로 후퇴했으며, 22일에는 정읍과 고부 저지선이 무너지면서 모든 경찰부대가 고창으로 후퇴하였다.[23]

김제경찰서는 남하하는 제6사단에 대하여 7월 19일 청하면 동지산리에 있는 만경대교를 중심으로 방어선을 구축하였다. 청하면 동지산리는

18 위의 책, 142쪽.
19 1963년 충남 논산군의 구자곡면과 전북 익산군 황화면이 합병하여 연무읍이 되었다.
20 『전라북도 호국경찰사』(2013), 143쪽.
21 경기도경찰국, 『경찰10년사』, 1955년. 이 책은 수기본으로 쪽수가 없다.
22 내무부 치안국 대한경찰전사발간회, 『대한경찰전사 제1집 민족의 선봉』, 흥문출판사, 1952, 132쪽.
23 신기철, 『국민은 적이 아니다』, 헤르츠나인, 2010, 146쪽.

〈사진 10〉 김제에서 바라 본 만경대교

동쪽으로 공덕면, 서쪽으로 만경읍, 남쪽으로 백산면, 북쪽으로 군산시 대야면, 익산시 오산면과 접해 있다. 특히 오래전부터 나루터가 있어 김제, 군산, 옥구를 오가는 사람들을 배로 실어 나르거나 각종 물화를 운송하는 교통의 요충지였다. 1933년 나루터가 있는 곳에 김제 쌀을 군산으로 용이하게 나르기 위한 만경대교[24]가 준공되었다. 당시 만경대교는 북한군이 군산이나 이리에서 김제로 들어오기 위해 반드시 점령해야 하고, 동시에 각종 물자를 신속하게 수송할 수 있는 전술적으로 아주 중요한 다리였다.

일반적으로 파출소나 지서가 읍, 면사무소, 우체국, 각급 학교 등과 인

---

24 만경대교는 길이 600m로 1928년 착공되었으며 당시 드물게 시멘트로 건설되었다. 주민들은 만경대교를 일명 '새창이 다리'라고 부른다. '새창이'의 어원은 이곳의 마을명이 '신창(新倉)마을'로, 이름을 구성하는 '新倉'에서 새 '新'자를 '새'로, 곳집 '倉'자를 '창이'로 읽어 '새창이 마을'로 불렀기 때문이라고 한다.

〈사진 11〉 만경에서 군산을 향해 본 청하면 광경

접해 있는 반면 청하지서는 만경대교의 둑 바로 아래에 위치해 있으며, 남쪽에 있는 면사무소와는 직선거리로 약 800m 떨어져 있다. 청하지서의 전신은 1908년 7월 20일 지방관제가 개정되면서 신설된 신창진 순사주재소로, 김제지역에서는 그 역사가 상당히 오래되었다. 이렇게 청하지서가 여기에 위치한 이유는 이곳이 만경강 폭이 가장 좁아 군사적으로 가장 중요하고, 김제-군산 간 각종 통행이 빈번한 데 따른 경찰의 검문과 검색, 그리고 다리를 기점으로 만경 방면으로 펼쳐 있는 시장과 상가에 대한 중점적인 방범경찰 활동 등을 감안하였기 때문으로 판단된다.

이와 같은 청하면에서 벌어진 전투에 관해 한국전사에서 자세하게 알려져 있지 않다. 그러나 김제경찰서의 『(1953년)관내현황』에는 다음과 같이 그 내용이 기술되어 있다.

4283년年 6월月 25일日 북한北韓 김일성金日成 도당徒黨의 불법남침不法南侵으로 인因하야 세부득이勢不得已하게되자 하만호서장河滿鎬署長을 비롯 전서원全署員은 공산군共産軍을 만경강안萬頃江岸에서 섬멸殲滅시키고저 총궐기總蹶起하였으나 중과부적衆寡不敵으로 소위所謂 청하작전靑蝦作戰에서 패敗한 후後 고창高敞에서 전서원全署員을 결집結集식혀 경更히다시-저자 김제탈환金堤奪還을 목적目的하고 진격중進擊中 고창군高敞郡 흥덕興德에서 강력强力한 적敵의 포위공격包圍攻擊으로 지리멸렬支離滅裂되여 전원全員 일선탈출一線脫出의 기회機會를 잃었고.강조-저자[25]

따라서 김제서원들은 7월 19일 북한군 제6사단의 제15, 13연대가 익산 황등면을 거쳐 남하할 때 만경대교가 있는 청하면에서 전투를 전개한 것이 확인된다.[26]

조촌만경강방어선이 무너지자 7월 19일 자정 0시경 전라북도경찰국이 남원으로 후퇴하였다.[27] 7월 20일 전주를 점령한 북한군은 정읍을 돌파하고 7월 23일 오전 10시 광주光州까지 진입한 후 남원의 전북경찰국과 국군을 압박하였다. 7월 24일 오전 남원의 인월국민학교에 있던 전북경찰국은 전황이 계속 불리해지자 전투본부를 함양을 거쳐 진주로 이동하기로 결정하고 해산하였다.[28] 전북경찰국이 진주에 도착한 날은 정확히 알 수 없다. 『전라북도 호국경찰사』에는 후퇴 도중에 경찰국장이 경질되었고, 후임으로 7월 27일 정태섭 경무관이 임명되었다고만 기록되어 있

---

25   김제경찰서, 『관내상황』, 1953, 10쪽. 이하 전북경찰국의 『1950년 11월 관내상황』과 구별하기 위해 『(1953년)관내상황』이라고 한다.
26   이 다리의 교각에는 아직도 한국전쟁기에 생긴 포탄과 총탄 흔적이 많이 남아 있고, 강 바닥에 있던 각종 탄피가 어부의 그물에 딸려오거나 인근 논밭 등에서 불발 수류탄이 발견되어 오늘날에도 파출소에 신고되기도 한다.
27   『전라북도 호국경찰사』(2013), 145쪽.
28   위의 책, 153쪽.

다.[29] 하지만 당시 남아 있는 트럭 등을 이용하여 이동하였을 것이므로 당일 7월 24일 저녁 진주에 도착한 것으로 추정된다. 그리고 전북경찰국은 진주우체국에 전투본부를 설치하였고, 도착 인원은 모두 429명이었다.[30]

다음 날 7월 25일 오전 10시경 인월국민학교에 남아 있던 전북경찰부대가 UN공군기의 오폭으로 경찰관 사망 16명, 중상 20명이라는 큰 피해를 입었다.[31] 이는 1950년 7월 9일 UN군사령관 맥아더가 미 극동공군의 모든 전투능력을 전선에 집중시키라고 명령했고, 실제 미 극동공군은 1950년 7~8월 전체 전투출격의 70~80%를 전선부근의 지상군을 화력지원하기 위한 근접 지연작전에 투입한 데 따른 것[32]으로, 당시 출격 조종사의 오판 때문으로 보인다.

8월 1일부터 형성된 낙동강방어선에서 전북경찰부대는 전열을 가다듬다가 8월 4일 경남 함양군 법수면에서 전북경찰 3개 중대와 북한군 제6사단 간의 전투가 벌어졌으나 전북경찰부대의 피해가 상당히 컸다. 이후 8월 14일 경상남도 함안군 여항면의 필봉전투, 8월 20일 미산령전투 등에 참전하였다. 9월 1일부터 북한군이 총공격을 개시하자 9월 12일 전북경찰국은 다시 마산으로 이동하여, 전투본부를 대동공업사에 설치하였다.[33]

이때 전북경찰국이 신속하게 후퇴한 것에 반해 산하 경찰서들은 많은 우여곡절을 겪으며 철수하였다. 『전라북도 호국경찰사』에 의하면 그 내

---

29 위의 책, 154쪽.

30 위의 책.

31 위의 책.

32 김태우, 「육감에서 정책으로 ― 한국전쟁기 미 공군 전폭기들의 민간지역 폭격의 구조」, 『역사와 현실』 제77호, 한국역사연구회, 2011, 422쪽.

33 『전라북도 호국경찰사』(2013), 167쪽.

용은 다음과 같다.

전주경찰서는 7월 20일 북한군이 들어오기 직전 서원 150여 명이 산 청까지 후퇴하였으나 그 속도가 너무 빨라 대구로 이전한 치안국의 지시 로 운봉-남원-장수-진안으로 다시 이동하였다.

무주경찰서 역시 같은 날 충남경찰 일행과 함께 설천-무풍-거창-함 양으로 이동하였다. 그러나 무주, 진안, 장수 지역이 수복되었다는 허위 첩보에 따라 장수군 장계에 도착한 후 적정을 살피던 중 그때 진안을 거 쳐 안의로 향하던 북한군 제4사단의 공격으로 큰 타격을 입고 자체 해산 하였다.

부안경찰서도 같은 날 줄포면을 거쳐 고창군 흥덕면-광주까지 후퇴 하였으나 다시 정읍경찰서로 이동하였다. 하지만 그 과정에서 정읍과 부 안경찰서의 경찰부대는 많은 전사자를 남긴 채 후퇴하였는데, 부안경찰 서의 일부 서원은 광주-목포를 거쳐 배를 타고 부산으로 이동하였다.

고창경찰서는 7월 20일 경찰서장의 해산명령을 받고 법성포-목포-벌 교-하동으로 후퇴한 후 7월 25일 경남 사천군 곤양면, 7월 27일 대구에 도착하여 치안국 전투경찰대와 합류하였다가, 8월 18일 함안군 산인면 에서 전북경찰대로 원대 복귀하였다.

그리고 김제경찰서에 관해서는 『1953년 관내 상황』에 다음과 같이 기 록되어 있다.

당서當署에서는 군내郡內 침입侵入을 방비防備하기 위爲하여 청하靑蝦 공덕孔德 방면 方面에 병력兵力을 배치配置 철통鐵桶같은 경비계획警備計劃을 하고 있었으나 청하靑蝦에 내 습來襲한 적敵에 대對하여 강력強力히 항전중抗戰中 열세부득劣勢不得하여 전서원全署員이 일 제一齊히 정읍井邑 순창淳昌을 경유經由 전남全南 광주光州에 도착到着 고창서원高敞署員과 합동

合同 고창高敞에서 작전중作戰中 괴뢰傀儡의 대거大擧 입성入城 내습來襲함으로 다수전사多數戰死하고강조-저자[34]

　김제경찰서원들은 7월 19일 청하면 만경대교새창이 다리가 있는 공덕 방면 둑을 따라 북한군 제6사단 병력과 맞서 전투하였으나 중과부적이었다. 마침내 이들이 후퇴하자 20일 새벽 북한군 제6사단이 이 다리를 건너 청하에서 만경-성덕-진봉, 백산-김제읍, 공덕-백구-전주로 진출한 것으로 보인다. 이후 서원들의 후퇴 경로를 추정하면 다음과 같다.

　김제군의 서남부지역은 대부분 평야로 이루어져 있지만, 동남부지역으로 소백산계 노령산맥의 지선이 금구면 선암리 소재 구성산487m과 이 지역에서 가장 높은 금산면 금산리 소재 모악산793m으로 이어져 있다. 당시 전황을 볼 때 북한군이 어느 쪽으로 우회하여 다시 공격할지 몰랐을 것이므로 가장 빨리 산악지대로 이동하여 후퇴하는 것이 최선이었을 것이다. 따라서 김제경찰서원들은 동남쪽으로 구릉지대가 형성되어 있는 백구면을 거쳐 험준한 연봉連峯으로 이어지는 금구면과 금산면으로 이동하였을 가능성이 크다. 특히 금산은 남쪽으로 정읍과 군계郡界를 이루고 있다. 이를 감안하면 김제경찰서원들은 백구-금구-금산을 거쳤을 것으로 추정되며, 이후『(1953년)관내 상황』에 기록된 대로 정읍-순창을 지나 광주에 도착한 것으로 보인다. 그리고 다시 고창으로 북상하여 고창경찰서 직원들과 합동작전을 펼쳤으나 북한군의 공격으로 이곳에서 자체 소산하였다고 판단된다.

34　『(1953년)관내상황』, 26~27쪽.

2. 북한군의 퇴각과 경찰의 수복

1) 전북 빨치산활동의 시작과 경찰의 대응

1950년 9월 15일 인천상륙작전이 성공을 거두자 미 제8군 사령부는 9월 22일 「작전명령 제101호」를 통해 미 제9군단의 제2사단과 제25사단에게 9월 23일 14시 무제한 공격명령을 하달하여 낙동강 서남부지역 추격작전을 개시하였다.[35] 그 결과 9월 24일 미 제2사단의 합천 공격을 시작으로 9월 26일 미 제24사단 제38연대가 오전 8시 거창을 점령한 후 안의를 경유하여 소백산맥을 넘어 9월 28일 오후 1시경에 전주에 도착하였다. 같은 날 오후 3시 미 제25사단 제35연대의 돌빈Dolvin 특수임무부대도 남원으로 진입해 같은 사단의 제24연대의 매튜스Matthews 특수임무부대와 합류한 후 전주를 향해 북진하였다. 매튜스부대가 남원에서 머무르는 동안 후속한 미 제25사단의 제24연대 제3대대일명 블레어 특수부대가 진격하여 29일 정읍, 이리를 거쳐 금강에 도달하였다. 이윽고 30일 미 제25사단의 제24연대 제1대대가 목표인 군산을 무혈점령하면서 자연스럽게 김제군에도 미군이 진주하였다. 이후 미 제25사단은 후방지역 병참선 방호임무를 맡았으며, 같은 사단의 제24연대는 군산지역을 담당하면서 예하 부대가 김제군까지, 제35연대는 이리지역을 관할하였고, 제27연대는 진주 - 함양 - 남원에 이르는 병참선을 경계하였다.[36]

호남지구에서 작전하던 북한군 제4, 6, 7, 9, 10사단은 UN군의 강력한 공격으로 인해 퇴로가 차단됨으로써 그 주력은 소백산맥과 태백산맥을

---

35   국방부 군사편찬연구소, 『6·25전쟁사 - 인천상륙작전과 반격작전』 6, 서울인쇄정보산업 협동조합, 2009, 300쪽.

36   위의 책, 305~306쪽.

이용하여 북상하였는데, 나머지는 지방 좌익세력과 합류하면서 입산하여 빨치산 활동을 개시하였다.[37] 그 결과 전북지방을 점령했던 북한군 제6사단이 진주에서 전면적인 후퇴를 시작하여 11월 초 북한 함남 신청리에서 중국인민지원군을 만날 때까지 철수 병력의 대부분을 보존하여 김일성의 표창을 받았다.[38] 물론 이 부대의 일부가 부대에서 이탈하거나 또는 낙오되어 입산함으로써 빨치산이 된 경우도 있었다. 실례로 마산전선에서 후퇴하다가 서부경남 산악지대에 머물며 독자적인 빨치산 활동을 했던 승리사단 315부대는 북한군 제6사단 병력의 일부였다. 하지만 그 인원은 60명 정도에 불과했다.[39]

전북경찰국의 『1950년 11월 관내상황』에 의하면 북한군의 퇴각 과정에서 이들이 다양한 형태로 경찰관서를 습격하였고, 쌍방 간에 격렬한 전투가 벌어졌음을 알 수 있다. 이 자료에 기술된 10월 3일부터 11월 11일까지 벌어진 전투상황을 날짜순으로 정리하면 다음과 같다.[40]

10월 3일 03시 30분경 정읍경찰서 태인지서에 약 80명이 내습하여 지서가 전소되고, 주민 8명이 피살되었다.

10월 5일 05시경 정읍경찰서에 약 100명이 내습하여 서원들이 응전하여 격퇴하였다. 전과로 7명을 사살하고, 박격포 1문, 경기관총 2정, 소총 3정을 획득하였으나 청사가 반소되고 주민 8명이 피살되었다.

---

37 전쟁기념사업회, 『한국전쟁사─중공군개입과 새로운 전쟁』 제5권, 행림출판, 1990, 340쪽.
38 김경현, 『민중과 전쟁기억』, 선인, 2007, 300쪽.
39 위의 책, 315쪽.
40 『1950년 11월 관내상황』, 71~76쪽.

10월 6일 24시 김제경찰서 금산지서에 1,500명또는 2,500명[41]이 내습하여 청사가 전소되고 주민 8명이 피살되었다.

10월 8일 시간 미상인 가운데 임실경찰서 삼계지서에 약 100명이 내습하여 청사가 전소되고 주민 1명이 피살되었으며, 시간 미상인 가운데 은암지서에 약 50명이, 신덕지서에 약 50명이 내습하여 각 청사가 전소되었다. 02시경 청웅지서에 약 50명이 내습하여 청사가 전소되고, 약간의 식량을 탈취당하였다.

10월 8일 04시경 금산경찰서에 약 200명이 내습하여 서원들이 응전하였으나 중과부적으로 후퇴하였고, 빨치산들이 경찰서 청사를 방화한 후 퇴거하였다. 피해로 경찰관 5명이 전사하고 주민 10명이 피살되었다.

10월 9일 05시경 순창경찰서에 약 800명이 내습하여 서원들이 6시간 동안 교전하였으나 중과부적으로 남원경찰서로 후퇴하였고, 피해로 청사가 전소되었다.

10월 10일 06시경 정읍경찰서 신태인지서에 약 200명이 내습하여 지서원들이 2시간 동안 교전하여 빨치산들을 격퇴하였다. 피해로 경찰관 5명이 전사하고, 주민 7명이 피살되었으며, 청사가 전소되었다. 전과로 경기관총 1정을 획득하였다.

10월 11일 23시경 전주경찰서 구이지서에 약 100명이 내습하여 지서원들이 후퇴하였다. 피해로 주민 4명이 피살되었고 청사가 전소되었다.

10월 12일 19시경 정읍경찰서 주호지서에 약 100명이 내습하여 지서원들이 응전하여 격퇴하였다. 피해로 주민과 향방단원 11명이 피살되었다. 또한 정읍경찰서에 약 100명이 내습하였다.

---

41 철필로 쓰인 숫자가 1,500명 또는 2,500명인지 불분명하다.

10월 13일 03시경 김제경찰서 금구지서에 약 100명이 내습하여 지서원들이 응전하여 격퇴하였다. 피해로 지서, 면사무소, 금융조합이 전소되었다.

10월 14일 22시 20분경 임실경찰서에 약 100명이 내습하여 서원들이 응전하여 격퇴하였다. 전과로 2명을 사살하였다.

10월 15일 13시 30분경 진안경찰서 주호지서에 약 50명이 내습하여 지서원들이 응전하여 격퇴하였다. 전과로 4명을 사살하고, 장총 2정을 획득하였다.

10월 15일 13시 30분경 정읍경찰서 장승출장소에 약 60명이 내습하여 응전하여 격퇴하였다. 전과로 4명을 사살하고, 장총 2정을 획득하였다.

10월 16일 06시경 장수경찰서 반암지서에 약 360명이 내습하여 지서원들이 후퇴하였다. 피해로 청사가 전소되었다.

10월 19일 03시 30분경 임실경찰서 오수지서에 약 50명이 내습하였으나 격퇴하였다. 피해로 2명이 전사하고, 5명이 중상을 입었다. 전과로 12명을 사살하고, 2명을 생포하였으며, 경기관총 1정과 장총 2정을 획득하였다.

10월 22일 05시 30분경 전주경찰서 용진지서에 인원 불상이 내습하였으나 격퇴하였다.

10월 22일 13시경 진안경찰서 장승출장소에 약 1,000명이 내습하였으나 격퇴하였다. 피해로 경찰관 3명이 부상을 입었다. 전과로 41명을 사살하고, 12명을 생포하였으며, 99식 소총 3정과 아식 소총 11정을 획득하였다.

10월 23일 03시경 장수경찰서 천천지서에 약 50명이 내습하여 응전하였으나 중과부적으로 후퇴하였다. 피해로 경찰관 2명이 전사하고, 무기

16정이 피탈되었다.

10월 23일 08시경 정읍경찰서 태인지서에 약 250명이 내습하였으나 격퇴하였다. 피해로 2명이 전사하고, 2명이 중경상을 입었다. 전과로 22명을 사살하고, 16명을 생포하였으며, 99식 소총 3정을 획득하였다.

10월 24일 20시 20분경 임실경찰서 강진지서에 인원불상이 내습하여 응전하여 격퇴하였다.

10월 25일 07시경 임실경찰서 강진지서에 약 300명이 재차 포위하여 내습하여 이에 응전하였으나 중과부적으로 후퇴하였다. 피해로 경찰관 2명이 전사하고 11명이 중상을 입었으며, 무기 16정이 피탈되었고, 지서·금융조합·면사무소가 전소되었다. 전과로 2명을 사살하고 다발총 1정을 획득하였다.

10월 26일 06시경 진안경찰서 주천지서에 완전 무장한 약 300명이 내습하여 지서가 전소되었다.

10월 26일 21시 38분경 이리경찰서 황화지서에 약 300명이 내습하여 지서원들이 응전하여 격퇴하였다. 피해로 자위대원 2명이 전사하고, 1명이 중상을 입었으며, 1명은 경상을 입었다.

10월 27일 04시경 전주경찰서 고산지서에 인원불상이 지서에 방화하고 퇴거하였다. 피해로 청사가 전소하였다.

10월 29일 05시 30분경 김제경찰서 금산지서에 약 400명이 내습하여 지서원들이 응전하여 격퇴하였다. 피해로 4명이 전사하고, 3명이 부상하였다.

10월 30일 06시경 진안경찰서 용담지서에 북한군 약 100명과 좌익세력 200명이 3방면으로 포위 내습하였으나 격퇴하였다. 피해로 청방장교 1명이 전사하고, 지서원 2명이 중상을 입었다. 전과는 14명을 사살하고, 쏘식 장총 2정을 획득하였다.

11월 1일 11시경 진안경찰서 용담지서에 약 100명이 내습하여 지서원들이 응전하여 격퇴하였다. 전과로 10명을 사살하였다.

11월 1일 21시경 김제경찰서 금산지서에 다수가 내습하여 경찰대가 격퇴하였다. 전과로 10명을 사살하였다.

11월 4일 03시경 전주경찰서 고산지서에 약 150명이 내습하여 지서원들이 응전하여 격퇴하였다.

11월 8일 03시경 전주경찰서 구이지서에 약 200명이 내습하여 지서원들이 응전하여 격퇴하였다.

11월 8일 04시경 임실경찰서 관촌지서에 약 150명이 내습하여 지서원들과 주둔 국군이 격퇴하였다. 피해로 경찰관 1명이 경상을 입었고, 주민 가옥 5동이 전소되었다. 전과로 4명을 사살하였다.

11월 8일 24시경 부안경찰서 주산지서에 약 100명이 내습하여 지서원들이 응전하여 격퇴하였다. 피해로 치안대원 2명이 전사하고 1명이 부상하였으며, 주민 가옥 4동이 전소되었다. 전과로 3명을 사살하였다.

11월 10일 0시경 부안경찰서 보안지서에 약 500명이 내습하여 지서원들이 응전하여 격퇴하였다.

11월 10일 05시경 전주경찰서 고산지서에 약 300명이 내습하여 지서원들이 수 시간 교전하였으나 중과부적으로 후퇴하였다. 경찰관 8명, 의경 12명이 피해를 입었고,[42] 지서와 민가 8동이 전소되었다. 전과로 25명을 사살하고, 쏘식 장총 1정을 획득하였다.

11월 10일 07시경 부안경찰서 상서지서에 약 50명이 내습하여 지서원들이 응

---

42 전사, 부상 등 세부적인 내용이 기록되어 있지 않다.

전하여 격퇴하였다. 전과로 3명을 사살하였다.

11월 11일 01시경 김제경찰서 봉남지서에 약 70명이 내습하여 지서원들이 응전하여 격퇴하였다.

11월 11일 03시경 임실경찰서 역전출장소에 약 100명이 내습하여 경찰대가 응전하여 격퇴하였다. 피해로 임실역이 전소되었다.

11월 11일 05시경 부안경찰서 상서지서에 약 50명이 내습하여 경찰대가 응전하여 격퇴하였다. 전과로 4명을 사살하고, 일본도 1점을 획득하였다.

이 자료를 분석하기 위해 먼저 북한군과 좌익세력의 경찰관서 공격 횟수를 보면 다음과 같다.

〈표 11〉 전북지역 북한군과 좌익세력의 인원별 경찰관서 공격 비율표
(1950년 10월 3일~11월 11일)

인원(명)	횟수	비율(%)	비율(%)	비고
1,000 이상	2	4.76	9.52	연대급 이상
1,000~500	2	4.76		대대, 연대급
500~300	6	14.28	23.8	중대~대대급
300~200	4	9.52		
200~100	12	28.57	52.37	소대, 중대급
100~50	10	23.80		
50 이하	2	4.76	4.76	소대급 이하
인원 불명	4	9.52	9.52	
합계	42	100	100	

※『1950년 11월 관내상황』, 71~76쪽.

〈표 11〉을 보면 경찰관서를 가장 많이 공격한 북한군과 좌익세력의 부대규모는 소대~중대급으로, 이는 전체 가운데 52.37%를 차지하고 있음을 알 수 있다.

공격 시간은 시간이 명시된 39건 가운데 일몰 후 새벽시간대인 18시부터 06시까지가 36건으로 92.30%를 차지하고 있어, 대부분 야간에 공격을 감행한 것을 알 수 있다.

그리고 경찰관 및 주민, 북한군 및 좌익세력의 인적 피해는 다음과 같다.

〈표 12〉 경찰관 및 주민과 북한군 및 좌익세력의 피해표
(1950년 10월 3일~11월 11일)

일자	지역	경찰관서	인적 피해(명)		
			경찰관	주민	북한군 및 좌익세력
10월 3일	정읍	태인지서	-	8 피살	-
5일		경찰서	-	8 피살	7 사살
6일	김제	금산지서	-	8 피살	-
8일	임실	삼계, 은암, 신덕, 청웅지서	-	1 피살	-
	금산	경찰서	전사 5	10 피살	-
9일	순창	경찰서	-	-	-
10일	정읍	신태인지서	5 전사	7 피살	-
11일	전주	구이지서	-	4 피살	-
12일	정읍	경찰서, 주호지서	-	11 주민, 향방단원 피살	-
13일	김제	금구지서	-	-	-
14일	임실	경찰서	-	-	2 사살
15일	진안	주호지서	-	-	4 사살
	정읍	장승출장소	-	-	4 사살
16일	장수	반암지서	-	-	-
19일	임실	오수지서	2 전사 5 중상	-	12 사살 2 생포
22일	전주	용진지서	-	-	-
	진안	장승출장소	부상 3	-	41 사살 12 생포
23일	장수	천천지서	전사 2	-	-
	정읍	태인지서	전사 2 중경상 2	-	22 사살 16 생포

| 일자 | 지역 | 경찰관서 | 인적 피해(명) | | 북한군 및 좌익세력 |
			경찰관	주민	
24일	임실	강진지서	-	-	-
25일			전사 2 중상 11	-	2 사살
26일	진안	주천	-	-	-
	이리	황화지서	-	2 전사 1 중상 1 경상 (자위대원)	-
27일	전주	고산지서	-	-	-
29일	김제	금산지서	전사 4 부상 3	-	-
30일	진안	용담지서	중상 2	1 전사 (청방장교)	14 사살
11월 1일		-	-	10 사살	
1일	김제	금산지서	-	-	10 사살
4일	전주	고산지서	-	-	-
8일	전주	구이지서	-	-	-
	임실	관촌지서	1 경상	-	4 사살
	부안	주산지서	-	2 전사 1 부상 (치안대원)	3사살
10일	부안	보안지서	-	-	-
		상서지서	-	-	3 사살
	전주	고산지서	8 경찰관 피해	12 의경(義警) 피해	25 사살
11일	김제	봉남지서	-	-	-
	임실	역전출장소	-	-	-
	부안	상서지서	-	-	4 사살

※『1950년 11월 관내상황』, 71~76쪽.

〈표 12〉를 보면 날짜별로 크게 3단계로 분석할 수 있다. 먼저 10월 3일 부터 6일까지 북한군과 좌익세력의 공격으로 모두 주민들만 피살되었고,

그 수도 많았다. 이어 8일부터 30일까지 경찰관과 북한군 및 좌익세력 간에 서로 피해가 컸으며, 주민의 경우 마을의 자위대원이나 치안대원, 청방대원 등 이외에는 피해가 없었다. 그리고 11월 1일부터 북한군 측의 피해가 커지기 시작하였다.

김제군의 경우 북한군과 좌익세력 약 1,500명 또는 2,500명이 10월 6일부터 모악산 인근에 있는 금산지서를 공격하기 시작하였다. 이 인원은 당시 가장 많이 집결한 것으로 다시 13일 약 100명이 금산지서와 가까운 금구지서를, 29일과 11월 1일 연이어 각각 약 400명과 불상의 인원이 다시 금산지서를 공격하였다. 또한 모악산에서 멀지 않은 봉남지서도 약 70명이 공격하였다.

그 결과, 주민 8명이 피살되고, 경찰관 4명이 전사, 3명이 부상하였으며, 금산지서가 전소되는 한편 북한 측도 10명이 사살되었다. 이처럼 북한군이 퇴각한 초기에 북상하지 못한 북한군과 좌익세력이 모악산 주변에 있는 김제경찰서 관할 지서를 공격하여 양측 간에 격렬한 전투가 전개되었다. 다른 지서들은 대부분 평야지대에 위치해 있었기 때문에 공격을 한 후 후퇴하여 모악산에 다시 은거하기가 쉽지 않아 거의 피해가 없었다.

이와 같은 상황을 볼 때 전북지역에서는 10월 3일부터 6일경까지 국군과 경찰이 북한군과 좌익세력의 공격을 방어할 수 있는 준비를 제대로 갖추지 못하여 많은 주민의 희생이 따랐다는 것을 알 수 있다. 이후 군경은 10월 말까지 마을 치안대나 청방단 등과 함께 방어태세를 구축하였고, 11월부터는 지역에 따라 차이가 있지만 전반적으로 군경이 북한군과 좌익세력의 공격을 막아낼 수 있는 단계에 이르렀다고 보인다.

그러나 10월 24일과 25일 임실의 강진지서와 10월 30일과 11월 1일 진안경찰서의 용담지서 공격과 같이 북한군과 좌익세력이 연일 공격할 때는 경찰의 피해가 아주 컸다. 이는 당시 군경이 지서 단위로까지 이들의 계속되는 공격을 막아 낼 수 있는 방어력을 확보하지 못하였기 때문인 것으로 판단된다.

또한 공격 날짜와 지역을 분석하면 퇴로를 차단당한 전북지역 북한군과 지방 좌익세력의 이동 경로를 알 수 있다. 10월 3일부터 11월 11일까지 이들의 경찰관서 공격상황을 표로 다시 정리하면 다음과 같다.

〈표 13〉 전북지역 북한군 및 좌익세력의 경찰관서 공격상황표
(1950년 10월 3일~11월 11일)

일자	지역	경찰관서	공격 규모	비고
10월 3일	정읍	태인지서	약 80명	지서 전소
5일		경찰서	약 100명	청사 반소
6일	김제	금산지서	약 1,500명 또는 2,500명	지서 전소
8일	임실	삼계, 은암, 신덕, 청웅지서	약 250명	모든 지서 전소
	금산	경찰서	약 200명	경찰서 방화
9일	순창	경찰서	약 800명	경찰서 전소
10일	정읍	신태인지서	약 200명	지서 전소
11일	전주	구이지서	약 100명	지서 전소
12일	정읍	경찰서, 주호지서	약 100명	격퇴
13일	김제	금구지서	약 100명	지서, 면사무소, 금융조합 전소
14일	임실	경찰서	약 100명	격퇴
15일	진안	주호지서	약 50명	격퇴
	정읍	장승출장소	약 60명	
16일	장수	반암지서	약 360명	지서 전소
19일	임실	오수지서	약 50명	격퇴
22일	전주	용진지서	인원 불상	
	진안	장승출장소	약 1,000명	

일자	지역	경찰관서	공격 규모	비고
23일	장수	천천지서	약 50명	지서원 후퇴
	정읍	태인지서	약 250명	격퇴
24일	임실	강진지서	인원 불상	
25일			약 300명	지서, 면사무소, 금융조합 전소
26일	진안	주천	약 300명	지서 전소
	이리	황화지서	약 300명	격퇴
27일	전주	고산지서	인원 불상	지서 전소
29일	김제	금산지서	약 400명	
30일	진안	용담지서	약 300명(북한군 100명, 좌익세력 200명)	
11월 1일			약 100명	
1일	김제	금산지서	다수 내습	
4일	전주	고산지서	약 150명	격퇴
	전주	구이지서	약 200명	
8일	임실	관촌지서	약 150명	
	부안	주산지서	약 100명	
10일	부안	보안지서	약 500명	
		상서지서	약 50명	
	전주	고산지서	약 300명	지서원 후퇴
11일	김제	봉남지서	약 70명	격퇴
	임실	역전출장소	약 100명	임실역 전소
	부안	상서지서	약 50명	격퇴

※『1950년 11월 관내상황』, 71~76쪽.

〈표 13〉에서 볼 수 있듯이 미 제24연대 1대대가 9월 30일 군산을 탈환하자 미처 북상하지 못한 이 일대의 북한군과 좌익세력은 일단 김제군의 모악산으로 집결하였다. 그 이유는 모악산이 동쪽으로 전주의 구이면, 동북쪽으로 임실, 남쪽으로 순창의 회문산과 쌍치면, 그리고 남서쪽의 내장산까지 크고 작은 연봉으로 이어져 있어 전북에서 빨치산 활동을 하기에는 가장 좋은 조건을 갖추고 있었기 때문이다.

10월 3일 이들 가운데 약 100명이 정읍경찰서를, 80명이 정읍경찰서 태인지서를 공격하기 시작하였다. 그리고 10월 6일 가장 큰 규모인 약 1,500명 또는 약 2,500명이 모악산 인근에 있는 김제의 금산지서를 공격하여 지서를 전소시키고 다시 모악산 산악지대로 잠입한 것으로 추정된다.

9일에는 약 800명이 순창경찰서를 공격하여 경찰서 청사와 지서를 전소시켰으며, 13일 모악산의 능선과 바로 연결되는 김제군의 금구지서도 공격하여 지서는 물론 면사무소, 금융조합을 전소시키는 등 마을 전체에 큰 피해를 입혔다. 점차 시간이 가면서 국군과 경찰부대의 전력이 강화되면서 방어체제가 확립되자 이들은 10월 20일 전후로 무주의 덕유산과 진안의 운장산 산악지대로 이동한 것으로 보인다. 10월 22일 약 1,000명이 집결하여 진안의 운장산 서쪽의 부귀면 신정리에 있는 장승출장소를 공격하여 격퇴되었지만, 다시 25일 약 300명이 운장산 북쪽에 소재한 주천지서를 포위하고 공격하여 지서를 전소시켰다.

그동안 모악산 일대에 남아 있는 이들은 김제, 정읍의 지서에 대한 공격을 이어 나갔지만 대부분 격퇴되었다. 하지만 26일 약 300명이 이리의 황화지서를 공격하여 지서를 전소시키고, 29일 약 400명이 전주의 고산지서를 공격하는 등 여전히 건재한 모습을 보여주었다. 게다가 11월 11일 약 70명이 김제의 모악산 인근에 있는 봉남지서를 공격하였고, 같은 날 약 100명이 임실의 역전출장소를 공격하여 임실역이 전소되는 등 큰 피해를 주기도 하였다. 그리고 11월 8일 약 100명이 부안군의 산악지대인 주산지서에, 11월 10일 약 500명이 부안군의 해안지대 북서부에 위치해 있는 보안지서에, 다음 날 11일 약 50명이 북동부에 위치한 상서지서를 공격한 것을 볼 때, 11월 초 덕유산과 운장산으로 집결한 북한군과 좌익세력의 일부가 부안군의 해안 산간지대로 다시 이동한 것으로 추정된다. 이때까지 이동한 경로를 표로 보면 다음과 같다.

그 이유는 덕유산과 운장산을 출발하여 육로가 아닌 해로를 통해 입북할 경우 부안군을 통하는 것이 남해보다 거리적으로 훨씬 가깝고 수월하며 항해시간도 짧았기 때문으로 보인다. 게다가 부안군에는 반도라는 지형적 특성이 있는 지역으로, 내륙에서 군경이 공격을 하더라도 서해와 접해 있는 상봉[508m] 일대를 중심으로 빨치산 활동을 계속할 수 있는 산악지대가 있었다.

〈표 14〉 북한군 퇴각 후 전북지역의 패잔병 및 좌익세력의 이동상황표(1950년 10월~11월)

2) 전북경찰의 복귀와 피해

전북경찰의 전반적인 수복상황에 관해 전북경찰청의 『전라북도 호국경찰사』는 '10월 1일을 기해 전북경찰은 도내 각 경찰서와 지서를 완전히 수복하기 위한 준비에 들어갔다'[43]고 기술하고 있다. 『1950년 11월 관내상황』도 10월 1일 선발대의 전주도착을 필두로 점차 대원이 복귀하였다고 기술되어 두 가지 자료는 일치하고 있다.

---

43   『전라북도 호국경찰사』(2013), 176쪽.

이를 다시 보면 전주지역에서 작전을 수행한 미 제24사단의 제38연대가 9월 26일 새벽 지리산 동쪽 측면을 우회하는 진주-남원 중간지점의 전술적 관문인 함양으로 진격하여 28일 점령하였다. 그리고 같은 날 오후 1시경에 전주에 도착하였다.[44] 따라서 전북경찰대가 미 제24사단과 함께 움직였으므로 전북경찰국이 10월 1일 청사를 수복한 것은 정확하다고 판단된다.

그러나 산하 경찰서의 수복에 관해서는 다음과 같이 차이가 있다.

〈표 15〉 전북경찰국 산하 경찰서 복귀 상황표(1950년 11월 10일 현재)

| 경찰서 | 1950년 11월 관내상황 | | | | 전라북도 호국경찰사 |
	지서·출장소수	수복	미수복	수복 날짜	수복 날짜
군산	15	15	-	10월 2일	10월 2일
이리	18	18	-	10월 2일	미기록
금산	11	9	2	10월 10일	미기록
무주	8	-	8	미수복	11월 10일
김제	17	17	-	10월 4일	미기록
전주	20	15	5	10월 1일	10월 1일
진안	12	11	1	10월 8일	미기록
부안	12	9	3	10월 8일	미기록
정읍	18	10	8	10월 3일	1차 수복:10월 4일 최종:10월 26일
임실	12	3	9	10월 1일	미기록
장수	6	2	4	10월 28일	11월 20일
순창	11	2	9	10월 1일	10월 13일
고창	20	1	19	흥덕지서 진주	11월 18일
남원	19	14	5	10월 1일	

※『1950년 11월 관내상황』, 61~62쪽;『전라북도 호국경찰사』(2013), 169~184쪽.

---

44   전쟁기념사업회,『한국전쟁사 ─ 낙동강에서 압록강으로』제4권, 행림출판, 1990, 149쪽.

〈표 15〉에 의하면 1950년 11월 10일 현재 전북경찰국 산하 지서와 출장소의 수복율은 무주경찰서를 포함하여 63.31%에 달하고 있음을 알 수 있다.

다시 서별로 수복일을 알아보면, 군산경찰서의 경우 미 제25사단의 제24연대 제1대대가 9월 30일 최종 목표인 군산을 점령하였기 때문에 10월 2일이 정확한 것으로 보인다.

그런데 정읍경찰서의 1차 수복일이 『전라북도 호국경찰사』는 10월 4일이나 『1950년 11월 관내상황』은 10월 3일로 기록하고 있다. 또한 『전라북도 호국경찰사』는 순창경찰서의 수복일을 10월 13일로 명시하고 있으나 『1950년 11월 관내상황』은 10월 1일로 되어 있어 큰 차이를 보이고 있다. 마찬가지로 장수경찰서도 『전라북도 호국경찰사』에는 11월 20일로 나와 있으나 『1950년 11월 관내상황』은 10월 28일로 무려 23일이나 차이가 나고 있다. 다른 경찰서의 수복일은 『전라북도 호국경찰사』에 나와 있지 않기 때문에 『1950년 11월 관내상황』에 나와 있는 기록으로만 알 수 있다. 이 가운데 금산경찰서는 『금산군지』에 10월 10일로 나와 있으며,[45] 이 날짜는 정확하다고 보인다.

따라서 1차 자료인 『1950년 11월 관내상황』에 의하면 11월 10일 현재 경찰서 청사 및 지서, 출장소를 모두 수복한 경찰서는 군산, 이리, 김제 순이다. 가장 늦게 수복한 경찰서는 무주, 고창, 순창, 임실, 정읍, 장수 순이다. 그 이유는 무주군의 경우 이 지역에는 철수하지 못한 북한군 제1군단 휘하 제6사단 2,000여 명과 제7사단 임성식 부대 1,000여 명이 지리산으로 이동하면서 강력한 세력을 형성[46]하여 군경 간의 치열한 전투가

45　금산군지편찬위원회, 『금산군지』 제1권 생명의 고향, 미래의 땅, 제일인쇄사, 2011, 685쪽.
46　무주군지편찬위원회, 『무주군지』, 대흥정판사, 1990, 542쪽.

계속되었기 때문이다.

장수군에서도 남아 있던 북한군과 좌익세력들이 덕유산, 장안산으로 입산하면서 이현상 부대로 합류하고 있는 과정에 있어 무주군과 마찬가지로 군경 간의 전투가 지속되었다.[47]

임실군 역시 임실군당 유격대[대장 외팔이]를 비롯한 독수리병단, 벼락병단, 카츄사병단 등이 장군봉과 회문봉 사이에 사령부를 설치하고 저항을 계속[48]하고 있었기 때문으로 보인다.

다음으로 각 서별 경찰관서의 복귀 현황을 보면 다음과 같다.

〈표 16〉 전북경찰국 산하 지역경찰관서 복귀 상황표(1950년 11월 10일 현재)[49]

경찰서	수복/비수복	지서 또는 출장소
군산	수복	대야, 서수, 성산(聖山), 왕산, 회현, 개정, 임피, 성산(成山), 옥구, 옥봉, 목면, 나포 신풍출장소, 서포출장소
	미수복	無
이리	수복	오산, 춘포, 성당, 황등, 함라, 망성, 여산, 금마, 황화, 왕궁, 웅포, 삼기, 함열, 북일, 용안, 팔봉, 낭산 목천출장소
	미수복	無
금산	수복	금성, 제원, 부리, 군북, 남일, 남이, 진산, 추부, 복수
	미수복	신대출장소, 두두리출장소
무주	수복	無
	미수복	설천, 무풍, 적상, 안성, 부남 귀목출장소, 가당출장소, 심곡출장소

47 장수군, 『장수군지』, 남원 중앙인쇄사, 1997, 316쪽.
48 이들은 임실 쪽 강진면 운암댐 하류의 히여터에 유격사령부의 야전병원, 간단한 무기 및 피복공장, 유격전 훈련소도 설치하였으며, 회문산 주변 일대 순창군과 임실군 마을은 해방구가 되어 주민들로부터 수확의 24%를 거두는 징세행정도 수행하였다. 임실군, 『임실군지』, 청웅제지 인쇄부, 1997, 256쪽.
49 출장소로 표기하지 않은 관서는 지서이다.

경찰서	수복/비수복	지서 또는 출장소
김제	수복	월촌, 부량, 죽산, 성덕, 광활, 만경, 진봉, 청하, 백산, 공덕, 백구, 부용, 용지, 봉남, 봉산, 금산, 금구
	미수복	無
전주	수복	상관, 구이, 소양, 고산, 봉동, 우전, 이서, 조촌, 삼례, 용진, 초포, 덕진 송정출장소, 운곡출장소, 하리출장소
	미수복	운주, 화산, 비봉, 동상, 강천출장소
진안	수복	마령, 부귀, 정천, 용담, 외궁, 상전, 안천, 동경, 백운 물곡출장소, 장승출장소
	미수복	주천지서
부안	수복	단산, 동진, 변산, 보안, 백산, 상서, 줄포 평교리출장소
	미수복	격포, 진서, 산내
정읍	수복	고부, 주호, 신태인, 태인, 칠보, 북면, 감곡, 입암, 소성, 옹동
	미수복	이평, 덕천, 영원, 산내, 정우, 내장, 산외 천원출장소
임실	수복	오수, 관촌, 강진
	미수복	신평, 신덕, 운암, 성수, 삼계, 청웅, 덕치 옥정출장소, 운곡출장소
장수	수복	계남, 계내, 천천
	미수복	산서, 반암, 계북
고창	수복	흥덕지서
	미수복	성내, 신림, 성송, 부안, 고수, 아산, 심원, 상하, 해리, 무장, 흥농, 공음, 대산 대장출장소, 동호출장소, 봉암출장소, 반석출장소, 후포출장소, 조산줄장소
순창	수복	적성, 금과
	미수복	쌍치, 구림, 인계, 동계, 복흥, 팔덕, 풍산, 유등 답동출장소,
남원	수복	사매, 주생, 대산, 금지, 주천, 수지, 옥상, 산동, 이백, 운봉, 동면 아영출장소, 풍산출장소
	미수복	보절, 덕과, 대강, 산내 고기리출장소

※『1950년 11월 관내상황』, 63~67쪽.

이렇듯 특정 지역을 수복하였다고 해서 그 지역의 치안이 완전히 확보된 것은 아니었다. 전주경찰서는 1950년 12월 25일 외곽지역에 위치한 상관지서 남관출장소 소실, 1951년 9월 14일 완주군의 산악지대에 소재한 운주지서 소실 등 계속 산발적으로 빨치산과 좌익세력의 공격[50]이 이어지고 있었다.

김제경찰서는 1950년 10월 4일 이재현 서장[51]을 비롯한 서원 25명이 김제군 김제읍 신풍리 141의 1번지 소재 청사로 복귀하였다. 소속 경찰관의 복귀율은 1950년 11월 12일 현재 정원 203명[52]을 기준으로 할 때 12.31%였다. 따라서 이들은 즉시 군내郡內 치안을 확보하기 어려웠기 때문에 지원 병력이 올 때까지 경찰서 소재지인 김제읍에서 청사를 방어하며 점차 그 영역을 넓혀 나간 것으로 보인다. 다른 지역에서는 마을 자위대 또는 청방단 등이 자체적인 방어활동과 부역자 색출 등을 하면서 나름 질서를 잡아간 것으로 추정된다.

국방부 정훈국 전사편찬회의『한국전란 1년지』에 나온 한국전쟁 발발부터 1950년 9월 30일까지 전북경찰국 소속 경찰관의 인명 피해는 전사자 38명, 부상자 158명중상 109명, 경상 49명, 행방불명자 2,000명으로 총 2,196명이다.[53] 과연 이와 같은 인원이 정확한지 알기 위하여『한국전란 1년지』에 나온 전사자 수와『1950년 11월 관내상황』에 나온 순직자 수를 비교하며 분석하기로 한다.

먼저 1950년 11월 12일 현재 전북경찰국 소속 경찰관의 현원은 3,270

---

50   전주시,『전주시사』, 신아출판사, 1997, 715쪽.
51   1950년 10월 1일 임명되었으며, 전임자는 하만호 경감(1950년 5월 13일 임명)이다.
52   『1950년 11월 관내상황』, 33쪽.
53   국방부 정훈국 전사편찬회,『한국전란 1년지』, 1951, D5쪽(부록).

명[54]이다. 『한국전란 1년지』에 나온 전사자 수는 38명[1950.6.25~9.30]이다. 이러한 전사자 수가 맞는다면 한국전쟁 초기에 전북경찰관 전체 인원의 1.16%가 전사한 것인데, 이는 이해하기 어려운 수치이다.

다음으로 『1950년 11월 관내상황』에 나온 순직자 수는 376명[1950.6.25~11.13]이다.[55] 이는 당시 전북경찰관 현원의 11.49%로 『한국전란 1년지』에 비해 열 배 가까이 많다. 물론 『1950년 11월 관내상황』에 나온 기간은 『한국전란 1년지』에 나온 것보다 44일이 더 많다. 또한 순직경찰관의 사인死因이 '전사'만이 아닌 생포된 후 피살, 학살, 전상戰傷으로 인한 사망 등이 포함된 '순직'이며, 10월부터 북상하지 못한 좌익세력의 경찰관서 공격도 있었기에 더 많은 순직자가 발생할 수 있다. 그렇다 하더라도 10월 1일 UN군이 38선을 넘어 북상하고 있는 시기부터 11월 13일까지 전북경찰국이 군과 함께 경찰관서를 수복하는 과정에서 1950년 현원 3,270명[56]중 순직한 376명에서 38명을 뺀 338명[89.89%]이 순직하였다고 보기는 더욱 어렵다. 따라서 저자는 『한국전란 1년지』에 나온 전사자 수 38명은 행방불명자 2,000명 가운데 포함되어 있는 전사자 또는 순직자 수를 파악하지 못한 데 따른 기록으로 판단한다.

본 글은 이를 감안하여 『1950년 11월 관내상황』에 기록된 순직자 수를 통하여 전북경찰국 소속 경찰관의 인명피해를 분석하고자 한다.

먼저 경찰국과 산하 경찰서 소속별로 순직한 경찰관의 수는 다음과 같다.

54　『1950년 11월 관내상황』, 34쪽.
55　위의 책, 37쪽.
56　위의 책, 34쪽.

〈표 17〉 전북경찰국 소속 순직경찰관 수(1950년 11월 13일 현재)

경찰국/서별	경감	경위	경사	순경	계
경찰국(본국)	3	2	9	15	29
군산			2	4	6
이리			8	25	33
금산		1	5	18	24
무주	1	1		7	9
김제		1	10	30	41
전주		1	8	29	38
진안			4	15	19
부안	1	4	8	12	25
정읍	2	3	11	31	47
임실			2	26	28
장수		3	4	7	14
고창			2	9	11
순창		1	2	5	8
남원			6	38	44
합계	7	17	81	271	376

※『1950년 11월 관내상황』, 35~37쪽.

〈표 17〉에 따르면 1950년 11월 13일 현재 가장 많이 순직한 경찰관이 소속된 경찰서는 정읍, 남원, 김제, 전주, 이리, 경찰국 등의 순이다. 반대로 가장 적은 경찰서는 군산, 순창, 무주, 고창, 장수, 진안, 금산, 부안 등의 순이다. 이와 같은 순서는 당시 전북경찰국이 군산, 이리, 김제가 완전히 수복되어 순직자 수를 파악할 수 있었지만 당시 고창, 순창, 임실의 경우 대부분 경찰관서가 수복되지 못하였고, 정읍, 장수가 절반 정도, 그 외의 지역도 일부 수복되지 못하여 그 수를 정확하게 파악하지 못하였기 때문으로 보인다.

따라서 수복된 경찰서를 중심으로 보는 것이 더욱 정확하게 경찰관의 인명피해를 알 수 있을 것이다. 김제경찰서는 이미 수복되었기 때문에 이에 대해 분석하고자 한다. 김제경찰서 소속 순직경찰관 수는 경위 1명, 경사 10명, 순경 30명으로 모두 41명이다. 여기에 『(1953년)관내상황』에 나온 경위 2명, 경사 16명, 순경 79명, 모두 97명의 순직 사항을 감안하면 1950년 11월 12일 현재 김제경찰서 소속 경찰관의 현원 203명[57]의 47.78%가 한국전쟁 동안 순직하였다. 다시 이들 순직자 가운데 42.26%가 한국전쟁 초기에 전사, 전상, 포로, 기타 직무 수행상의 이유로 목숨을 잃었다.

이와 같은 인적피해로 전북경찰국의 경우 수복 직후 상급부서인 치안국에 긴급 인원 충원 또는 지원을 요청하는 한편 관내 치안은 UN군이 일시적으로 담당한 것으로 판단된다. 김제경찰서 역시 수복되자마자 UN군과 유기적으로 협조하면서 소속 경찰관들의 생환 또는 지원 경찰력을 기다릴 수밖에 없었을 것으로 보인다. 또한 김제경찰서뿐만 아니라 전북지역의 각 경찰기관은 관내 치안이 어느 정도 안정되고 북한군과 좌익세력 대부분이 산악지대로 완전히 잠입할 때까지 경찰서 청사 방어에 주력하면서 빨치산 진압작전 계획 수립과 관내 부역자 색출을 위한 사전 준비에 들어간 것으로 보인다.

다시 전북경찰국 전체 경찰관의 순직으로 돌아가서 한국전쟁 발발부터 11월 13일까지 취합된 자료에 의하면 이들의 계급별 비율은 순경 72.07%, 경사 21.54%, 경위 4.52%, 경감 1.86%로 하위직 경찰관이 가장 많음을 알 수 있다. 김제경찰서 소속 경찰관 역시 계급별로 순경 73.17%, 경사 24.39%, 경위 2.43%의 순으로 하위직이 가장 많이 순직하였다. 그 이유는 다음 표를 보면 알 수 있다.

---

57 위의 책, 33쪽.

〈표 18〉 경찰 계급별 통솔인원 비례표(1953년)

	경무관	총경	경감	경위	경사	순경
경무관	1					
총경	8.8	1				
경감	29.5	3.3	1			
경위	149.5	17	5	1		
경사	344.1	39	11.7	2.3	1	
순경	1,783.1	202.2	60.5	11.9	5.1	0
계	2,316	262.5	78.2	15.2	6.1	0

※ 내무부·치안국, 『국립경찰통계연보 4286』, 1954, 43쪽.

〈표 18〉은 평균적으로 지방경찰국 단위에서 경찰국장인 경무관 1명이 총경 8.8명을, 총경 1명이 경감 3.3명을, 경감은 경위 5명을, 경위는 경사 2.3명을 경사는 순경 5.1명을 통솔할 수 있음을 보여준다. 또한 경찰서 단위에서 1급경찰서는 서장인 총경 1명이 경감 3.3명, 경위 17명, 경사 39명, 순경 202.2명을, 2급경찰서는 서장인 경감 1명이 경위 5명, 경사 11.7명, 순경 60.5명을 통솔하고 있음을 보여준다. 그러나 전시에는 이와 같은 계급 체계를 바탕으로 분대, 소대, 대대, 연대별로 경찰부대를 편성하기 때문에 경사는 소대장, 순경은 소대원으로 구성될 수밖에 없다. 따라서 최일선에서 전투를 수행한 순경의 피해가 가장 컸다.

다음으로 전북경찰국이 7월 19일 후퇴를 시작한 후 최종적으로 9월 12일 부산에 전투사령부를 설치할 때까지 집결한 소속 경찰관 수를 보기로 한다.

『전라북도 호국경찰사』에는 그 수가 처음에 부산에 도착한 인원 429명[58]과 각자 후퇴했다가 점차적으로 부산으로 집결한 200여 명[59]으로 모두 630여 명으로 나온다.

---

58 『전라북도 호국경찰사』(2013), 154쪽.
59 위의 책, 158쪽.

『1950년 11월 관내상황』에는 후퇴 인원에 관하여 다음과 같이 기술되어 있다.

단기檀紀 4283년 6월月 25일日 사변발생事變發生 후後 적세남침敵勢南侵으로 인因하여 관내管內 전직원全職員 각지各地에서 과감果敢히 항전抗戰하였으나 전세불리戰勢不利하여 부득이不得已 후퇴後退한바 작전 중作戰中 각各 전선戰線에서 사상자死傷者와 적敵에 포위包圍되어 탈출脫出치 못한 자者가 다수多數 유有하여 완전完全 후퇴後退하여 작전作戰에 참가參加한 대원수隊員數는 불과不過 4, 5백명白名에 불과過하였으나 함안군咸安郡 법수法守, 여항艅航, 칠원漆原 등等 작전作戰에 참가參加 선전善戰하였다.강조-저자[60]

여기에 나온 "4, 5백 명"은『전라북도 호국경찰사』에 나온 429명과 큰 차이가 없다. 이에 따라『전라북도 호국경찰사』에 나온 630명을 최대인원으로 계산하면 31.74%가 부산으로 철수하여 집결하였다.

그리고 물적 피해 가운데 청사상황을 보면 다음과 같다.

〈표 19〉 전라북도경찰국 산하 경찰서 청사 피해 상황표(1950년 11월)

	경찰서		지서			
	소실	반파손	청사	소실	파손	반파손
군산			15	0	0	5
이리			14	0	4	6
금산	1		9	5	0	3
무주		1	5	0	3	1
김제			17	2	1	5
전주			23	5	3	5
진안			11	0	4	4
부안			9	0	2	3
정읍	1		17	2	3	6
임실			14	3	2	5
장수		1	6	5	0	1

60　『1950년 11월 관내상황』, 15~16쪽.

	경찰서		지서			
	소실	반파손	청사	소실	파손	반파손
고창		1	7	5	0	1
순창	1		13	3	5	3
남원			21	9	0	6
계	3	3	181	39	27	54

※『1950년 11월 관내 상황』, 61~62쪽.

〈표 19〉를 보면 1950년 11월 현재 전북경찰국 관할 14개 경찰서 가운데 금산, 정읍, 순창경찰서 청사가 소실되었으며, 무주, 장수, 고창경찰서는 반소되는 등 전체 경찰서의 42.85%가 피해를 입었다.

지서 피해 또한 장수경찰서가 관내 6개지서 가운데 5개소 소실, 1개소 반파손이라는 가장 큰 피해를 입었고, 순창경찰서도 관내 13개 지서 가운데 3개소 소실, 5개소 파손, 3개소 반파손이라는 큰 피해를 입었다. 전체적인 피해율은 반파손 29.83%, 소실 21.54%, 파손 14.91%의 순이며, 이는 전북경찰국 관하 모든 지서의 66.29%에 해당한다.

또한 물적 피해 가운데 차량피해를 보면 한국전쟁 발발 전에 전북경찰국이 보유한 자동차 대수가 승용차 10대, 쓰리코타 10대, 시보레 2대, 도요다 1대, GMC 13대 계 36대였다. 한국전쟁 발발 후에는 승용차 2대, 쓰리코타 7대, GMC 4대, 도요다 2대만 보유하고, 나머지 자동차 21대는 파괴 및 분실되었다.

기타 피해로 전북경찰국 소유 가옥이 국유 1호, 도유^{道有} 5호, 경무협회 지부 소유 21호, 적산가옥 17호 등 총 44호였으나 한국전쟁 발발 후 10호가 소실되었다. 또한 대한애국부인회 원조하에 여자경찰서 창립기성회를 조직하여 연극을 순회 흥행한 결과 기금 100만 원을 조성, 증식하여 미곡 40입^{叺, 가마니}을 구입하여 시내에 보관하던 중 경찰의 후퇴로 북한군에게 노획되었다.

한편 김제경찰서의 피해를 보면 〈표 19〉에서 볼 수 있듯이 모두 17개의 관할 파출소와 지서 가운데 47.05%가 피해를 입었다. 이러한 피해는 다른 경찰서에 비해 그리 심한 편은 아니었다. 다만 모악산과 접하고 있는 금산, 금구지서는 청사가 전소되는 큰 피해를 입었고, 평야부에 위치한 만경, 죽산, 부량지서 등의 피해는 크지 않았다.

제5장 ─────────── '반공국가'를
수호하기 위한 전투와 동원

1. 빨치산 진압

1) 군경의 빨치산 진압작전

1950년 9월 15일 UN군의 인천상륙작전이 성공하자 북상하지 못한 전북지역의 북한군과 좌익세력은 모악산, 회문산 등의 험준한 산악지대로 잠입하기 시작하였다. 조선노동당의 전북도당위원회는 9월 28일을 전후해 각 군당에 당을 비합법적인 지하당으로 개편하고, 산간지대 부락을 접수하여 식량을 비축하며, 입산 경험자 및 활동이 가능한 자는 입산시키고, 기타 간부는 일시 남강원도까지 후퇴하라는 지시를 내렸다.[1]

이에 따라 전라북도 내 빨치산[2]들은 전북도당이 중심이 되어 정읍, 순

1 박동찬, 「호남지구 게릴라 토벌작전 분석(1950.6~1951.4)」, 『군사』 제49호, 국방부 군사편찬연구소, 2003, 243쪽.
2 "빨치산'은 유격전을 수행하는 부대 또는 그 구성원을 말한다. 유격대를 칭하는 용어로는 게릴라(guerilla), 빨치산(partisan)이 있는데 '게릴라'와 '빨치산'은 비정규전에 종사한다는 맥락에서 양자가 거의 구분 없이 사용되는 경우도 있다. '게릴라전(guerilla warfare)'은 적 지역이나 점령지역, 또는 한 국가 내부에서 무장한 주민, 또는 정규군 요원에 의해 직간접으로 불규칙하게 수행되는 군사 및 준군사활동을 의미한다. 이에 비해 사회주의 혁명운동 과정에서 유력한 전술로 채택되곤 했던 '빨치산 운동(partisan movement)'은 적(외세) 점령지에서 지역주민들이 자발적으로 조직한 무장활동으로 군사활동, 태업, 파괴공작, 선전선동까지 포함하면서 비정규성과 정치적 성격이 강조되

창, 완주 등 각 산악지대에서 활동하기 시작하였다. 전북도당은 전남 순창의 회문산을 근거지로 하여 임실, 남원, 순창의 각 군 빨치산부대를 지휘하며 보급투쟁을 하였다. 조직은 조직부, 선전선동부, 간부부, 노동부, 경리부, 농민부 등 6개의 부서로 이루어져 있었으며, 도당위원장으로 방준표, 부위원장으로 조병하가 임명되어 있었다.[3] 또한 전투조직으로 전북도유격대^{사령관 방준표, 부사령관 조병하} 휘하에 있는 애택부대, 보위부대, 백학부대, 김제유격대, 임실유격대 등이 있었다.[4]

전북의 빨치산들은 한국전쟁 이전에 비해 규모와 인원이 증가하고, 인적 구성도 다양해졌다. 이는 보도연맹원 검속 피살, 전쟁 전 구舊빨치산 진압과정[5]에서 부락소개 및 인명 피해 등을 경험한 이유로 북한군 점령

었다. 한국전쟁 전후 남한 지역에서 일어난 조직적 무장 유격대 활동은 사회주의 세력의 영향 하에서 전개되었다. 이들은 관점과 시기에 따라 여러 가지로 불린다. '2·7 구국투쟁'을 전후해 남로당 무장유격대는 '야산대'나 '산사람'으로 호칭되었다. 군경, 관변은 '반도(叛徒)', '공비(共匪)'라는 명칭을 사용했다. 미국 측 기록에는 이들이 '폭도(暴徒)', '叛徒(rioter, insurgent)', '게릴라(guerilla)'로 기술되어 있으며, 간혹 '빨치산(partisan)'으로도 기재되었다. 이 시기 무장유격활동의 당사자들은 자신들을 '빨치산(빨찌산)' 또는 '인민유격대'로 인식하고 호칭하였다", 이선아, 「한국전쟁 전후 빨치산의 형성과 활동」, 『역사학의 시선으로 읽는 한국전쟁-사실로부터 총체적 인식으로』, 휴머니스트, 2010, 397쪽. 본 글에서는 원문에 나와 있는 경우를 제외하고, 한국전쟁 전에는 '인민유격대', 이후에는 정치적 성격과 스스로 불렀던 점 등을 감안하여 '빨치산'으로 호칭한다.

3   위의 책, 235쪽.

4   김광운, 「북한의 비정규전 조직과 전개」, 『역사학의 시선으로 읽는 한국전쟁』, 한국역사연구회 현대사분과편, 선인, 2010, 376~377쪽.

5   해방 후 남한에서 빨치산에 대한 진압작전을 본격적으로 개시하기 시작한 때는 1948년 여순사건 이후부터다. '여순 반란군토벌 전투사령부'는 10월 30일 '호남방면 전투사령부'로 그 명칭을 변경하고 지리산, 보성, 벌교, 공양지구에서 진압작전을 수행한 후 11월 30일 해체되었다. 다음해 1949년 3월 1일 육군본부는 여전히 지리산지역에 남아 활동하고 있는 빨치산에 대응하기 위해 지리산지구전투사령부와 호남지구전투사령부를 설치하여 여순사건의 주모자였던 김지회와 홍순석 등을 사살하는 등의 전과를 올렸다. 그리고 5월 9일 지리산지구전투사령부를 해체하면서 호남지구의 빨치산 진압을

정책에 협력한 자들의 입산이 많았기 때문이다.[6]

그러나 이미 1950년 11월 전북에는 경찰에 의해 생포된 북한군들이 많이 있었다. 그 수는 전북경찰국에 16명, 군산경찰서에 80명, 이리경찰서에 150명, 김제경찰서에 101명, 전주경찰서에 507명, 진안경찰서에 37명, 정읍경찰서에 7명, 임실경찰서에 104명, 순창경찰서에 8명, 남원경찰서에 34명으로 총 1,044명이었다.[7] 금산과 장수경찰서는 통신 두절로, 고창과 무주경찰서는 미복구로 인해 그 수를 취합하지 못하였다. 전북경찰국은 이들을 포로수용소로 압송하고, 의용군은 CIC대장과 협의하여 각 경찰서장이 귀가증명서를 발부하여 귀향시켰다.[8]

전북 이외의 지역에서도 빨치산 활동이 활발하게 전개되었다. 백운산에는 경남도당의 남해안사단이 근거지로 하여 광양, 순천, 곡성, 구례의 부대를 지휘하며 보급투쟁을 하고 있었다. 지리산에는 경남도당과 북한군 제2병단의 낙오병들과 좌익세력이 본거지를 두고 함양, 산청, 진주,

---

제5사단 예하 15연대(순천), 제20연대(남원), 제23연대 제1대대(함양군과 산청군)가 수행하도록 하였다. 1949년 9월 22일에는 내무부에서 군경수뇌회의가 개최되어 내무부장관(김효석), 국방부장관(신성모), 내무부차관(장경근), 참모총장(채병덕), 참모부장(정일권), 치안국장(이호)이 참석한 가운데 군경합동으로 대대적인 빨치산 진압작전을 단행하기로 결의하고, 경찰에서는 지리산전투경찰대를 창설, 그 본부를 남원에 설치하여 군의 진압작전을 적극 지원하기도 하였다. 1949년 9월 28일 육군본부는 남원에 지리산전투사령부를 복설하고, 다음 날 9월 29일 치안국이 충북 단양에 태백산지구전투사령부를, 전남 남원에 지리산지구전투경찰대를 설치하여 육군과 함께 빨치산 진압작전을 수행하도록 하였다. 군경합동작전은 1단계(1949년 10월 30일~11월 30일), 2단계(12월 1일~12월 15일), 3단계(12월 16일~1950년 2월 28일)로 전개되어 사살 365명, 생포 187명, 귀순 4,964명, 아지트 파괴 168개소라는 전과를 거두었다. 이에 따라 태백산, 일월산, 보현산 일대에 거점을 둔 빨치산과 좌익들은 대부분 사살 또는 생포되었고, 이 지역에서 도주한 빨치산들은 오대산지역으로 북상하였다.

6   김광운, 앞의 책, 2010, 409쪽.
7   『1950년 11월 관내상황』, 95~96쪽.
8   『1950년 11월 관내상황』, 94쪽.

하동의 빨치산부대를 지휘하였다. 운장산에는 북한군 제572부대장 강태무가 인솔하는 직속부대인 한두산부대, 가와산부대, 백두산부대, 압록강부대, 청천강부대 등이 근거지를 두고 진안의 빨치산부대를 이끌었다. 특히 덕유산에는 이현상이 지휘하는 제303, 304부대가 무주, 장수, 거창의 빨치산을 지휘하였다. 이들은 모두 22,602명으로 12월 중순경 북상을 목적으로 덕유산에 총집결하였다가 중국인민지원군의 침입에 힘입어 같은 달 하순경 이들의 거점지로 다시 이동하였다.[9]

본격적으로 빨치산의 야산 활동이 시작되자 국군 제11사단은 1950년 10월 4일부터 호남과 지리산지구 작전에 돌입하여 예하 제9연대를 전남으로, 제13연대를 전북으로, 제20연대를 지리산지구로 각각 분산하고, 5개 경비대대와 청년방위대까지 동원하여 빨치산 진압작전을 수행하였다.[10]

치안국도 「비상경비총사령부 설치 훈령」을 근거로 1950년 12월 6일 지리산지구전투사령부이하 지전사와 태백산지구전투사령부태전사를 창설하였다. 지전사는 제203, 205대대를 기간으로 하여 남원에 본부를 두고 전남·북 일원과 경남 서부지역을 담당하게 하였다.[11] 태전사는 제200, 207부대를 기간으로 하여 경북 영주에 본부를 두고 경북 일원, 강원 남부, 충북 동부지역을 담당하게 하였다.[12]

---

9   내무부 치안국 대한경찰전사발간회, 『대한경찰전사 제1집 민족의 선봉』, 흥문출판사, 1952, 181~182쪽.

10 김광운, 앞의 책, 2010, 377쪽.

11 지리산전투사령부의 신상묵 사령관(경무관)은 1951년 10월 12일 빨치산 출신 38명으로 이루어진 '보아라부대(부대장 문순묵)'를 창설하였다. 이 부대는 10월 14일과 10월 15일 2차에 걸친 회문산 기습작전을 펼친 후, 11월 8일과 9일 전남 담양의 가막골을 급습하여 사살 120명, 중상 100명, 생포 9명, 아지트 13개소 파괴 등의 큰 전과를 올렸다. 김형필, 『들불을 찾아서─돌아온 빨치산의 수기』, 한국출판사, 1952, 118~119쪽.

전북경찰국 또한 10월 1일 복귀하자마자 수복된 각 경찰서별로 전투경찰 활동의 거점을 마련하고, 각 경찰서 단위로 진압부대를 편성하였다. 11월 동계에 접어들자 총원 922명으로 이루어진 2개 전투경찰대대와 841명으로 편성된 10개 유격대를 조직하고, 1951년 3월까지 도내 빨치산을 전원 진압하는「잔비소탕 기본계획」을 수립하고 실행하였다.[13]

국군과 경찰은 북한군 후퇴기에 전력을 다하여 빨치산을 진압하려고 하였다. 이는 다음과 같은 한국전쟁에 관한 한국정부의 정책적 판단과 군경의 대처능력에 따른 것으로 보인다.

첫째, 북한은 무력통일을 추구하고 있었기 때문에 남한정부에서는 북한에 의해 통일되어서는 안 된다는 극단적인 위기감이 팽배해 있었다.[14]

둘째, 정부의 입장에서는 전쟁이 독립된 정치적 단위인 '국가'들의 조직화된 군사력 사이에 벌어지는 실질적인 무력갈등이므로, 이를 통해 일반적으로 '국가' 건설을 촉진하는 경향이 있기[15] 때문에 한국전쟁의 승리가 신생 '대한민국'의 미래와도 직결되어 있는 문제였다.

셋째, 국군과 경찰에서는 한국정부가 한국전쟁 발발 전에 발생하였던 여순사건을 '공산주의자들의 반란'으로 규정한 이래 북한을 포함한 내외부의 공산주의자들을 정부 전복을 획책하는 '적'으로 간주하고,[16] 1948년

---

12 이외에 치안국은 북한군 제10사단의 안동 출현을 기회로 청도, 울산, 양산, 밀양 등에서 빨치산의 활동이 강력해질 것에 대응하기 위해 1951년 1월 30일 경상북도 청도에 서울과 경기부대로 혼성된 운문산지구전투사령부를 창설하였으나 작전지역 내 별다른 움직임이 포착되지 않아 곧 해체하였다. 윤장호,『호국경찰전사』, 제일, 1995, 201~202쪽.

13 『1950년 11월 관내상황』, 77쪽.

14 김동춘,「냉전, 반공주의 질서와 한국의 전쟁 정치─국가폭력의 행사와 법치의 한계」,『경제와 사회』 봄호, 제89호, 비판사회학회, 2011, 342쪽.

15 전상인,「한국전쟁과 국가건설」,『아시아 문화』 제16호, 아시아문화연구소, 2000, 26쪽.

16 김득중,『'빨갱이'의 탄생─여순사건과 반공국가의 형성』, 선인, 2015, 602쪽.

12월 「국가보안법」 제정, 1949년 4월 국민보도연맹 결성 등을 통해 '반공주의'를 더욱 강화[17]하고 있었다.

넷째, 북한이 1948년 11월부터 1950년 3월까지 10차에 걸쳐 남한으로 총병력 2,345명의 인민유격대를 침투[18]시켰고, 이에 대해 남한의 군과 경찰은 호남·지리산지구전투사령부를 창설하여 이들을 진압한 실전경험을 이미 갖고 있었다. 때문에 빨치산 진압작전을 신속하게 전개할 수 있었다.

게다가 경찰에서는 간부급 이상이 대부분 일제강점기 전력前歷을 가진 이들로 채워져 있었기 때문에 한국전쟁 발발 전부터 대다수가 반공주의로 무장되어 있었다. 또한 이들은 일제강점 말기 전시체제하에서 전쟁을 경험한 적이 있었고 북한군에 대해 잘 알고 있었다.[19] 국군 역시 창설의 근간이 된 것은 일본군과 만주군 경력자들의 군문軍門으로의 투신이었고, 군 간부들은 여순사건 이후 숙군으로 인해 반공주의로 일체화[20]되고 있었다.

그러나 경찰은 한국전쟁 발발 전까지 전투가 아닌 전쟁을 직접 수행한 적이 없었다. 미군정기 경찰교과서[21]를 보더라도 일부 '계엄'과 '비상

17 한지희, 「정부 수립 직후 극우반공주의가 남긴 상처 국민보도연맹의 조직과 학살」, 『역사비평』 겨울호, 제37호, 역사비평사, 1996, 291~292쪽.
18 국방부 군사편찬연구소, 『대비정규전사』, 1988, 서라벌인쇄주식회사, 44쪽.
19 "일경 출신 선배의 재등용에 대해서는 지금까지도 찬·반이 갈리는 경우가 없지는 않지만 그 당시 공산당의 실체와 전술을 배워 아는 경찰이란 그들뿐이었다는 것을 상기할 필요가 있다." 전재곤, 「銃聲 없는 武警小史」, 『강원경찰전사』, 강원지방경찰청, 디자인 맑음, 2013, 495~496쪽.
20 윤충로, 「20세기 한국의 전쟁 경험과 폭력」, 『민주주의와 인권』 제11호, 전남대 5·18연구소, 2011, 256쪽.
21 제6관구(전북)경찰학교, 『경찰교과서 복무』, 1947(추정); 제6관구(전북)경찰학교, 『경찰교련필휴(전편)』, 1947; 홍순봉, 『경찰법 대의』, 동아출판사, 1947; 김도원, 『경찰실무요강(상)』, 수도관구경찰청 경무과, 1948; 이근갑, 『경찰복무』, 동아출판사, 1948; 박재우, 『신경찰법』, 대성출판사, 1949.

소집'에 관한 내용만 있을 뿐 구체적으로 '전시경찰' 활동에 대한 내용은 현재까지 발견되지 않는다. 다만 1949년 1월에 발간된 박재우의 『신경찰법』에 다음과 같은 내용이 있다.

공안경찰公安警察이 전쟁戰爭, 사변事變 등等 비상시非常時에 봉착逢着하면은 계엄戒嚴을 그 주요主要한 방법方法으로 한다. 계엄戒嚴이란 전시戰時 혹은 국가사변國家事變에 있어 병력兵力으로서 전국全國 또는 일지역一地域을 경비警備하기 위爲하여 국가통치작용國家統治作用의 전부全部 또는 일부一部를 군대軍隊의 권력權力으로 옮김을 말한다. (…중략…) 우리나라에 있어서는 일구사팔년一九四八年 십월十月 십구일十九日의 여수麗水, 순천반란사건順川反亂事件의 진입鎭壓을 그 실례實例를 볼 수 있다.[22]

경찰전문학교에 근무하는 서연태는 여순사건이 발생한 지 두 달이 훨씬 지난 12월 25일 여수, 순천, 광양 등 사건의 발생지역에 특파된 후 『민주경찰』 제3권 1호에 다음과 같은 글을 게재하였다.

내가 순천順川서장과 이야기하는 동안에도 보고報告에 의하면 서면지서西面支署에 지난 밤 폭도暴徒와 전투戰鬪가 버러졌었는데 우리 경찰관警察官이 일명一名 전사戰死하고 폭도 측暴徒側에서는 사명四名이 사살射殺되었다고 한다. 이와 같이 그들은 하루도 빠짐없이 치열熾烈히 공격攻擊하여 오는 것이다. 그들은 심산深山에 숨어있다가 밤이면 으레히 공격攻擊하여 온다고 한다. 그로므로 한시인들 안심安心하여서는 아니된다.강조─저자[23]

---

22 박재우, 『신경찰법』, 대성출판사, 1949, 299~302쪽.
23 서연태, 「그 뒤의 麗水·順天은 씩씩하게 이러섯다」, 경무부 교육국, 『민주경찰』 제3권 1

여순사건은 1948년 10월 19일 전남 여수에 주둔하고 있던 국방경비대 제14연대 소속의 일부 군인들이 제주도 4·3사건 진압출동을 거부하고 대한민국 단독정부 수립을 저지하기 위해 봉기한 사건이다. 한국정부는 이 사건을 계기로 국민 형성의 이데올로기적 통일성 확보를 위해 내·외부의 공산주의 세력과 맞서면서 '반공국민'의 정체성을 만들어 나갔다.[24] 그리고 한국정부가 「국가보안법」을 제정하고, 강력한 '반공국가'를 구축함으로써 국민 스스로 '반공국민'으로서 '대한민국'에 대한 자발적 복종심을 내면화하도록 감시와 통제체제를 작동하였다.[25] 여순사건을 활용한 한국정부의 '반공국가'와 '반공국민' 만들기는 이와 같이 경찰조직에서 성공하고 있었다.

또한 치안국이 전시체제로 전환하기 위해 국내局內에 신설한 과는 '경비과'가 아닌 '보급과'로, 신설 날짜는 한국전쟁이 발발한 후 2달 가까이 지난 8월 20일이었다.[26] 이는 경찰의 특성상 당시 전력戰力이 국군에 비해 많이 약하여 직접 북한군에 대한 단독 전투를 하기에는 역부족이었고, 경찰의 장비도 상당히 열악해서 우선적으로 필요한 것이 장비 및 물자 보급이었기 때문으로 보인다. '경비과'가 보안과에서 독립하여 신설된 때는 정전협정 체결협상이 임박한 시기인 1953년 7월 6일이었다.[27] 따라서 한국전쟁기에 경찰의 전투는 '경비과'라는 독자적인 부서가 설치되지 않았다. 대신 치안국 총경비사령부를 정점으로 하는 전투체제로 전환되었다.

호, 1949, 62쪽.

24   김득중, 앞의 책, 2015, 605쪽.

25   김영미, 「대한민국의 수립과 국민의 재구성」, 『황해문화』 제60호, 새얼문화재단, 2008, 110쪽.

26   「대통령령 제380호 — 내무부직제중 개정의 건」(1950년 8월 10일), 내무부 치안국, 앞의 책, 1973, 507쪽.

27   「대통령령 제804호 — 내무부직제중 개정의 건」(1953년 7월 6일), 위의 책, 598쪽.

그리고 지방경찰국 단위로 경비사령부-경찰서 부대로 세분화되었다.

1951년 1월 7일 북한군이 중국인민지원군의 강력한 지원에 힘입어 다시 수원을 점령하고 계속 오산과 장호원, 제천, 삼척 등의 지역까지 남하하였다. 전황은 날로 심각해져 갔고 UN군이 강력하게 반격할 수밖에 없었다. 당시 전남·북의 빨치산들은 덕유산, 지리산, 기타 지역의 험준한 산악지대로 잠입, 분산되어 재기할 기회를 기다리고 있었다. 이에 대해 국군의 제11사단 제13연대와 경찰의 지전사는 빨치산에 대한 진압을 변함없이 이어 나갔다. 국군과 경찰은 이들 빨치산을 크게 '무장병력'과 '비무장병력'으로 구분[28]하고 작전을 전개하였다. 여기서 '무장 병력'은 북한군 패잔병, 구舊빨치산, 극력 좌익세력 등을 말하고, '비무장 병력'은 북한군과 좌익세력의 가족, 친지, 또는 '생존'을 위한 부역 혐의 등으로 입산한 주민들로 당시 상황에서는 국가체제를 위협하는 잠재적인 '적'이었다.

UN군의 대대적인 반격으로 1월 28일 횡성이 수복되고, 중국인민지원군과 북한군이 38선 일대로 퇴각하는 등 전황이 한국 측으로 유리하게 전환되었다. 그리고 국군과 경찰은 다시 본격적으로 전남·북의 산악지대에 은신하고 있던 빨치산들에 대한 진압작전을 개시하였다. 당시 이들 빨치산의 수와 병력을 보면 다음과 같다.

〈표 20〉 전라남·북도 지역별 빨치산 병력상황표(1951년 1월 31일 현재)

| 지구 | 인원(수) | | 합계 | 비율 | 무기 |
	무장	비무장	(명)	(%)	
덕유산	2,702	1,909	4,611	36.72	박격포 6, 기관포 7, HMG 7, LMG 4
지리산	1,330	370	1,700	13.53	박격포 3, BAR 1, 기관포 2, HMG 5, LMG 9

---

28   육군본부,『공비토벌사』, 1954, 도표 제6호.

지구	인원(수)		합계 (명)	비율 (%)	무기
	무장	비무장			
전북지구	1,796	1,848	3,644	29.01	박격포 4, BAR 1, 로켓포 1, HMG 1, LMG 15
전남지구	1,330	1,272	2,602	20.72	박격포 10, BAR 1, HMG 11, LMG 21
합계	7,158	5,399	12,557	100	

※육군본부, 『공비토벌사』, 1954, 도표 제9호.

〈표 20〉에 나온 병력을 보면 빨치산 세력의 순은 덕유산, 전북지구, 전남지구, 지리산이다. 그 이유는 덕유산에는 장수, 진안, 무주, 금산, 거창, 함양 등에서, 전북지구에서는 모악산을 중심으로 김제, 전주, 임실, 정읍 등에서, 전남지구에는 백아산과 화학산 등을 중심으로 나주, 화순, 보성, 장흥, 영암 등의 많은 빨치산이 잠입하였기 때문으로 보인다. 다만 지리산에는 이때까지 다른 지역의 빨치산들이 은신하러 오지 않은 시기였다. 구례, 남원, 산청, 하동, 함양 등 주변 지역의 빨치산 정도만 잠입하였기 때문에 숫자가 많지 않았던 것이다.

국군 제11사단과 경찰의 지전사는 1950년 11월 18일부터 다음해 3월 30일까지 빨치산 진압작전을 전개하여 사살 1,950명, 생포 및 귀순 2,178명의 전과를 올렸다. 그러나 전사 531명, 실종 85명, 부상 843명으로 군경의 인명피해도 컸다.[29] 이후 국군 제11사단은 4월 16일 제8사단에 임무를 인계하였고, 제8사단은 금산지구 전투4월 16일~19일와 국사봉지구 전투5월 4일~9일, 부안지구 전투5월 10일~11일를 수행한 후 전주를 떠나 충북 제천으로 이동하였다.[30]

이에 반해 전남·북지방에 남아 있는 빨치산들에게는 그들의 세력을 크게 확대할 수 있는 계기가 이어졌다. 먼저 1951년 8월 이현상은 전북

---

29   국방부 군사편찬연구소, 『대비정규전사』, 서라벌인쇄주식회사, 1988, 174쪽.
30   위의 책, 179~183쪽.

장수군 소재 장안산 중치골에서 남한 6도 도당위원장 회의를 개최한 후
각 도당 빨치산사령부를 개편하여 사단으로 승격하였다. 이에 따라 이현
상은 빨치산부대들을 직접 지휘하는 체제를 갖추면서 그를 중심으로 하
는 남한 내 지휘체계의 단일화가 마련되었다.[31] 다음으로 6월 이래 지리
산으로 잠입하기 위해 군경과 교전을 벌이던 남부군 1,000여 명이 8월
22일경 지리산으로 입산하는 데 성공하였다.[32] 남부군은 1949년 하반기
부터 지리산지역에서 인민유격대 제2병단을 편성하여 유격전을 전개했
던 '이현상유격대'를 전신으로 한다. 한국전쟁 발발 후 북한군이 영호남
지방으로 진격하자 이 부대가 하산하여 부대원 일부가 출신지방의 당·
정 간부로 활동하였다. 또한 이현상의 지휘하에 북한군에 합류하여 합동
작전을 펼치기도 하였다. 그러나 북한군이 퇴각하자 이현상부대는 다시
지리산지역으로 입산하였다가 북한의 강원도 평강군 후평리로 후퇴하였
다. 그리고 1950년 12월 말경 그곳을 출발하여 태백산맥을 타고 내려왔
다.[33] 이어 단양의 형제봉에 도착한 후 문경 방향으로 방향을 틀어 소백산
맥을 따라 보은의 속리산을 거쳐 영동의 삼도봉에 이르렀다. 여기서 2개
의 부대로 나눠졌다. 한 부대는 무주의 덕유산으로 향하여 진안의 운장산
을 거쳐 완주의 대둔산으로 이동하였다. 다른 부대는 함양의 황석산으로
진출하여 앞에 쓴 대로 8월 22일경 지리산으로 입산하였다. 이때 덕유산
에 있던 전북 북부의 빨치산부대들이 대둔산으로 이동한 부대와 함께하
였다.[34] 지리산으로 들어온 남부군은 전남·북도당원 및 남원군당원 900

---

31   위의 책, 183쪽.
32   윤장호, 『호국경찰전사』, 제일, 1995, 236쪽.
33   김광운, 「한국전쟁기 북한의 게릴라전 조직과 활동」, 『군사』 제48호, 국방부 군사편찬
      연구소, 2003, 111~112쪽.
34   육군본부, 『공비토벌사』, 1954, 도표 제7호.

여 명을 추가로 규합하여 전체 부대원 수가 1,900여 명에 이르렀다. 그리고 9월 19일부터 9월 21일까지 남원 운봉에서 경찰의 지전사 휘하 제205부대 등 8개 경찰부대를 상대로 대규모 전투를 개시하였다.[35] 하지만 경찰부대에 의해 빨치산 130명이 사살되었고, 126명이 부상하였으며, 7명이 생포[36]되는 등 큰 타격을 입고 말았다.

그럼에도 불구하고 남부군은 9월 30일 다시 곡성을 점령하기 위해 곡성경찰서와 오곡지서를 포위 공격하였고, 경남 합천의 오도산, 지리산의 배암사골남원군 산내면 등에서도 경찰부대와 치열하게 전투를 벌였다.[37] 11월 3일에는 빨치산 300여 명이 대낮에 산청군 시천면 내대리에 나타나 부락민들을 강제로 동원하여 '현물세'라는 명목으로 추수한 곡물을 약탈하였다. 11월 29일에는 남부군 직속부대[38]로 추정되는 빨치산들이 경남 하동 북쪽의 악양면을 3일간 내습하여 부락민 1,000명에게 역시 '현물세'라는 명목으로 추수한 곡물을 약탈해 가는 등 날로 그 세력이 강해지고 있었다.[39]

이에 한국정부는 1951년 11월 16일 속초에 주둔한 수도사단과 춘천에 주둔한 제8사단을 호남지역으로 이동시키고,[40] 열흘 뒤인 11월 25일 백야전전투사령부사령관 육군 제1군단장 백선엽 소장, 이하 백야전사를 창설하였고, 사령부는 남원에 설치하였다.[41]

---

35 윤장호, 앞의 책, 1995, 239쪽.
36 위의 책, 243~249쪽.
37 위의 책, 239~243쪽.
38 정규 남부군의 수는 사령부 150명, 승리사단 400명, 인민여단 150명, 혁명지대 60명 등 총 760명이다. 국방부 군사편찬연구소, 『대비정규전사』, 서라벌인쇄주식회사, 1988, 232쪽.
39 위의 책, 184~185쪽.
40 위의 책, 186쪽.
41 육군본부 작전지시 제113호에 의해 사령부는 11월 25일 대구에서 전주로, 다시 남원으로 이동 완료하였다. 육군본부, 앞의 책, 1954, 81쪽.

그리고 11월 26일 경찰관으로 구성된 태백산전투사령부를, 11월 27일 제8사단을, 11월 28일에는 수도사단을 백야전사에 배속시켜,[42] 12월 2일부터 제3차[43]에 걸쳐 대대적인 진압작전을 전개해 나갔다. 백야전사는 수도사단·제8사단·서남지구전투사령부, 경찰의 치안국 전방사령부·태전사·지전사 등 3개 사단급 이상의 경찰부대, 4개 전투경찰 연대, 7개 전투경찰대대 그리고 3개 지원 군부대로 편제되어 있었으며, 빨치산 진압부대로는 유래 없는 가장 강력한 부대였다.

백야전사가 지리산지구에서 대규모 진압작전을 개시하게 된 당시의 빨치산 분포 상황은 〈표 21〉과 같다.

〈표 21〉 백야전사 창설 당시 빨치산 분포 상황표(1951년 11월 26일 현재)

작전 지구		인원(명)	비율(%)	
지구	지역			
지리산지구 (전남·북, 경남 일부)	가야산 덕유산 지리산	4,493	48.58	96.31
	백운산 운장산	4,493	48.58	96.31
	백아산 화악산	2,188	23.66	
	회문산	2,226	24.07	
태백산지구	태백산 일월산	155	1.67	1.67
경남	신불산	150	1.62	1.62

42　백야전사는 국군의 수도사단(기갑연대, 제1·26연대)·제8사단(제10·16·21연대)·서남지구전투사령부(제107·110·117 예비연대, 제1·2·9경비대대), 치안국의 태백산지구전투사령부(제200·207연대·계림대대)·지리산전투경찰사령부(제18·36·203·205, 칠보대대), 기타 백아산 경찰대대, 전남전투경찰대대, 전남(행정)경찰대대, 제1102야전공병대대, 제35야전통신중대)로 편성되었다. 국방부 군사편찬연구소, 『대비정규전사』, 187~190쪽.

43　1차는 1951년 12월 2일~12월 14일, 2차는 12월 16일~1952년 1월 4일, 3차는 1952년 1월 4일~1월 31일, 4차는 2월 4일~3월 14일간이다.

작전 지구		인원(명)	비율(%)	
지구	지역			
충북	속리산	35	0.37	0.37
합계	12개 지역	9,247	100	100

※육군본부, 『공비토벌사』, 1954, 도표 제9호.

〈표 21〉과 같이 백야전사가 창설될 당시 전국 총 12개 지역에서 총 9,247명의 빨치산들이 활동하고 있었다. 이 가운데 지리산지역만 8개 산악지대를 차지하였고, 빨치산 수도 전체에 비해 96.31%로 압도적으로 많았기 때문에 한국정부는 집중적으로 지리산지역을 중심으로 강력한 진압작전을 펼칠 수밖에 없었다.

그 결과 백야전사는 '쥐잡기작전Operation Rat Killer'이라는 작전명[44]으로 사살 5,009명, 생포 3,968명, 귀순 45명, 각종 화기 노획 682정, 은거지 파괴 341개소라는 전과를 올린 반면 전사 38명, 부상 72명이라는 피해를 입었다.[45]

이에 따라 빨치산은 다음 〈표 22〉와 같이 큰 타격을 받게 되었다.

〈표 22〉 백야전사의 작전 완료 후(後) 빨치산 감소 추세표(1951년 12월 2일~3월 31일)

기간	빨치산		합계	비율[46](%)	비고
	무장	비무장			
1951.12.2~1952.1.4.	2,681	2,159	4,840[47]	-47.66	1, 2차 작전
1952.1.4~1952.3.31.	2,174[48]			-76.49	3, 4차 작전 종결

※육군본부, 『공비토벌사』, 1954, 도표 제10호; 윤장호, 『호국경찰전사』, 제일, 1995, 278쪽.

---

44 박동찬, 「호남지구 게릴라 토벌작전 분석(1950.6~1951.4)」, 『군사』 제49호, 국방부 군사편찬연구소, 2008, 233쪽.
45 국방부 군사편찬연구소, 앞의 책, 1988, 217쪽.
46 백야전사가 창설된 직후 1951년 11월 26일 현재 빨치산의 수에 비해 감소된 비율이다.

〈표 22〉를 통해 보면 백야전사가 1, 2차 작전을 완료한 1월 4일 빨치산의 감소율이 47.66%였고, 3, 4차 작전이 종료된 3월 31일에는 76.49%로 급감하였음을 알 수 있다.

　그리고 이들은 다음과 같이 거점을 옮겨 야산 활동을 이어 나갔다.

〈표 23〉 백야전사의 작전 완료 후(後) 빨치산 이동 상황표(1952년 7월 1일 현재)

지역		인원(명)		합계	비율	비율	주요 부대(원)
도(지구)	지역	무장	비무장	(명)	(%)	(%)	
강원	설악산	56	39	95	0.04	4.04	역마통신대 울진, 삼척군당
	일월산	60	23	83	4.00		4지구당
경남	신불산	61	23	84	4.05	4.05	남도부 부대
전남·북 (지리산지구)	덕유산	271	120	391	18.88	82.48	4, 6지대
	지리산	177	110	287	13.86		8지대, 전북지대
	백운산	67	85	152	7.34		백운산지구사령부
	백아산	117	120	237	11.44		전남총사령부
	황학산	162	131	293	14.15		1, 3, 17연대
	회문산	172	141	313	15.12		항미연대, 노령병단
	운장산	15	20	35	1.69		각 군당원
충북	속리산	15	20	35	1.69	1.69	6지대원
제주	한라산	42	23	65	3.14	3.14	
합계	12개	1,215	855	2,070	100	100	

※ 육군본부, 『공비토벌사』, 1954, 도표 제14호.

47　운장산(진안), 덕유산(무주), 백암산(순창)에는 무장 676명·비무장 289명으로 총 965명, 지리산과 백운산(광양)에는 무장 810명, 비무장 440명으로 총 1,250명, 모후산(화순군 남면·동북면과 순천시 송광면의 경계)에는 무장 220명, 비무장 240명으로 총 460명, 유치산(순천)에는 무장 205명, 비무장 265명으로 총 470명, 백아산(화순)에는 무장 250명, 비무장 370명으로 총 620명, 그리고 회문산(순창)에는 무장 520명, 비무장 555명으로 총 1,075명이다. 육군본부, 앞의 책, 1954, 도표 제10호.

48　삼도봉(김천 대덕산) 35명, 운장산 245명, 덕유산 123명, 지리산 332명, 회문산 447명, 백운산 187명, 백아산 453명, 불갑산(영광) 35명, 화학산(화순) 317명이다. 윤장호, 앞의 책, 1995, 278쪽.

〈표 23〉을 보면 이들의 거점지가 설악산 일대, 신불산, 지리산, 회문산과 백아산지역에서 속리산과 한라산지역으로 확산되었음을 알 수 있다. 다만 가야산지역의 빨치산 수가 집계되지 않은 점을 볼 때 이 지역의 빨치산들은 소멸된 것으로 추정된다. 또한 1951년 8월을 전후로 남부군과 함께 대둔산으로 이동하였던 전북지역의 빨치산들은 다시 덕유산, 지리산 등으로 근거지를 옮긴 것으로 보인다.

특히 1951년 11월 26일 백야전사 창설 당시 지리산지구전남·북, 경남 일부 빨치산의 수는 8,907명으로 전국 빨치산의 96.32%를 차지하고 있었다. 이들의 수는 백야전사의 작전이 종료된 후 1,708명으로 급감하였다. 하지만 이들은 여전히 전국 빨치산 수의 82.51%를 차지하고 있었다.

이에 따라 한국정부는 1952년 9월 13일 치안국 비상경비총사령부의 지시를 통해 빨치산 진압작전을 보다 효과적으로 수행하기 위하여 태전사와 지전사를 해체하는 한편, 10월 6일에는 기존 국군의 서남지구전투사령부가 아닌 경찰관만으로 편성된 서남지구전투사령부이하 경찰 서전사를 재설치하였다. 그 과정에서 양 전투사에 배속된 경찰관 5,693명은 지방경찰국으로 배치되어 관할 지역 내에 남아 있는 빨치산을 진압하는 데 투입되었다.[49] 그리고 10월 18일 경찰 서전사는 전남·북, 경남의 경찰병력으로 각각 1개 전투연대를 편성하여 지리산, 덕유산, 회문산, 백아산 등 서남지역 산악지대를 중심으로 진압작전을 개시하였다.[50]

그 결과 다음 〈표 24〉에서 볼 수 있듯이 많은 빨치산이 지리산으로 집중되는 양상이 나타났다.

---

49   윤장호, 앞의 책, 1995, 310쪽.

50   위의 책.

〈표 24〉 빨치산 이동상황표(1952년 11월 6일 현재)

지구		인원(명)		합계	비율	
지구	지역	무장(명)	비무장(명)	(명)	(%)	
강원	가리봉 매봉산	20	18	38	2.73	6.63
	일월산	45	5	50	3.60	
경남	신불산	66	18	84	6.05	6.05
전남	백운산	70	57	127	9.15	26.36
	백아산	53	50	103	7.42	
	화학산	78	58	136	9.79	
전북	덕유산	60	55	115	8.28	23.33
	회문산	112	60	172	12.39	
	운장산	20	17	37	2.66	
전남북, 경남	지리산	262	146	408	29.39	29.39
충북	속리산	30	14	44	3.17	3.17
제주	한라산	39	35	74	5.33	5.33
합계	13개 지역	855	533	1,388	100	100

※육군본부, 『공비토벌사』, 1954, 도표 제17호.

〈표 24〉를 보면 이전에 비해 빨치산 수가 전반적으로 감소되는 와중에도 충북과 제주는 각각 1.69%와 3.14%에서 3.17%와 5.33%로 증가하는 양상이 확인된다. 물론 그 수가 그리 많지 않기 때문에 그다지 중요한 현상은 아니다. 그럼에도 이 표를 통해 전남·북 지역에 있는 많은 빨치산이 지리산으로 집결하고 있음을 확인할 수 있다. 이는 덕유산, 백아산, 회문산 등에 있던 빨치산들이 군경의 토끼몰이식 진압작전으로 인해 그 수가 급격히 줄면서 생존한 자들이 이곳을 마지막 거점지로 삼기 위해 이동한 것임을 보여준다.[51]

---

51 덕유산 391명→115명, 백아산 237명→103명, 황학산 293명→136명, 회문산 313명→172명.

한국정부는 이와 같이 빨치산의 활동이 근절되지 않자 국회에 1953년 4월 6일 「서남지구전투사령부 설치 법안」을 제출, 통과되어 18일 공포하였다. 곧이어 5월 1일 국군의 백야전사와 유사한 서남지구전투경찰대^{이하} 서전경를 창설하였다. 백야전사와 서전경의 차이는 백야전사가 군과 경찰 부대로 이루어져 있었으나 지휘권이 군에 있었고, 서전경은 경찰관만으로 조직되어 경찰이 직접 통솔하는 것이었다. 또한 1952년 10월 재설치된 경찰 서전사는 해체되었고, 이때 창설된 서전경이 전북의 남원·장수·임실·순창, 전남의 순천·승주·광양·곡성·구례, 경남의 함양·거창·하동의 3개도 12개 지역에서 빨치산을 진압하면서 행정경찰 활동도 수행하게 되었다. 조직은 경비과, 정보과, 수사사찰과 등 6개과, 1개 전투훈련소, 4개 연대, 그리고 의경대, 반공포로 부대, 경찰서 부대로 구성되었다.[52]

특히 서전경의 인원을 보면 당시 한국정부가 얼마만큼 서남지역 빨치산진압에 대해 큰 관심을 보였는가를 알 수 있다. 이 부대의 인원은 전투경찰 6,512명과 함께 각 경찰서에서 행정경찰도 함께 수행하는 경찰부대원 3,652명을 합쳐 모두 10,164명이다.[53] 이는 1952년도 전체 경찰관 63,427명[54] 가운데 10.26%가 서전경에 배속되어 대^對빨치산 진압을 전담하였음을 의미한다. 또한 5.75%가 각 경찰서에 소속된 경찰부대원으로서 단독 부대활동은 물론 경찰서 및 지서, 망루 등 방어, 주요 도로 경비, 각종 검문검색 등의 임무를 수행하였다. 따라서 당시 전 경찰관의 16.01%가 서남지구 빨치산을 진압하는 데 동원되었다.

이현상은 이와 같이 대규모로 발족하는 서전경의 설치법이 통과된 후

---

52   윤장호, 앞의 책, 1995, 325쪽.
53   위의 책.
54   내무부 치안국, 『국립경찰 통계연보 1967』, 1968, 45쪽.

4월 30일 제5지구당 조직위원 및 제3도^{전남·북, 경남}도당위원장을 지리산으로 긴급 소집하였다. 이 회의에서 이현상은 「제5지구당 결정 제8호」를 통해 그간 동절기라는 이유로 각 도당, 군당, 면당, 연락대별로 분산 투쟁을 하였으나 무성기에 접어드는 시기를 기회로 집단 규합하여 각 부대별로 개편 통제한다고 지시하였다.[55] 이에 따라 전남도당 산하 단체는 통합하여 각급 단위부대로 개편한 후 전남부대로, 백운산에 있는 경남산하 빨치산부대는 경남부대라 칭하고 전남 광양군 소재 덕유산에 각각 거점을 정하였다.[56]

그리고 이들은 남원을 중심으로 시계 방향으로 위치해 있는 전북 무주군의 덕유산, 전남의 구례군과 경남의 하동, 산청, 함양군과 연결되어 있는 지리산, 전남 광양군의 백운산, 전남 순천군의 조계산, 전남 화순군의 백아산, 그리고 전북 순창군의 회문산으로 잠입하여 경찰의 서전경과의 교전을 이어 나갔다.

각 지역에 분포한 빨치산부대의 상황을 보면 다음 표와 같다.

〈표 25〉 서남지역 빨치산부대 분포상황표(1953년 6월 30일 현재)

지역	인원(명)		합계 (명)	부대명	합계 (개)	인원(명)		합계 (명)
	무장	비무장				무장	비무장	
덕유산	112	15	127	덕유산지구당	10	11	6	17
				당승대(黨勝隊)		18	5	23
				제2지구당		12	0	12
				기창군단		6	0	6
				함양군당		3	0	3

55   서남지구전투경찰대, 『특수전례집』, 1953, 2쪽.
56   위의 책.

지역	인원(명)		합계 (명)	부대명	합계 (개)	인원(명)		합계 (명)
	무장	비무장				무장	비무장	
덕유산	112	15	127	전북 현지도당	10	16	0	16
				장수군당		8	0	8
				복수(復讐)연대		15	0	15
				진안군당		14	2	16
				무주군당		9	2	11
지리산	334	37	371	제5지구당	12	64	0	64
				김지회 부대		70	0	70
				경남도당		28	0	28
				경남도당 공작대		15	0	15
				유격대 필승대		60	0	60
				경남도당 지리산지구 위원회		10	0	10
				산청군당		10	10	20
				하동군당		8	0	8
				제1지구당		5	4	9
				전북도당		16	0	16
				남원군당		32	2	34
				구례군당		16	21	37
백운산	190	108	298	전남도당	9	39	17	56
				제88부대		16	7	23
				7의2지대		88	4	92
				광양군당		34	11	45
				광양 각(各)면당		4	16	20
				순천군당		3	21	24
				정치훈련소		1	27	28
				봉두산 소지구당		4	1	5
				용운산 소지구당		1	4	5
조계산	15	21	36	전남 서부도당	5	6	9	15
				서부도당 연락부		1	7	8
				모악산지구 부대		6	8	14
				조계산 소지구당		7	6	13
				보성군당		0	3	3

지역	인원(명)		합계 (명)	부대명	합계 (개)	인원(명)		합계 (명)
	무장	비무장				무장	비무장	
백아산	15	21	36	백아산 소지구당	4	3	4	7
				백아연대		5	5	10
				광주(光州)시당		3	4	7
				곡성군당		4	8	12
회문산	87	11	98	전북남부지도부	11	8	0	8
				경위(警衛)중대		10	0	10
				남부지도부연락과		12	0	12
				순창군단		6	0	6
				항미연대		8	0	8
				임실군당		4	0	4
				김제군당		5	1	6
				고창군당		5	1	6
				정읍군당		1	1	2
				김병억 부대		24	4	28
				영광군당		4	4	8
합계	753	213	966		51	758	225	983

※ 서남지구전투경찰대, 『특수전례집』, 1953, 5쪽.

〈표 25〉를 보면 첫째, 산악지대마다 은거해 있는 빨치산부대를 총지휘할 수 있는 핵심 조직들이 있다. 덕유산에는 제2지구당강원지역이, 지리산에는 제5지구당전남·북 및 경남서부지역과 제1지구당경기지역이, 백운산에는 전남도당이, 조계산에는 전남서부도당이, 백아산에는 광주光州시당이, 회문산에는 전북남부 지도부가 있다.

둘째, 서남지역 조선노동당의 시市, 군당郡黨 조직이 해당 산악지대 인근의 당黨조직과 함께 고르게 분포되어 있다. 덕유산에는 거창군단, 전북서부군당 등이, 지리산에는 경남도당, 전북도당 등이, 백운산에는 광양군당 등이, 조계산에는 보성군단이, 백아산에는 광주光州시당 등이, 회문산에는 순창군단 등이 있다. 특히 김제군당이 회문산에 은신하고 있음이 눈

〈표 26〉 전북지역 빨치산의 이동 경로(1950년 11월~1953년 6월)

에 띈다. 따라서 1950년 11월부터 1953년 6월까지 전북지역 빨치산의 이동 경로를 종합적으로 정리하면 다음 표와 같다.

셋째, 지역마다 전투부대가 세분화되어 있다. 덕유산에는 당승대黨勝隊 등이, 지리산에는 김지회부대, 경남도당 공작대 등이, 백운산에는 제88부대 등이, 조계산에는 모악산지구부대, 백아산에는 백아연대, 회문산에는 김병익부대가 있다. 이 부대들은 부대명이 별도로 있는 '단독부대', 해당 지역을 방어하는 '지구부대', 타 지역에서 온 빨치산으로 이루어진 '혼성부대', 특수 임무를 수행하는 '공작대' 등으로 구분된다.

다음으로 지역별 빨치산의 세력을 보기로 한다. 세력을 구성하는 요소 가운데 인원이 가장 중요할 것이므로, 이를 보면 지리산37.74%, 백운산 30.31%, 덕유산12.92%, 회문산9.96%, 조계산3.36%, 백아산3.66%의 순이다. 하지만 무장 여부에 따라 세력의 판도가 달라질 수 있다. 따라서 무장 비율이 큰 순으로 보면 다음과 같다.

〈표 27〉 서남지역 빨치산부대의 무장 대(對) 비무장 비율표(1953년 6월 30일 현재)

연번	지역	비율(%)	
		무장	비무장
1	지리산	90.02	9.97
2	덕유산	88.18	11.81
3	회문산	88.77	11.22
4	백운산	63.77	36.24
5	백아산	41.66	58.33
6	조계산	37.73	62.25

※ 서남지구전투경찰대, 『특수전례집』, 1953, 5쪽.
비율이 비슷한 경우 총인원이 많은 순으로 하였다.

〈표 27〉을 보면 무장 빨치산이 지리산, 덕유산, 회문산, 백운산 순으로 많은 반면, 백아산과 조계산은 비무장 빨치산 중심으로 구성되어 있음을 알 수 있다. 그렇지만 외부와 연락하기 위해 비무장 빨치산이 필요한 경우도 있다. 예를 들어 지리산에 있는 '산청군당'은 무장과 비무장 빨치산이 각각 10명이다. 이는 지리산과 인접해 있는 군郡 가운데 하나가 '산청군'이기 때문에 이들이 각 산악지대의 빨치산부대와 연결하는 '선線'의 역할을 하였던 것으로 추정된다. 조계산의 '서부도당 연락부'도 마찬가지이다. 이들은 '무장 1명, 비무장 7명'으로, 연락을 위해서는 무장할 필요가 없었기 때문으로 보인다. 백운산의 '순천군당', '광양 각各 면당'도 각각 '무장 3명, 비무장 21명', '무장4명, 비무장 16명'이라는 인원도 이를 뒷받침하고 있다. 그러나 백운산의 '정치훈련소'는 이와는 전혀 다른 것으로 판단된다. 그 이유는 이 부대원들이 빨치산들에 대한 사상이나 정치 교육 등을 담당하는 자들로 전투와는 다소 거리가 있는 활동을 한 것으로 추정되기 때문이다.

다음으로 서전경이 창설되고 난 후 4개월이 지난 시점에서 부대 정보과가 파악한 지역별 무기 및 장비 보유현황을 보면 다음과 같다.

〈표 28〉 서남지역 빨치산부대 병력상황표(1953년 8월 30일 현재)

지역	인원(명)			무기 및 장비(문/정)	
	무장	비무장	합계	소형 무기	중형 무기
회문산	65	5	70	각종 소총	-
덕유산	125	12	137	각종 소총	LMG 3
모악산	34	16	50	각종 소총	-
백아산	6	11	17	각종 소총	-
백운산	214	79	293	각종 소총	BAR 12 LMG 1
지리산	237	14	251	각종 소총	60mm포 1 BAR 1 536 1 LMG 3
합계	681	137	818	-	60mm포 1 BAR 13 536 1 LMG 7

※서남지구전투경찰대, 『특수전례집』, 1953, 7쪽.

〈표 28〉에서 알 수 있듯이 지리산에 잠입한 빨치산들은 가장 강력한 화력인 포(砲)를 비롯하여 BAR 기관총, LMG 등을 보유하고 있었다. 백운산에 근거지를 둔 빨치산들도 BAR 기관총 다수와 LMG를 갖고 있었으며, 그 외의 지역에 있는 빨치산들은 기존 보유하던 소총은 물론 군경으로부터 노획 또는 습득한 각종 소총을 소지하고 있었다.

따라서 서남지구에서 가장 강력한 빨치산 활동을 한 지역은 지리산이 분명하다. 다음으로 백운산, 덕유산, 회문산으로 볼 수 있다. 조계산은 수적으로 다른 지역의 빨치산보다 훨씬 적었고, 백아산은 2개 분대급으로 무장 빨치산보다 비무장 빨치산이 더 많았다.

한국전쟁이 정전되기 전 서전경사령부는 그때까지 남아 있는 빨치산들을 진압하기 위하여 구체적인 작전계획을 수립하여 실행하였다. 작전은 기본 전략으로 무력전, 심리전, 사상전, 경제전으로 이루어졌다.[57] 그리고 진압작전을 3단계로 설정하였다. 제1단계는 1953년 5월 1일부터 6월 30일까지 교육훈련기간,[58] 제2단계는 7월 1일부터 7월 31일까지 포위태세 확립 및 출공준비 완비기간,[59] 제3단계는 8월 1일부터 공격섬멸

---

57 ① 무력전은 "열성과 정성, 종합전력으로 능동숙청(能動肅淸)"을 당면 목표로 정하고, 구체적으로 "기관보육(행정말단 침투, 전재복구, 민심 안정화로 '재건촉진' 목적 달성), 전장(戰場)정리(보급봉쇄, 전과 피해 확인으로 '정리확인' 목적 달성), 타격(과감출정, 신속강타로 '능동숙청' 목적 달성), 정보신속(관민조직망을 통한 신속화로 '기선제압' 목적 달성), 훈련철저(필승의 신념, 불패의 기능을 통한 '자진(自進)' 목적 달성)를 통해 부대를 '필승재건(必勝再建)'하는 것"이었다. ② 심리전은 "관민일체 구현"과 "전력기반 확고화"를 당면 목표로 정하고, "민중조직(정보, 동원, 자위력 및 협동체로서의 조직강화로 '전력기반' 목적 달성), 구호애민(물질적인 구호보건, 애민적인 행정지도, 국가혜택의 감사로 '결과궐기' 목적 달성), 인권옹호(민의창달, 자진협조로 '관민일체' 목적 달성), 민폐근절(물질적인 폐해 근절, 농민생활의 안정, 정부운영에 대한 신뢰로 '신뢰' 목적 달성)을 통해 '민중조직 기반'을 확고히 하는 것"이었다. ③ 사상전은 "국민사상 정화통일"과 "멸공정신 앙양"을 당면 목표로 정하고, "통일(불순사상의 정화, 멸공정신으로 통일로 가는 '견고' 목적 달성), 즉쾌(卽快, 민중탄압 독재주의, 자유억압 노예제도, 죄악사와 죄악상 폭로로 '대공 증오감' 목적 달성), 제고(민주주의의 우월성, 자유진영의 강력성을 바탕으로 한 '신념' 목적 달성), 계몽(호국정신 각성, 국체이념 투철, 애국정신 승계로 '조국애' 목적 달성)을 통해 '민족목표'를 확립하는 것"이었다. ④ 경제전은 "철저한 대적(對敵) 경제"와 "봉쇄조치 단행"을 당면 목표로 정하고, "경제통제(적성지대 경제통제 및 경제조치 설명으로 '통제와 계몽' 목적 달성), 추수보어(秋收保禦, 경작 곡물집단 추수작업), 안전지대 소개보관 및 경비, 양곡은닉의 철저로 '보호와 경비' 목적 달성), 모개단속(謀介團束, 빨치산 모개업자 적발로 '감시' 목적 달성), 지도구제(빨치산 출몰지대 주민에 대한 양곡, 의류 소개(疏開) 및 조치 지도, 이재민 식량 물자 제공으로 '소개와 구제' 목적 달성)를 통해 '경제의 봉쇄와 구제'를 실현"하는 데 있었다. 서남지구전투경찰대, 『특수전례집』, 1953, 4쪽.

58 이 기간에는 부대편성 정비, 8주간 교육훈련 강행 및 근거리 사격교육, 거점방어, 전술배비(戰術配備) 및 현지교육, MSR 정비철저, 정보망 구성과 민중조직 강화, 사주방어, 위력 수색 및 정찰전 단행, 야간매복전 단행, 심리전 단행(선전 계몽과 농경 협조), 작전 단행에 필요한 제반 준비확립, 사상전 및 대적 경제전 단행이 이루어졌다. 위의 책, 11~12쪽.

기간[60]을 설정하고, 작전을 전개하여 창설된 5월 1일부터 9월 24일까지 5개월여간 사살 206명, 생포 18명, 귀순 17명, 박격포 등 각종 무기 224정, 포탄과 수류탄 등 5,835발을 노획[61]하고, 남한 빨치산의 실질적 총책이었던 이현상을 사살[1953.9.18]하는 등의 큰 전과를 올렸다. 하지만 이후에도 빨치산들의 활동이 근절되지 않았다. 1953년 9월 28일 현재 전국에 있는 빨치산 수는 모두 978명[무장 752명, 비무장 226명]으로,[62] 이는 백야전사가

59 "이 기간에는 전술 배비(포위태세로 부대 배비, 전술전법 현지 교육), 외선 포위압축(빨치산 거점에 대한 포위망 구성, 연대, 대대 초소를 표고 평균 1,000m고지에 진출 배치), 적정 및 지형의 완전 파악, 수색정찰전의 단행, 일선제일주의, 작전 제일주의의 전투태세 확립, 사령부 요원 감원 및 일선 보강, 향토연대로 개편강화, 행정P대의 매복전 단행, 사상전, 심리전, 경제전의 강행, 빨치산의 세포 완전 숙청이 이루어졌다." 위의 책, 12~13쪽.

60 "이 기간에는 외선포위 합격작전 및 포위후의 내선 출공수색전, 선제공격과 추격전의 강행, 연대주력의 목표에 대한 파상공격·제한공격·유인공격·수색공격, 예비대 및 행정P대의 포위망의 구성, 주간공격 강화·야간매복전 단행, 빨치산의 세포망 완전 숙청, 구민작업 활동강화가 이루어졌다. 이를 위해 제1차 공격은 1953년 8월 6일 「서전경사 작명 제6호」에 의해 지리산지구에서 제2연대를 주공부대로 하여 화개장지구 빨치산 거점 A와 B지점에 대한 주력 격파를 하였고, 1연대·5연대·3연대·2대대는 저지부대로서 구례 운봉으로부터 방복대·팔령상(八嶺峙, 팔령고개)·율월상(栗越峙)에 이르는 선에 강력한 포위망을 구성하였다. 구례, 남원, 함양, 산청, 하동 경찰서 각 행정P대를 총동원하여 2중 포위망을 구성하고 주간검색, 야간매복전을 단행함으로써 빨치산의 지휘부를 결정적으로 분쇄하도록 하였다. 다음으로 백운산지구에서는 3연대 2대대로 하여금 백운산 일대에 대한 제한 공격전을 단행하였다. 제2차 공격은 1953년 9월 5일 「서전경사 작명 제6호」에 의해 빨치산 거점 지리산 세석지구 반야봉을 중심으로 2중 이상의 외선 포위망을 구성하고 주공부대로 하여금 목표 A, B, C지점을 공격함과 동시에 각 행정P대의 강력한 매복전을 단행하였다. 제3차 공격은 1953년 9월 16일 「서전경사 작명 제9호」로서 이현상 생포를 명과하고 제2차 공격을 반복 파상공격 끝에 9월 18일 11:05 동 작전명령 목표 C지점 벽점골에서 제5지구당 위원장 이현상을 사살하였다." 위의 책, 13~15쪽.

61 「서남지구전투경찰대 오개월간 전과」, 『동아일보』, 1953.10.6.

62 강원권인 제2지구당에는 무장 34명, 비무장 2명으로 총 36명, 충청권인 제3지구당에는 무장 22명, 비무장 5명으로 총 27명, 경상권인 제4지구당에는 무장 77명, 비무장 5명으로 총 82명, 전라권인 제5지구당에는 무장 619명, 비무장 214명으로 총 833명이

출범한 1951년 11월 25일 당시 전체 빨치산 수의 10.57%에 해당한다. 이에 따라 1953년 12월 1일 제5사단^{사단장-박병권}을 모체로 한 박전투사령부^{이하 박전사}가 남원에서 창설되어 종전 호남지구 빨치산 소탕을 담당하던 군의 남부지구경비사령부^{이하 남경사}와 경찰의 서전경을 통합 지휘하며, 지속적으로 작전을 전개해 나갔다.

1954년 3월 7일 박전사가 한전투사령부로 개칭된 후 1954년 5월 26일 해체되고, 박전사의 모체를 이루던 제5사단이 전방으로 이동하였다. 이후 남경사가 호남지역 잔여 빨치산에 대한 진압작전을 이어 나갔다. 그 결과 1년이 지난 1955년 2월 1일 현재 남은 빨치산 수는 다음과 같다.

〈표 29〉 1955년 전국 빨치산 분산표(2월 1일 현재)

지구		인원(명)	비율(%)
도(道)	지역		
강원	백운산 발왕산 함백산	15	14.15
경남·북	형제봉 태백산 일원산 동대산	28	26.41
전남·북	덕유산 지리산 백운산 화학산 회문산	63	59.43
합계		106	100

※ 국방부 군사편찬연구소, 『대비정규전사』, 1988, 서라벌 인쇄주식회사, 339쪽.

〈표 29〉를 보면 한국전쟁이 발발한 지 4년 6개월이 지난 시기에 국군

었다. 육군본부, 앞의 책, 1954, 도표 제18호.

과 경찰의 강력한 진압 작전에도 불구하고 여전히 산악지대에서 빨치산이 활동하고 있었다. 그러나 활동한 전국 빨치산의 수는 1951년 1월 31일 국군 제11사단과 경찰이 진압작전을 개시하기 전 12,557명의 0.84%, 1951년 11월 25일 백야전사가 출범한 당시 9,247명의 1.14%밖에 남지 않아 사실상 소멸상태로 들어갔다.[63]

경찰과 국군은 빨치산을 진압하는 과정에서는 전공다툼이 발생할 수 있었다. 이는 국군이 막강한 화력을 바탕으로 작전을 주도하지만 경찰도 각 지역에 대한 지리가 밝을 뿐만 아니라 마을 주민 간의 인적 연계망을 통해 작전지역에 관한 상세한 정보를 미리 수집한 후 독자적으로 작전을 수행하여 전공을 세울 수 있었기 때문이다. 특히 경찰은 해방 후부터 행한 사찰 활동을 통해 지역 주민들의 사상은 물론 주민들의 동태도 면밀하게 파악하고 있었고, 일제강점기 전력 경찰관들의 포로 심문 방법도 탁월[64]하였기 때문에 국군은 경찰의 정보에 의지할 수밖에 없었다. 그러나 치안국과 국방부는 이미 1949년 12월 관련 협의를 끝내고 포위공격이나 추격전, 인적·물적 전과 등을 막론하고 최초 전과를 획득한 부대에게 그 공이 돌아가게 하였다. 또한 일방이 방어하고 다른 일방이 공격을 한 경우, 또는 고정 진지에서 거둔 성과는 양측의 합의에 따라 구분하도록 하였다.[65]

---

63 이후 1956년 12월 31일 현재 빨치산의 수는 매봉 등의 제2지구당에 5명, 태백산, 일월산, 등대산, 운문산, 신불산 등의 제4지구당에 23명, 덕유산, 지리산 등의 제5지구당에 15명, 총 43명으로 크게 감소하였다. 이로써 백야전사가 출범한 1951년 11월 26일 전국 빨치산 수의 0.46%만이 남아 사실상 소멸상태에 들어갔다. 윤장호, 앞의 책, 1995, 384쪽.

64 "남한 각지에서 준동하는 적들을 붙잡았을 때 조사하는 요령도 그들(일제강점기 전력 경찰관−저자)만큼 아는 경찰이 드물었다는 사실" 전제곤, 「銃聲 없는 武警小史」, 『강원경찰전사』, 강원지방경찰청, 디자인 맑음, 2013, 495~496쪽.

65 「內治保 제6334호 예규통첩−공비토벌작전 전과 구분에 관한 건」(1949년 12월 15일).

한국정부는 육군의 남경사를 1955년 4월 1일에, 이어 7월 1일에 경찰의 서전경을 해체하였다. 그렇지만 사전에 지리산 외곽지대에 잠재하고 있는 빨치산이 다시 지리산에 결집할 가능성이 있어 서전경을 대체할 경찰 기동병력의 필요성이 제기되었다. 따라서 경찰기동대를 설치하여 전남·북, 경남 일원을 주둔구역으로 하여 남은 빨치산 진압과 후방경비를 담당하게 하였다.[66] 이 경찰기동대는 사령부와 3개 연대로 편제되었고, 인원은 서전경 해체 시 경찰기동대에 잔류하기를 희망한 대원 510명과 각도에서 차출된 2,263명 등 총 2,773명으로 이루어졌다.[67]

2) 김제경찰의 대對빨치산활동

김제경찰서는 1950년 10월 4일 청사를 수복하자 관내 부역자 색출 및 검거 계획을 수립, 시행하면서 동시에 모악산 일대로 잠입한 북한군과 좌익세력을 진압하기 위한 작전 준비에 들어갔다. 또한 당시 군내郡內 빨치산조직은 조선노동당 김제군당 위원장 신○○[32]세, 선전책 안○○[25]세, 조직책 김○○[30]세, 5대장 김○○[23]세, 현지 블록책 유○○[26]세, 조직지도원 최○○[30]세으로 이루어졌다고 파악하고 있었다.[68]

1950년 10월 15일과 16일에는 지원 병력인 경북경찰국 소속 경찰관 13명과 40명이 연이어 도착[69]하면서 경찰서 소속 인원이 78명으로 증가하였다. 이어 피신했던 경찰관들이 속속 돌아와 그 수는 115명에 이르렀다. 전체 총 인원도 193명으로 크게 늘면서 정상적인 경찰서 기능을 회복

---

66 서전경이 해체되기 전날인 6월 30일 법률 제358호 「경찰직무응원법」이 공포되었고, 이 법에 의해 경찰기동대가 설치되었다.
67 윤장호, 앞의 책, 1995, 342쪽.
68 『(1953년)관내상황』, 109쪽.
69 김제경찰서, 「사령원부 1950-1957」.

하였다.[70]

그리고 10월 26일에는 관하 전 지서가 회복되었고,[71] 그 후에는 금산면 일대의 모악산 산악지대를 중심으로 진압작전을 전개하기 위해 '금산유격대'라는 경찰부대를 편성하였다. 특히 '금산유격대'는 경찰관만으로 구성된 부대가 아니라 의용경찰대, 지역청년들을 동원하여, 각각 350명으로 이루어진 전술소대와 중화기소대로 편제[72]된 부대였다.

또한 전시 선무활동을 위해 11월 경무계에 경사 1명과 순경 2명으로 구성된 공보반도 신설하였다. 공보반은 UN군과 경찰의 전과, 그리고 주민의 '반공사상' 강화를 위해 유세반, 보도반, 예술반으로 이루어진 "선무공작대"를 조직하였다. 여기에는 주민들도 포함되었다. 공작대의 임무를 보면 보도반은 전파내용을 작성, 인쇄한 후 경고문, 삐라 등을 배포하고, 유세반은 순회강연을 실시하며, 예술반은 포스터 도안圖案, 각종 행사시 군가제창 유도 등 전시 주민의 반공정신 고취를 위한 분위기 조성에 노력하였다.[73] 1951년 3월에는 기관지 『적신호』를 창간하여 선무활동을 강화하였으나 물자난으로 인해 제1호 발간에 그쳤다.[74]

이와 같은 선무활동은 1951년 6월 전선이 38도선으로 고착화되어 전황 또한 국지전 양상을 보이기 시작하면서 격문을 대량 배포하는 방식으로 이루어졌다. 당시는 덕유산과 지리산, 회문산 등의 산악지대에서 야산활동을 하던 전남북지방의 빨치산들이, 국군 제11사단과 경찰의 지전사, 그리고 전북경찰국 산하 경찰서 경찰부대의 강력한 진압작전으로 거점

70 『(1953년)관내상황』, 12쪽.
71 위의 책.
72 위의 책, 59~60쪽.
73 위의 책, 25쪽.
74 위의 책, 27쪽.

지를 속리산, 태백산, 지리산, 신불산 등으로 분산하여 이동하기 시작하던 시점이었다. 그렇다고 해서 이외의 지역에서 빨치산의 활동이 근절된 것은 아니었다. 이동하지 않은 빨치산들은 계속 그 지역에 남아 경찰관서에 대한 공격을 감행하고 있었다.

이에 따라 김제경찰서는 빨치산과 주민을 대상으로 많은 격문을 배포하는 심리전을 강화하기 시작하였다. 1951년 8월 20일 신도종 김제경찰서장이 내무부장관에게 보내도록 결재한 「하문사항下問事項에 대對한 보고報告의 건件」 제하의 문서[75]에 다음과 같이 그 내용이 나와 있다.

수제건首題件 사이팔사년四二八四年 육월六月 이십오일자二十五日字로 하문下問하신 사항事項에 대對하야 좌기左記와 여如히 보고報告합니다.

기記

一. 계획실시計劃實施한 사항事項

(一) 경찰관警察官 전투의식戰鬪意識 앙양昂揚에 관關한 사항事項

긴박緊縛한 치안실정治安實情과 특特히 적敵은 유격전遊擊戰에 태세態勢하여 주간晝間을 불문不問하고 경찰지서警察支署의 기습奇襲을 기도企圖하고 있는 현실現實에 대비對備하기 위爲하여 당서當署에서는 전서원全署員에 대袋한 심신心身양면의 전투의식戰鬪意識을 가일층加一層 견고堅固히 하여 유사시有事時에 자신만만自身滿滿한 전투戰鬪를 전개展開코져 칠월七月 일일一日부터 칠월七月 십오일十五日 여비정신如比情神을 깨우쳐 감투의식敢鬪意識을 주입注入코져 별지別紙와 여如한 격문檄文[76] 10,000매枚을 인쇄印刷하여 군내郡內 각부

75 수기로 작성된 이 문서의 발신자란에는 '경찰서장 사신(私信)'으로 쓰여 있으며, '私信'은 오늘날 '친피보고'와 같은 것이다.

76 「김제군(金堤郡) 출신(出身) 빨치산과 기타(其他) 도피자(逃避子)에게 고(告)함」과 「후방(後榜)에 있는 김제(金堤) 청장년(靑壯年)에 고(告)함」는 격문이 모두 같은 날인 1951년 8월 20일 자로 배포되었다.

락各 部落에 배포配布 청장년靑壯年의 각성覺性을 촉구促求하고 있음 강조-저자

위 인용문을 보면 먼저 치안국이 지방경찰국을 통해 당시 전국의 경찰관의 전투의식을 고취하기 위한 사항을 파악한 것을 알 수 있다. 다음으로 김제군에서는 여전히 빨치산의 공격이 주간에도 이루지고 있음을 확인할 수 있다. 그리고 격문을 배포하는 목적이 빨치산의 귀순은 물론 소속 경찰관들의 사기를 올리고, 마을 주민들의 경각심도 불러일으키는 데 있는 것임을 알 수 있다.

이처럼 김제경찰서가 관내 치안을 확보해 가는 동안 우익 주민들과의 관계도 상당히 긴밀하였을 것으로 판단된다. 그 이유는 한국전쟁은 총력전이었으므로, 군경 외에 우익 주민들로 구성된 자위대 등의 적극적인 협조와 지원이 필수적이었기 때문이다.

김제군의 자료는 아니지만 전라남도 신안군 비금면[77]의 1950년 11월 10일자 '각 부락 자위대장회의 지시 토의사항'이라는 유인물[78]을 참조하면 이러한 우익 주민 간의 긴밀한 관계를 잘 알 수 있다. 비금면에서는 수복된 지 얼마 되지 않은 시점에 관내 각 마을의 자위대장이 해안경비를 위하여 주야로 높은 지대에 2명 이상의 자위대원을 배치하여 입출항 선박을 감시하도록 하였다. 예를 들어 출항증명서가 없는 선박은 구류조치를 하는 한편 반출증이 없는 화물은 즉시 하역을 중지시키고 지서에 연

---

77 비금면은 전라남도 신안군의 중앙에 위치한 도서면(島嶼面)으로 유인도 4개와 무인도 79개로 구성되어 있고, 주변이 다도해해상국립공원에 속한 가운데 현재 광대리, 용소리, 도고리 등 13개 법정리를 관할하고 있다.

78 등사본이며, 표지에 연필로 '지서(支署)'가 쓰여 있어 회의를 개최한 후 그 결과를 지서에 알린 것으로 추정된다.

락하도록 하였다. 또한 지서와 부락 간의 효율적인 연락을 위하여 적절한 장소에 연락소를 설치하였다. 이 연락소를 통하여 주민들은 정기적인 연락시간인 오전 7시 외에 매일 2회 이상 지서에 릴레이방식을 통해 서면으로 이상 유무를 보고하고, 이를 위해 지서와 지근거리에 있는 주민이 최종 전달자가 되었다.

또한 비금면에서는 통행이 빈번한 장소에 초소를 설치하여 자위대원 3명 이상이 행인을 수하한 후 손을 들게 한 후 검문검색을 철저히 하도록 하였다. 이들 자위대원은 의심이 있는 자를 지서로 인치하였고, 야간에는 매시간 순찰을 통해 불순분자의 부락 침입과 검거에 노력하였다.

특히 비금면의 자료에는 자위대원의 부역자 검거에 관한 중요한 내용이 들어 있다.

> 각各 자위대장自衛隊長은 대원隊員을 감독監督하며 향토방위鄕土防衛의 사명使命과 각자各自의게 부하負荷된 중책重責을 재인식再認識시키고 **자위대원**自衛隊員으로 하여금 **부역행위자**附逆行爲者 **적발**摘發 급及 기基 은거장소隱居場所 탐지探知에 전력全力을 경주傾注할 것이며 외래인外來人에 대對하여는 철저徹底히 조사調查 보고報告할겄강조 ─저자

이 내용을 볼 때 마을의 자위대원이 한국전쟁 당시 거주지 실정에 맞게 부역자를 적발하여 경찰관서로 인계하는 데 큰 역할을 한 것이 분명하다. 자위대는 의용경찰대나 대한청년단과는 달리 마을 청년들이 자발적으로 마을을 지키기 위해 조직한 단체다. 한편 마을을 지킨다는 것은 모든 좌익세력으로 인한 각종 위험에 대비한다는 것을 의미하기 때문에 자위대는 경찰의 영향에서 벗어날 수 없었고, 오히려 경찰과 긴밀한 협조체제를 유지할 수밖에 없었다.

1951년 11월 16일 속초에 주둔한 수도사단과 춘천에 주둔한 제8사단이 호남지역으로 이동하면서, 백야전사 창설을 앞둔 시기인 11월 22일에 김제경찰서는 많은 우익 청년들을 동원하였다. 이들은 기존 자위대원과 의용경찰대원, 그리고 '대한청년단'의 간부 및 단원으로 판단된다. 그 이유는 우익 청년들 사이에서는 전쟁이라는 국가위기 상황에서 굳이 조직을 구분할 필요 없이 오로지 좌익으로부터 자신은 물론 가족과 마을을 지켜야 하는 강력한 공감대가 형성되어 있었다고 추정되기 때문이다. 김제경찰서는 기존 의용경찰대를 기동대 성격의 "대한청년단 특공대"로 개칭하여 더욱 강력하게 편성하여, 읍1개 중대, 120명과 각 면에 1개 소대530명의 부대[79]로 편제하였다. 또한 상비대원 200명도 확보하여 무장시킨 후 관내 중요시설 경비와 빨치산 진압에 동원하였다.[80] 이와 같은 인원을 분석하면 당시 김제군은 1읍, 16면面이었으므로 그 수는 모두 8,576명으로, 1개 중대와 상비대원을 포함하면 모두 8,896명이었다. 또한 이들은 1949년도 전체 군민 수 208,802명[81]의 4.26%에 해당하며, 1950년 11월 현재 김제경찰서 소속 경찰관 수 203명[82]의 44배 가까이 많은 수이다.

"대한청년단 특공대"의 명칭에 나온 '대한청년단'은 1948년 12월 기존 해방 후부터 존속하던 대동청년단, 국민회청년단 등 5개 우익청년단

---

79 원문에 '1개 중대'와 '각 면 1개 소대'로 기술되어 있다. 이는 읍은 그 위상에 따라 '중대', '면'은 '소대'로 명명한 것으로 보인다. 『(1953년)관내상황』, 60~61쪽.

80 위의 책.

81 1949년도 김제군민 수는 한국인 208,802명(남 105,256명, 여 103,546명), 외국인 96명(남 45명, 여 51명)으로 총 208,898명이다. 이후 집계가 되지 못하다가 1955년 부터 집계되었다. 국가통계포탈 자료, http://kosis.kr/statisticsList/statisticsListIndex. do?menuId=M_01_01&vwcd=MT_ZTITLE&parmTabId=M_01_01#SelectStatsBox-Div(2020년 3월 7일 검색).

82 『1950년 11월 관내상황』, 33쪽.

체와 기타 군소 단체를 통합한 청년 단체다. 이 단체는 이승만의 적극적인 지원 아래 전국적으로 조직을 확대 강화해 나간 결과, 초창기에 200여만 명의 정규단원과 전국 각지에 10개 도단부道團部, 9개 구단부區團部, 17개 지역 및 직장특별단부, 180개 도시단부都市團部, 4,230개 면동단부面洞團部의 조직을 정비하였다.[83] 특히 '대한청년단'의 지방단부 간부급들은 중앙훈련소를 수료한 후 지방단부에 배속장교로 배치되어, 단원과 함께 빨치산 진압을 위한 군경의 주요 보조 요원으로서 활동하였다.[84] 김제군단부는 1949년 1월 21일과 22일 결성되었다.[85] 그 수는 1953년 6월 현재 1,250명[86]으로 당시 조직력과 강력한 우익 성향을 감안할 때, 이들은 1953년 9월 17일 해산될 때까지 기존 자위대원이나 의용경찰대를 이끄는 경찰의 핵심적인 보조 역할을 한 것으로 판단된다.

그런데 백야전사의 진압이 종료되자, 속리산, 지리산, 태백산, 신불산 등에 은거하였던 빨치산들은 다시 설악산, 덕유산, 지리산 등으로 이동하며 활동을 계속하였다. 전북경찰국은 이에 대처하기 위해 관하 경찰서 소속 의용경찰대원들을 차출하여 1952년 8월 14일 "전북경찰국 의용경찰유격대"를 편성하였다. 김제경찰서는 전북경찰국의 방침에 따라 기존 인원 가운데 40명을 전배하고, 2개 중대200명로 이루어진 부대로 재편하였다.[87]

이후 김제경찰서는 서전경이 창설되기 전인 1953년 4월 1일 전북경찰국의 지시에 의해 '대한청년단 특공대'를 해산하고, 이들 중 40명을 선정하여 의용경찰관으로 임명하였다. 의용경찰관들은 모악산과 가까운 금

---

83   김행선, 『해방정국 청년운동사』, 선인, 2004, 516~517쪽.
84   남정옥, 『6·25전쟁시 예비전력과 국민방위군』, 한국학술정보, 2010, 64~65쪽.
85   『동아일보』, 1949년 1월 25일 자.
86   『(1953년)관내상황』, 101쪽.
87   위의 책, 61쪽.

산, 금구, 봉남, 용지의 지서에 배치되어 청사 경비를 주로 담당하였다.[88] 이들 의용경찰관은 기존 마을 중심의 경계근무가 아닌 정규경찰관들과 함께 지역경찰관서에서 고정적으로 근무한 것으로 보인다.

1953년 5월 10일에는 전북경찰국이 의용경찰관을 재편성하도록 특별 지시를 하달하였다. 김제경찰서는 대상자 150명을 확보하여 의용경찰관 의 인원을 크게 늘렸다. 이로써 김제군에서는 당시 정규경찰관 278명을 합쳐 모두 428명이 경찰활동을 담당하였다. 의용경찰관들은 김제경찰서 소속 경찰관의 지시에 따라 모악산을 중심으로 하는 금산면과 금구면 일 대에서 잠동潛動하는 빨치산을 생포하기 위한 작전에 동원되거나 경찰관 서 자체경비 등을 담당하였다.[89]

이처럼 김제경찰서가 한국전쟁 초기부터 정전될 때까지 많은 우익청 년들을 동원한 점을 감안하면 대對빨치산 전투는 국군과 함께 수행하는 한편, 그 외의 산발적인 빨치산들의 침입에 대하여는 자체 경비인력이 부 족하여 관내 우익청년들을 동원하여 대처한 것으로 판단된다.

그리고 당시 경찰관과 의용경찰관이 보유하였던 장비현황은 다음과 같다.

<표 30> 김제경찰서 병력과 무기 및 장비조사표(1953년 7월 현재)

본/지서	계급						총기(정)											차량(대)			
서별	총경	경감	경위	경사	순경	계	의경	총계90	99식	칼빈	M1	기타	권총	중기	경기	RAP	기단	계91	찝차	쓰리코타	물자	계
본서	1	2	12	19	110	144	9	153	41	35	8	2	12				1	99	1	1	1	3

---

88 위의 책, 62쪽.
89 위의 책.
90 원 자료에 없는 것을 저자가 별도로 구성하였다.
91 원 자료의 합계가 정확하지 않아 세부 항목의 내용을 기준으로 다시 계산하였다.

본/지서	계급								총기(정)										차량(대)			
월촌				1	6	7	2	9	4	2		2					8	16				
부량				1	6	7	5	12	7	1		2						10				
죽산				1	7	8	2	10	4	2		2						8				
성덕				1	6	7	2	9	5	1		2						8				
광활			1	2	6	9	2	11	6	2								8				
만경			1	2	7	10	2	12	6	2			1					9				
진봉			1	1	8	10	2	12	6	2								8				
청하				1	7	8	2	10	5	2		1						8				
백산				1	5	6	2	8	7	1								8				
공덕				1	6	7	5	12	6	2								8				
용지				1	6	7	10	17	7	2					1			10				
부용				1	4	5	5	10	4	2		2						8				
백구				1	6	7	5	12	7	1								8				
황산				1	8	9	10	19	8	3	2	1				1		15				
봉남				1	6	7	10	17	13	2	2	2			1			20				
금구			1	2	7	10	30	40	29	20	9	7			2		1	68				
금산			1	2	7	10	45	55	30	21	17	13		2	2	1	4	90				
계	1	2	17	40	218	278	150	428	195	103	38	36	13	2	6	2	14	409	1	1	1	3

※『(1953년)관내상황』, 67~68쪽.

〈표 30〉을 통해 경비인력을 보면 경찰관 278명, 의경 150명으로 총 428명이며, 의경이 전체 경비인력 비율의 35.04%를 차지하고 있어 그 역할이 아주 중요하다는 것을 알 수 있다. 또한 전체적인 무기보급률은 78.27%로 경찰관과 의경 모두가 2교대로 근무를 한다고 할 때 충분한 수량으로 볼 수 있다. 그렇지만 소총 종류가 일제 99식 소총 195정, 칼빈 103정, M1 소총이 38정으로 총 336정이며, 그 비율이 각각 58.03%, 30.65%, 11.30%로 구식 소총이 한국전쟁 말기에도 절반 이상이 사용되고 있음을 확인할 수 있다.

특히 김제군의 산악지대인 금산[12.85%], 금구[9.34%] 그리고 인접한 봉남[3.97%], 용지[3.97%]에 의경을 포함한 전체 인원의 30.13%가 집중되어 있다. 게다가 이들 지서에는 김제경찰서가 보유하고 있는 중화기 대부분이 배정되어 있다. 모악산 일대를 관할하고 있는 금산지서에는 중기관총 2정전부가, 경기관총 6정 중 2정이, 휴대용 로켓포인 RAP 2문 중 1문이 배정되어 있다. 따라서 산악지대에 있는 지서에서는 여전히 중무장한 상태로 빨치산의 공격에 대비하고 있음을 잘 알 수 있다.

당시 경찰의 무기와 장비는 지역, 빨치산의 활동 강도强度, 전투경찰대 또는 경찰서 및 경찰부대인가에 따라 보유 무기의 종류가 정해졌을 것으로 보인다. 이를 감안하면 본 무기 및 장비 현황표는 1953년 7월 당시 김제경찰서가 보유하고 있던 것을 기록한 것으로, 한국전쟁 기간의 전체적인 사항은 알 수 없다. 그러나 김제군의 경우 대부분 지역이 평야이므로, 빨치산들이 보급투쟁 후 퇴로 확보 등을 위해 유일한 산악지대인 모악산 일대에서 활동하였기 때문에 이와 같은 무기보유는 한국전쟁이 국지전으로 변하게 되는 1951년 6월 이후부터는 큰 변함이 없었을 것으로 판단된다.

한편 김제경찰서의 『(1953년)관내상황』을 통해 경찰서가 수복된 1950년 10월 3일부터 1953년 7월까지 김제군에서 벌어진 전투와 전과, 그리고 피해를 보면 다음과 같다.[92]

첫째, 경찰과 빨치산 간의 교전이 모악산 산악일대를 중심으로 90여 회 벌어졌으며, 이 지역에 위치한 금산, 금구지서 등 지서가 21회 피격되었다. 그 결과 경찰의 전과로 사살 212명, 생포 108명, 중상 38명이었고, 획득 무기는 P.A.R 1정, 중기관총 1정, 기타 소총 38정과 권총 2정, 실탄은 수류탄을 포함하여 200여 발이었다. 이에 반해 경찰 측의 피해는 경찰관 전사 7명·부상 4명, 의경 전사 8명·부상 3명, 청방단원 전사 3명·부상 3명으로 총 전사 18명, 부상 10명이었다. 피탈 무기는 소총 8정과 실탄 약간이었다.

---

92 『(1953년)관내상황』, 63~66쪽.

둘째, 피살된 주민과 군인·공무원의 수는 주민 382명_{남자 291명, 여자 91명}이며, 군인 10명, 그리고 관공리 2명으로 모두 394명이었다.

셋째, 물적 피해는 빨치산들이 모두 8,145회에 걸쳐 마을을 침입하였으며, 그 결과 축우 15두, 말 2두, 식량 19입따, 자동차 3대가 피탈되었다.

2. 김제경찰의 전시 동원

1) 제2국민병 소집

국방부는 한국전쟁 초기에 전쟁 발발 전의 병력 98,000여 명의 병력 가운데 44,000여 명이 전사, 포로, 행방불명 또는 낙오로 약 50%의 병력을 상실[93]하여 긴급하게 병력을 충원해야 했다. 그 과정에서 많은 지역과 인적자원이 북한의 점령하에 들어가 있었기 때문에, 병력을 충족시키기 위하여 헌병, 경찰 등을 통해 가두에서 청년들을 무조건 입대시키는 일이 발생하였다.[94]

그런 가운데 1950년 9월 28일 서울이 탈환되자 국방부는 지역별로 병사구사령부를 설치하면서 11월 제2국민병 등록을 실시하였다.[95] 그 결과, 11월 15일까지 2,389,730명을 등록시켰다. 이는 전쟁 중 부족한 병력을

---

93   남정옥, 『6·25전쟁시 예비전력과 국민방위군』, 한국학술정보, 2010, 106~107쪽.

94   내무부 치안국, 『한국경찰사』 II, 광명인쇄공사, 1973, 531쪽.

95   미군정하에서 남한은 지원병제도에 의해 병력을 확보하다가 대한민국 정부가 수립된 후 국민개병제가 시행되었다. 국민개병제는 만 20세부터 만 40세까지 남자에게 병역의 의무를 부여하였고, 병역의 종류는 상비병역, 호국병역, 후비병역, 국민병역으로 구분되었고, 다시 상비병역은 현역·예비역, 보충병역은 제1·제2보충역, 국민병역은 제1·제2국민역으로 세분화되어 있었다. 병무청, 『병무행정사』 상권, 병무청, 1986, 217~219·273·329~330쪽.

보충하기 위한 징소집의 기초가 되었다.[96]

  10월 1일을 기하여 UN군이 38선을 넘어 북상하자 중국이 국제사회에서 사전 경고한 대로 중국인민지원군을 투입시켰다. 중국의 한국전쟁 개입으로 전황이 점차 UN군에게 불리하게 돌아갔다. 국방부는 이에 대처하기 위하여 12월 15일 「국민방위군 설치법안」[97]을 국회에 제출하여 병력을 획기적으로 충원하려고 하였다. 당시 많은 국회의원이 정규군이 아닌 국민방위군제도가 정치적으로 이용당하지 않을까 하여 의구심을 피력했다. 그러나 시기적으로 부득이한 조치로 판단하여, 국민방위군이 참모총장의 명령으로 군사훈련과 군사행동을 하는 것 이외에 정치활동이나 청년운동, 치안이나 공안행위에 간섭하지 못한다는 조항을 신설하여 12월 21일 법률 제172호 「국민방위군 설치법」을 통과시켰다.[98]

  국방부는 국민방위군 사령부대구 동인국민학교 소재를 설치하고, 사령부를 지도, 감독할 상급기관으로 육군본부에 국민방위국국장 준장 이한림을 설치하고, 국민방위군 장교 양성을 위하여 충남 온양에 방위학교를 신설하였다.[99] 그리고 제2국민병 징집대상자 680,350명을 훈련시키기 위하여 마산, 진주, 남해, 경산, 영천 등에 52개 교육대를 설치하였으나 교육대에 수용할 수 있는 인원은 298,142명[100]으로 징집대상자의 절반에도 이르지 못하였다. 애당초 이 계획은 실현 가능성이 없었던 것이다. 게다가 경상도

---

96 이임하, 「한국전쟁 전후 동원행정의 반민중성 – 군사동원과 노무동원을 중심으로」, 『역사연구』 제12호, 역사학연구소, 2003, 43쪽.

97 제정 목적은 "국민개병의 정신을 앙양시키는 동시에 전시 또는 사변에 있어서 병력 동원의 신속을 기함(제1조)"이다.

98 서병조, 「국민방위군 의혹사건 – 도큐멘터리 현대사」, 『세대』 제97호, 1978, 220쪽.

99 하재평, 「한국전쟁기 국가총력전 전개양상 – 참전단체 및 조직의 활동을 중심으로」, 『전사』 제3호, 국방부 군사편찬연구소, 2001, 11쪽.

100 남정옥, 『6·25전쟁시 예비전력과 국민방위군』, 한국학술정보, 2010, 106~107·109쪽.

로 이르는 경부가도 및 호남국도의 보급로는 UN군이 통제하고 있었기 때문에 국민방위군 입대자들은 소로小路나 산길을 통해 이동하게 되었고, 이 과정에서 당시 극심한 추위와 장기간 행군에 따른 피로의 누적, 식량 부족으로 많은 사상자가 발생하였다.[101] 문제가 커지자 1951년 1월 15일 부산에서 개최된 국회의 대정부 질의과정에서 논란이 벌어졌다. 결국 2월 17일 36세 이상인 장병들은 귀향하게 되었고, 5월 12일 국회의 결의에 따라 국민방위군이 해체되었다.

김제경찰서는 국민방위군에 관한 논란이 벌어지는 시기에 1951년 1월 18일부터 「국민방위군 설치법」에 의한 대상자[102] 만 17세 이상 40세 이하의 남자 13,000여 명을 남부지방으로 이동시켰다.[103] 이는 당시 북상하지 못한 북한군과 지방 좌익세력이 모악산 일대에서 활동하고 있어 모든 경찰력이 여기에 집중되어 김제경찰서가 대상자를 소집할 여력이 없었으며, 또한 김제군의 대부분 지역이 평야로 많은 주민이 산재해 있어 대상자를 파악하는 데 어려움이 있었기 때문으로 추정된다. 게다가 혹한기였기 때문에 경찰관들이 소집활동을 하는 데 지장도 있었을 것으로 보인다.

한국정부는 다시 1951년 8월 27일 국무회의 결의에 거쳐 9월 1일부터 현재 만 23세 이상 만 28세 미만자의 제2국민병을 소집한다고 공고하였으며, 소집 기간과 대상자의 직종은 제한이 없었다.[104] 김제경찰서는 당시 전황이 국지전으로 굳어져 가고 있었기 때문에 이전과 달리 이들을

---

101 위의 책, 130쪽.
102 그러나 현역 군인·군속, 경찰관, 형무관, 병무소집 또는 간열소집의 면제 대상자, 비상시 「향토방위령」에 의한 자위대장·부대장, 군사훈련을 받는 학생은 제외하였다.
103 『(1953년)관내상황』, 31쪽.
104 소집대상자의 직종과 소집실시 기간이 지정된 때는 1952년 10월 1일부터 1953년 8월 31일까지로 대상자는 자동차기술자, 선박기술자, 화학기술자, 전기·측량기술자, 통신·금속·인쇄기술, 선반기술자이다. 병무청, 앞의 책, 329~330쪽.

효과적으로 소집하고 기피자를 검거하기 위하여 경찰관 95명으로 이루어진 "병사특동대兵事特動隊"를 편성하였다.[105] 그 인원은 경찰서 총 인원의 46.79%, 본서 인원의 65%에 해당하는 것으로, 이를 통해 당시 소집업무가 얼마나 시급하고 중요한지를 알 수 있다.

또한 특동대는 편성 연도에만 84회에 걸쳐 각 면촌락까지 순회 계몽강연을 실시하여 정부시책을 홍보하거나 기피자의 자수를 권유하는 한편, 일제검문을 통하여 수검기피자를 검거하기도 하였다.

이 특동대는 1952년 1월 23일 치안국의 통첩에 의하여 각 지방경찰국이 경무과에 병사계를, 산하 경찰서가 경무계에 병사반을 신설하면서 해체되었다.

〈표 31〉 김제군의 제2국민병 신체검사 상황표(1952~1953년, 단위: 명)

연도	수검대상자	수검 필자	수검 미필자
1952	9,945	6,883	3,062
1953	8,955	7,568	1,387

※『(1953년)관내상황』, 34쪽.

〈표 31〉을 보면 김제군에서 제2국민병 소집대상자의 수검율이 1952년 69.21%, 1953년 84.51%로 15.30%가 증가하였다. 이는 김제경찰서가 "병사특동대兵事特動隊"를 조직하여 활동한 효과가 컸다는 것을 보여준다.

그리고 1950년 9월부터 1953년 7월 5일까지 김제경찰서가 제2국민병 소집업무를 수행한 결과는 다음과 같다.

〈표 32〉 김제경찰서의 제2국민병 소집업무 수행결과표
(1950년 9월~1953년 7월 5일, 단위 : 명)

영장발급 수	입대자 수	불합격자 수	사정이 있는 자	기피자 수	비고
18,292	8,046	4,447	5,576	223	영장발부 25회 기피자 단속 49회

※『(1953년)관내상황』, 34쪽.

105 『(1953년)관내상황』, 32쪽.

〈표 32〉를 보면 김제경찰서가 제2국민병 소집영장을 25회 발부하고, 기피자 단속을 49회를 실시한 결과, 전체 대상자 가운데 43.98%를 제2국민병으로 소집시켰으며, 나머지 절반이 넘는 56.02%는 신체검사 불합격자24.31%, 사정이 있는 자30.48%, 그리고 기피자1.21%라는 이유로 소집하지 못하였다. 이렇게 저조한 소집률은 많은 주민이 경찰활동의 공정성에 대해 의문을 제기하는 원인이 되었다.

경찰의 제2국민병 소집업무는 원래 경찰업무가 아님이 분명하다. 그럼에도 불구하고 「병역법」개정에 따른 동법 시행령[106]이 국방부가 병역사무를 관장하고, 내무부 지방국이 병적정리 사무를, 치안국이 영장집행 및 기피자 단속업무를 맡게 함에 따라 이를 수행하였다.

그리고 정전된 지 얼마 되지 않은 1953년 8월 12일 진헌식 내무부장관과 손원일 국방부장관 간에 병사사무분장에 대한 협정이 체결되어 9월 1일부터 시행되었다. 이 협정은 6개 사항으로 되어 있으며, 그 주요 내용은 다음과 같다.

> 1. 국방부장관은 병사구사령관으로 하여금 필요한 소집영장무기명을 도지사에게 교부하며 도지사는 소집당사자를 사전事前 병사구사령관과 협조한다.
> 2. 소집자를 집결지에서 인계할 때까지의 인솔과 불합격자의 고향故鄕 인솔은 내무부장관 소관으로 할 것 단 신체검사는 가급적 조속히 할 것강조─저자[107]

그러나 경찰은 제2국민병 무단 여행자를 처벌할 수 있는 법적 근거가

---

106 「대통령령 제781호」(1952년 8월 16일), 대한행정학회, 『대한민국 법령집』, 고려문화사, 1954, 12쪽.
107 내무부 치안국, 『한국경찰사』 I, 광명인쇄공사, 1972, 975쪽.

없었다. 단지 제2국민병 소집해당자로서 병종, 정종 또는 국방부장관 통첩에 의한 보류자를 제외한 무단여행자를 발견할 시는 입대조치를 취하여야 했다. 이는 제2국민병 소집대상자에게는 전원 국방부에 의해 소집영장이 발부되어 있었기 때문에 무단여행이 아니라 병역을 기피하는 행위로 인정되었기 때문이다.

특히 경찰의 제2국민병 소집업무는 무기명 소집영장을 집행함으로써 행정편의적인 면이 아주 강했다. 그러나 국방부와 내무부 간에 맺어진 병사사무 분장에 대한 협정과 치안국의 '특별지시'에 의해 수행할 수밖에 없었다. 이러한 '특별지시'는 상급기관의 통첩 중 하나인 직무상 명령이므로 경찰은 따를 수밖에 없었다.[108] 그리고 거부할 경우 엄중한 징계처분을 받아야만 했다.[109]

2) 방공단 운영

방공단은 1951년 3월 22일 시행된 법률 제183호 「방공법」에 의해 '주민이 적 항공기의 내습으로 인한 피해를 방지하기 위하여 국민이 등화관제, 소방, 방독, 피난구호를 위하여 취해야 하는 감시, 연락[110]하는 조직'으

---

108 "공무원은 소속장관의 직무상의 명령에 복종하여야 한다. 단 의견을 진술할 수 있다." 「국가공무원법」 제29조, 경찰전문학교, 『경찰육법』, 영문사인쇄국, 1957, 20쪽.

109 "공무원의 좌(左)의 각호에 해당할 경우에는 징계처분으로서 면직 정직 감봉 또는 견책의 처분을 할 수 있다. 단 감찰위원회의 징계결의를 처리하였을 때에는 그 결의의 처분을 할 수 있다. 1. 본법의 규정에 위반하여 공무원의 본분에 배치(背馳)되는 소위(所爲)가 있을 때 2. 근무상의 의무에 위반하거나 또는 근무를 태만(怠慢)하였을 때 3. 직무의 내외를 불문하고 공직상의 체면 또는 위신을 손상하는 소위(所爲)가 있을 때." 「국가공무원법」의 제45조; 비상사태하에 있어서의 경찰관의 징계사유는 좌(左)와 같다. "1. 국가공무원법 제45조 각호에 해당하는 소위(所爲)가 있을 때 2. 비겁(卑怯)한 행동을 하거나 또는 상관의 명령에 복종하지 아니할 때." 「비상시 경찰관 특별징계령(긴급명령 제8호)」의 제3조, 경찰전문학교, 앞의 책, 201쪽.

로 일반적으로 '민방공단'[111]을 말한다. 운영 방식은 서울특별시장 또는 도지사가 방공계획[112]을 수립하면, 행정기관은 지원을 하고, 주민은 가정, 마을, 직장별로 실천사항을 이행하는 것이었다. 이와 같은 복잡한 세부사항을 규정하느라 법이 공포된 지 1년 6개월 가까이 지난 1952년 9월 15일 방공단이 정식으로 조직되었다.[113]

「방공법」은 전시상황하에서 다음과 같이 불가피하게 주민의 자유를 제약하고, 사유 재산권을 침해하는 소지가 많이 있었다. 첫째, 방공을 위해 감시경보 전달 등 필요가 있을 경우 일정한 지역 내에 거주하는 자에

110 「방공법」 제1조, 대한행정학회, 『대한민국 법령집』, 1953.

111 방공단(防空團)은 일제강점기 조선총독부가 중일전쟁 이후 소련과 공산주의에 대한 적대의식을 확립하고 민심동요를 막을 새로운 선전·감시기구를 설립하기 위하여 1938년 8월 15일 '조선방공협회'를 창설한 후 각 지역경찰서 단위로 설치한 지부와 각 지부 밑의 방공단(防共團)과 방공부(防共部)와는 다르다. 이태훈, 「일제말 전시체제기 조선방공협회의 활동과 반공선전 전략」, 『역사와 현실』 제93호, 한국역사연구회, 2014, 143쪽.

112 방공계획의 주요 내용은 방공감시, 구역설정(시, 구, 읍, 면), 지정행정청 방공계획서, 통신, 경보전달, 등화관제, 소방, 방독 피난 및 구호, 관할 지역 영조물·인원배치 및 보충·방공설비 및 자재 정비 등으로 이루어졌다. 또한 시·읍·면장은 방공계획 수립, 방독 피난구호, 영조물, 방공설비 및 자재 정비를, 경찰서장은 방공감시, 경보 전달 및 통신, 등화관제, 방독, 피난구호, 소방(소방서가 없는 지역), 인원배치 및 보충·훈련을, 소방서장은 소방 업무를 분장하도록 되어 있었다.

113 1951년 4월 12일 대통령령 제477호 「방공법 시행령」이 제정된 후 같은 해 1951년 12월 1일 발효된 후 12월 8일 대통령령 제580호로 「방공위원회 규정」이 공포되어 민방공에 관한 중요사항을 조사 심의하기 위한 내무부 산하 '방공위원회'가 설치되었다. 다음해인 1952년 1월 10일 국무원 공고 제24호로 방공 비상사태가 선포되었다. 그리고 순차적으로 「지방 방공위원회 규정」(내무부령 제25호, 1952년 1월 11일 공포), 「직장 방공단 규칙」(대통령령 제606호, 1952년 2월 9일 공포), 「직장 방공단 규칙 시행총칙」(내무부령, 제28호, 1952년 5월 1일 공포), 「등화관제규칙」(대통령령 제636호, 1952년 5월 3일 공포), 「민방공 기구조직 규정」(내무부 훈령 제40호, 1952년 7월 3일 공포), 「관공서 방공규칙」(대통령령 제661호, 1952년 7월 25일 공포), 「가정 방공지도 기구조직 규칙」(1952년 7월 25일 시행), 「방공단 규칙」(대통령령 제681호, 1952년 8월 25일 공포), 「방공단 규칙 시행세칙」(내무부령 제30호, 1952년 9월 15일 공포)이 시행되었다.

대하여 타 지역으로 이전을 금지하거나 제한, 그리고 퇴거를 명할 수 있었다.[114] 둘째, 음향시설 사용을 금지하거나 제한할 수 있었다.[115] 셋째, 철도, 궤도, 차량, 기타 교통기관에 관련된 사람 또는 기계의 이동도 금지하거나 제한할 수 있었다.[116] 물론 이동을 금지하거나 제한할 수 있는 예외적인 대상으로 연령 12세 미만인 자, 임신부, 출산부, 연령 65세 이상인 자, 환자, 장애인 등으로서 방공을 위한 세부사항을 실행할 수 없는 자, 그리고 이들을 보호하기 위한 필수 불가결한 자[117]가 있었다.

한국정부는 효율적으로 방공단의 목적을 달성하기 위하여 육해공군 총사령부에 방공총사령부를 창설하고, 작전교육국 산하에 방공과를 신설하여 담당 부서별로 군방공과 민방공에 관한 사항을 지휘, 감독하도록 하였다. 이에 따라 군방공을 위하여 군에서는 대공감시초, 대공사격대, 소방대가 설치되었고, 민방공을 위하여 도道에는 도방공사령부가 산하 행정기관을 지도, 감독하고, 치안국에는 민방공본부가, 시도경찰국에 도지부가 설치되었다. 다시 지역사회에서는 경찰서에 시군지부가, 시군지부에 직장방공단, 노동路洞지부, 국민방공반이 구성되었다.

방공단의 조직은 총무부, 감시부, 방호부, 훈련부로 구성되었다. 서무부는 단團 운영을 위한 지원업무를, 감시부는 항공기의 내습 감시와 통신 또는 경보전달에 관한 사항을, 방호부는 항공기의 내습에 따른 각종 피해를 경감하기 위한 사항을, 그리고 훈련부는 공습으로 인한 화재를 방지하거나 진압하기 위한 사항을 담당하였다. 반별 분장 업무는 다음과 같다.

---

114 「방공법」제12조, 대한행정학회, 『대한민국 법령집』, 1953.
115 「방공법」제11조, 위의 책.
116 「방공법」제13조, 위의 책.
117 「방공법 시행령」제7조, 위의 책.

〈표 33〉 김제군 방공단의 업무분장표(1952년)

부서		업무 사항
부	반	
총무부	서무반	서무, 기획, 인사
	경리반	용도, 경리, 급여 및 물자 관리, 보급
방호부	대피반	대피, 피난, 분산, 소개(疏開) 실시, 교통정리
	구호반	부상자의 치료, 구휼과 응급구조, 방독 및 제독
	공작반	제반 방공시설의 정비, 제반 건설, 전기·수도·가스·통신·조명 등의 응급 보수와 조작
훈련부	정비반	소방설비, 기기의 정비와 점검
	소방반	화재의 예방과 진압

※「방공단 규칙 시행세칙」.

다음으로 반공단별 조직을 보면 직장방공단은 학교, 관공서, 공장, 회사 등에 설치되었다. 학교의 경우 경계경보 발령 시 학생들이 수업을 중지하거나 소방, 구호, 기타 방공활동을 분담하여야 했다. 관공서, 공장, 회사 등에서도 각기 분담한 역할을 수행하여야 했다. 그러나 병원에서는 응급 치료, 수술 등을 계속할 수 있었다.

노동路洞지부 및 국민방공반에서는 소방수로 1입방약 쌀 5석 5두 이상을 저수하거나, 소방용 펌프, 사다리, 삽 등 필요 물품을 확보하여야 했다. 지부장과 반장은 반원들에게 방공감시, 방화防火, 연락 등을 분담시켰고, 경찰관서, 의용소방대, 치료소 등의 위치와 전화번호 등을 주지시켰다. 또한 수시로 방공준비를 점검하면서 방공용 물품의 상태를 확인하였다.

그리고 가장 최소 단위인 가정에서는 언제라도 공습이 있을 때를 대비해 만반의 준비를 하여야 했다. 이를 위해 방화용 자재인 소방용 물과 모래, 양동이, 삽, 불틀개, 갈구리 등을 준비하여야 했다. 게다가 이 물품들을 화재 발생 시 신속하게 불을 끌 수 있도록 가옥지붕 밑 등에 정리하여 두어야 했다. 부재중일 때는 사전에 이웃집 또는 반장 등 주위 사람에게 그 사유를 알려야 했다.

김제군에서는 1952년 9월 민방공 전북사령부가 설치되자 바로 민방공 김제지부가 결성되었다. 김제읍과 각 면사무소는 지역별로 간부진을 구성하고, 조직한 노동路洞지부 및 국민방공반, 직장방공단에 기존 방공요원들과 의용소방대원들을 편입시켰다.

〈표 34〉 김제군의 방공단원 예정표[118](1953년 7월, 단위 : 명)

구별/계급별	단장		부단장		지부장	본단 반장		단원	계
	읍	면	읍	면		읍	면		
정원	1	16	2	32	68	11	176	622	928
현원	1	16	2	32	68	11	176	594	900
결원								28	28

※『(1953년)관내상황』, 47쪽.

〈표 34〉를 보면 1953년 7월 현재 김제군의 방공단원의 정원이 단장 17명읍 1명, 면 16명, 부단장 34명읍 2명, 면 32명, 지부장 68명, 반장 187명읍 11명, 176명, 단원 622명으로 총 928명이었으나, 정원 28명이 부족하여 전체 주민수[119]의 0.42%에 해당하였다. 또한 1953년 7월 현재 김제군의 민방공 읍면지부의 현황은 다음과 같다.

〈표 35〉 김제군의 민방공 읍면지부 통계표[120](1953년 7월, 단위 : 개)

지부	지부	반	직장 방호단	방공 상담소	구호반
김제읍	30	147	25	3	7
월촌	36	85	2	1	0
부랑	33	85	2	1	1
죽산	43	94	3	1	2
성덕	32	69	2	1	1

118 원 자료의 합계가 정확하지 않아 세부 항목의 내용을 기준으로 다시 계산하였다.
119 1953년 7월 현재 전체 주민의 인구 현황은 211,555명(한국인 211,409명, 외국인 146명), 가구 수는 37,823호(한국인 37,778호, 외국인 45호)이다. 『(1953년)관내상황』, 16쪽.
120 원 자료의 합계가 정확하지 않아 세부 항목의 내용을 기준으로 다시 계산하였다.

지부	지부	반	직장 방호단	방공 상담소	구호반
광활	24	52	3	1	1
청하	29	63	2	1	1
만경	32	81	4	1	2
진봉	16	82	3	1	1
백구	19	83	2	1	0
공덕	30	78	2	1	0
봉남	32	69	3	1	1
황산	25	63	2	1	1
금산	36	63	3	1	1
금구	35	64	3	1	1
백산	30	72	2	1	0
용지	30	72	2	1	0
부용	21	68	3	1	2
합계	533	1,390	68	20	22

※『(1953년)관내상황』, 47~48쪽.

〈표 35〉를 보면 직장 방호단과 반공상담소가 가장 많은 지부는 규모에 맞게 김제군에서 가장 번화하던 김제읍이었다. 그 다음은 죽산, 부량·월촌, 진봉, 백구, 만경 등의 순이다. 이는 일제강점기 일본인 농장이 많던 지역인 죽산, 부량이 당시에도 여전히 다른 면보다 면세面勢가 강하였다는 것을 보여준다.

그러나 김제군은 한국전쟁 동안 인천상륙작전 이후 UN군 점령지역으로서 소련기 또는 북한기가 공습한 적이 전혀 없었지만, 여전히 전시상황이었기 때문에 지역 주민에 대한 통제 필요성은 남아 있었다. 따라서 김제경찰서는 1953년 5월 12일 「방공단 시행세칙」이 폐지[121]될 때까지 주민들에게 훈련경보 발령, 방공사상 보급, 방공훈련 등 역할을 분담토록 하였다.[122]

---

121 「내무부령 제38호」, 치안국, 『대한경찰 연혁사』, 1954, 81쪽.

3) 탈영병 검거

김제경찰서는 정전협상이 마무리 단계에 있는 시기인 1953년 6월 1일부터 7월 31일까지 2개월간 육군과 함께 탈영병[123] 18,627명을 체포하기 위한 일제 검문 검색활동을 실시하였다.

근거는 「DP 체포逮捕에 관關한 건件(부경수釜警搜 제678호 1953년 6월 12일, 부경수釜警搜 제178호 1953년 6월 8일, 내치정이內治精二 제1845호 1953년 6월 3일)」[124]과 이 문서에 사본으로 첨부된 육군본부 고급별관高級別官[125] 김병삼金炳三 중령 명의로 육군 헌병사령부 예하 헌병대대장에게 발송한 문서 「도망逃亡 및 무단이탈자無斷離脫者 체포기간逮捕期間 설치設置에 대對한 실시계획實施計劃에 관關한 건件(조제調第 1209호, 1953년 5월 30일)」 및 「무단이탈자無斷離脫者 체포기간逮捕期間 설치設置에 대對한 세부계획細部計劃」이다.

그리고 육군이 탈영병을 경찰과 함께 집중 체포할 계획을 수립한 목적을 다음 인용문에서 알 수 있다.

각처各處에 잠재潛在하는 도망逃亡 혹은 무단이탈無斷離脫 장병將兵을 전원체포全員逮捕하여 처벌교화후處罰敎化後 군軍에 재복무再服務케 함으로서 손실병력損失兵力을 복고復

---

122 『(1953년)관내상황』, 47쪽.

123 원문에서는 'DP', '도망자', '무단이탈자'로 되어 있다.

124 당시 경찰문서 기호는 각 지방경찰국 또는 경찰서의 「처무규칙」에 나와 있으며 그 종류는 비문(祕文)과 평문(平文)으로 구분되어 있다. 비문은 경무비(警務秘), 경보비(警保秘), 경경비(警經秘), 경사비(警査秘), 경수비(警搜秘), 경비비(警備秘), 평문은 경무(警務), 경보(警保), 경경(警經), 경사(警査), 경수(警搜), 경비(警備)로 구분하며, 한 지방경찰국이 타지방경찰국에 협조공문을 발송할 경우 대표지명의 한자를 문서기호 앞에 표기하였다. 이 문서는 부산경찰국 협조문서이다.

125 1953년 7월 27일 현재 육군본부 편성표에는 '고급별관'이라는 직책은 존재하지 않는다. 다만 행정참모부장 휘하에 있는 '고급부관실'이 있는 점을 감안하여 '고급부관'의 별칭으로 추정된다. 국방부, 『국방사』 2, 1987, 121쪽.

故시키고 일반장병一般將兵에 대한 도망逃亡 및 무단이탈無斷離脫 예방豫防을 기期함과 동시同時에 일반국민一般國民의 병적의무兵籍義務에 대對한 인식認識을 고취鼓吹시키고 도망장병逃亡將兵으로 인因하여 발생發生되는 각종各種 민폐民弊를 근절根絶하는데 있음 강조-저자

윗글을 통해 보면 육군은 체포된 탈영병들을 원소속 부대에 복귀시켜 전력을 강화하면서 예방 효과도 올리는 데 첫 번째 목적이 있음을 알 수 있다. 다음으로 국민에게 병역의무에 관한 인식을 고취시키며, 탈영병으로 인한 각종 민폐를 사전에 방지하기 위한 것임을 알 수 있다.

이어 군경 합동으로 탈영병들을 체포해야 하는 이유를 다음 인용문을 통해 보기로 한다.

1. 사이팔륙년四二八六年 사월四月 십오일十五日 현재現在 병역상兵役上 도망상태逃亡狀態 있는 자者는 장교將校 구륙九六○명名 사병士兵 일칠一七,륙륙칠명六六七名이다 헌사憲司 수배자手配者 오월五月 십일일十一日 현재現在 칠七, 칠륙오명七六五名

2. 도망병逃亡兵의 체포逮捕는 육군헌병陸軍憲兵에 의존依存하고 있으며 일반경찰一般警察 및 민간인民間人은 비比에 무관심無關心한 상태狀態임

3. 사이팔오년四二八五年 육월六月 십륙일十六日 구월십오일九月十五日까지 육군전체陸軍全體에 긍亘한 도망逃亡 및 무단이탈無斷離脫 자수기간自首期間을 설치設置한 결과結果 장병將兵 팔십일명八十一名, 사병士兵 일一, 사사팔명四四八名 총계總計 일一, 오이구명五二九名의 자수자自首者를 포섭包攝하였음 강조-저자

육군은 그 이유가 경찰과 주민이 탈영병에 무관심하기 때문이라고 하지만 실제로는 이미 1952년 6월 16일부터 9월 15일까지 자수기간을 설정하여 시행한 결과 장교 81명, 사병 1,448명, 총 1,529명을 원대복귀 시

킨 성과가 있었다. 이 수는 자수 기간이 시작하기 전 6월 14일 현재 육군 장병 수 총 351,454명[126]의 0.43%에 해당한다. 그리고 자수 기간이 끝나고 한 달여가 지난 10월 25일 현재 총원이 350,496명[127]으로 자수 기간 전에 비해 오히려 958명이 줄었다. 이는 자수자로 충원하였음에도 꾸준히 탈영자가 늘고 있음을 보여준다.

또한 1953년 4월 15일 현재 탈영한 장교 960명, 사병 17,667명, 총 18,627명은 3월 31일 현재 육군병력 수 440,107명[128]의 4.23%에 해당하는 인원이다.[129] 이 가운데 10,862명[2.46%]은 수배조차 되지 못한 채 있어 육군은 한국전쟁의 정전을 계기로 전력戰力을 재정비할 필요성이 있었다고 보여진다.

다음으로 구체적인 체포계획을 알기 위해 먼저 육군본부의 기본계획을 보면 육군본부 고급별관이 5월 20일까지 탈영병 명단을 전국의 헌병대에 하달하고, 내무부 내무국장이 일반 행정기관장 및 지방자치 단체장에 협조 공문을 시행하도록 되어 있다. 서울시 및 각 도의 위수사령관도 관내에 주소를 둔 탈영병에 대한 구속영장을 발부하고, 모든 육군 헌병과 사법경찰관리는 체포한 후 5일 이내로 그 신병을 육군헌병부대에 인도하도록 되어 있다.

그리고 각 헌병부대장은 탈영병 명단을 6월 10일까지 대구 중앙 낙오

---

126 국방부 군사편찬연구소, 『통계로 본 6·25 전쟁』, 국군인쇄창, 2014, 130쪽.
127 위의 책.
128 위의 책.
129 이 퍼센트는 탈영병들 가운데 해군과 공군 소속 장병이 포함될 수 있어 정확하지 않다. 그러나 1953년 7월 31일 현재 남한의 병력은 육군 497,964명, 해군(해병 포함) 42,362명, 공군 11,813명으로 총 552,139명이며, 그 비율은 육군 90.18%, 해군 7.67%, 공군 2.13%로, 육군 소속 장병의 수가 해, 공군에 비해 월등하기 때문에 이와 같은 수치를 기술하였다. 위의 책.

자 수용소에 발송하여 수용시설을 점검하도록 되어 있다. 서울특별시 및 각 시도위수사령관도 '도망자심사위원회'를 설치하고, 체포된 탈영병을 갑, 을, 병으로 분류하였다. 갑은 부대를 이탈한 기간이 6개월 미만인 자로, 그 정상을 참작할 수 있는 여지가 많은 사병으로 엄중한 훈계를 한 다음 대구 중앙 낙오자 수용소로 호송하도록 되어 있다. 을은 부대를 이탈한 기간이 6개월 미만인 자로 그 정상을 참작할 수 있는 여지가 적은 장교 및 사병으로, 위수사령부 소속 징계위원회에서 중징계 처분을 한 다음 대구 중앙낙오자 수용소로 호송하도록 되어 있다. 병은 갑과 을을 제외한 자로 심사하여 대구 낙오자 수용소로 호송하도록 되어 있다. 그러나 군법회의는 이들을 재복무시킬 수 있도록 양형 기준을 낮게 조정하고, 원복된 탈영병은 원칙적으로 일선 전투부대에 배속하게 되어 있다.

다음으로 세부계획을 보면 경찰관에게 체포권을 부여하고, 체포된 탈영병은 5일 이내로 관할 헌병 중대로 이송하며, 신병인수 시 인수자의 명의는 헌병으로 하도록 되어 있다. 경찰서는 관내 탈영병을 적극적으로 체포하고, 시, 도, 읍, 면의 행정기관은 관할지역에 거주하고 있는 탈영병에 대한 소재를 이반里班에 이르기까지 파악하여 경찰서에 신고하도록 되어 있다. 특히 모든 헌병부대장은 관할 지구위수사령관이 발행한 구속영장에 의해 탈영병의 신병을 확보하는 한편, 관할에 속하지 않은 탈영병을 체포하였을 경우에 대비하여 무기명 구속영장을 발부받아 필요에 따라 사용하도록 되어 있다. 이러한 구속영장은 탈영병의 인적사항이 명시되지 않았기 때문에 다분히 편의주의적인 전시 법무행정의 단면을 보여준다.[130]

---

130 본 문서에는 '구속영장'으로 기재되어 있으나, 실제적으로 '명령서' 또는 군사법원이 발부한 '체포영장'인지는 알 수 없다. 영장주의에 의하면 탈영범에게 인적사항이 명시된 체포영장이 발부되어야 한다. 이는 (군사)법원 또는 (군)수사기관의 형사절차에서 강

하지만 치안국은 이러한 체포계획에 대해 다음과 같이 적극 협조하기로 하였다.

> 본건本件에 집행執行함은 물론勿論 군경관민軍警官民 총동원總動員으로 최고도最高度의 력량力量을 발휘發揮하야 최대最大의 성과成果를 거양擧揚하시앞 (…중략…)
>
> 각各 시도경찰국장市道警察局長 및 서남지구전투경찰대西南地區戰鬪警察隊 사령관司令官은 수명즉각受命卽刻 관할管轄 헌병대장憲兵隊長, 각도各道 지구위수사령관地區衛戍司令官, 동관행정기관장同官行政機關長 등等과 협의회協議會를 개최開催하고 실천계획實踐計劃을 수립樹立하야 가급적可及的 각各 경찰서장警察署長을 려집呂集 시달示達한 후後 말단末端 경찰관서警察官署에게 주지周知 철저徹底을 기期할 것. 강조-저자

또한 경찰서는 DP명부를 출신 면별로 구분하고 지서, 파출소, 출장소로 하달하도록 하였다. 그리고 군경합동 체포계획을 성공적으로 완수하기 위하여 시·읍·면장, 이장, 반장에게 탈영병의 사전 소재지를 파악하도록 한 것을 다음 인용문에서 확인할 수 있다.

> 각各 시읍면장市邑面長 이장里長 반장班長 등等 총동원태세總動員態勢를 수립확립樹立確立하고 사전소재事前所在를 확인確認할 것
>
> 이장里長 반장班長은 기其DP에 대對한 소재예고所在豫告를 여행勵行할 것

제처분을 함에는 (군사)법원 또는 (군사)법원의 법관이 발부한 영장에 의해 실행되기 때문이다. 그러나 영장주의는 이미 일정한 범위에서 (군사)법원이 판단을 하고 있는 사안에 관한 경우에는 예외가 된다. 그리고 영장주의의 원칙이 행정상의 강제처분, 특히 행정상의 즉시강제에도 적용되느냐에 관해 견해가 대립되고 있다. 행정목적의 달성을 위하여 불가피한 경우에는 영장주의가 적용되지 아니한다는 견해가 유력하다. 이병태, 『법률용어사전』, 법문 북스, 2012, 1184쪽.

일선 경찰서에서는 성과를 올리기 위하여 전담직원을 배치하도록 하였으며, 책임관을 계장급인 경감 또는 경위로 지정하게 하였다. 특히 소속 경찰관들이 탈영병을 검거할 때 만약에 발생할 수 있는 항거를 예방하기 위하여 헌병부대장이 발부한 체포 인정증을 소지하도록 하였다. 이와 함께 탈영병을 체포한 경찰관에게는 상금 100원을 수여하도록 하였다.

　김제경찰서에 통보된 탈영병 수는 모두 139명으로, 이를 표로 정리하면 다음과 같다.

〈표 36〉 김제군 출신 탈영병 인원 상황표(1953년 6월 1일~7월 31일)

구분		인원(명)	비율(%)	
장교/사병	계급			
(준)장교	중위	1	0.71	1.42
	준위	1	0.71	
사병	1등 상사	4	2.87	5.74
	2등 상사	4	2.87	
	1등 중사	1	0.71	5.74
	2등 중사	7	5.03	
사병	하사	20	14.38	87.01
	일병	77	55.39	
	이병	20	14.38	
	훈병	2	1.43	
	불상	2	1.43	
합계	12(불상1)	139	100	100

※ 김제경찰서, 「장병 DP자 명부」, 1953.

　〈표 36〉을 보면 김제군에 주소를 둔 탈영병의 비율은 전체 탈영병 가운데 장교준위 포함 1.42%, 사병훈병, 불명 포함 98.49%였다. 특히 사병 가운데 일병과 이병, 그리고 하사가 가장 많았다. 이는 일병과 이병의 경우 순경과 마찬가지로 최일선에서 전투를 수행하였고, 하사는 분대장 역할을 하며 초급 지휘관 역할을 하였기 때문으로 보인다.

제6장 ─────────────**'반공국민'으로
존속시키기 위한 사찰**

1. 경찰의 사찰

1) 사찰활동의 변천

해방 직후 경찰의 사찰활동은 '공안질서 유지를 문란케 하는 다중적 불법행위를 단속'[1]하고 '정당 및 사회단체 등의 시위행렬 및 집회허가에 관한 것'[2]을 담당하는 것으로 규정되었다. 이는 "국가의 존립에 대한 직접적인 위해를 방어하는 행정 작용으로, 집회, 정치결사, 비밀결사 등을 감시하고 단속"[3]하는 일제강점기 '고등경찰'과 극히 유사한 경찰활동으로 볼 수 있다.

사찰활동의 중요성은 1946년 10월사건이 발생하고 난 후 12월 27일, 제5관구(경북)경찰청장 강수창이 경찰서장 회의에서 다음과 같이 훈시한 것에서 확인된다.

---

1   「포고 제2호」(1945년 9월 7일), 『미군정 법령집』, 1쪽.
2   「군정법령 제55호─정당에 관한 규칙」(1946년 2월 23일), 위의 책, 48~51쪽.
3   장신, 「경찰제도의 확립과 식민지 국가권력의 일상 침투」, 『일제의 식민지배와 일상생활』, 혜안, 2004, 565쪽.

근간近間 각종 방면方面의 정보情報를 종합綜合컨대 상당相當한 음모陰謀를 악질분자惡質分子는 각처各處서 비밀秘密의 집합集合 등等으로서 혼란混亂한 사회社會를 선동煽動하야 질서秩序를 교란攪亂케 함은 각위各位의 주지周知하는 바이나 요要컨데 부하部下 직원職員의 교양敎養 지도감독指導監督을 철저徹底히 하야 민속敏速한 정보수집情報蒐集에 노력努力하야 (…중략…) 그다음 본청本廳에 과반過般 경비총본부警備總本部를 설치設置하고 사찰망査察網을 철저徹底히 하야 각기各己 사무를 담당擔當케 하고 있으며 각서各署는 차此에 준準하여 연말연시年末年始 경계警戒를 엄중嚴重히 하여 각서各署는 차此에 준準하여 본도本道 치안治安을 파악把握하도록 특특特特히 요망要望하며강조—저자[4]

강수창은 관하 경찰서장들에게 불법 집회나 시위를 예방하거나 진압하기 위해 정보수집을 강화하라고 특별 지시를 내리면서 관구경찰청에서는 경비총본부를 설치하여 "사찰망査察網"을 철저하게 가동하고 있다고 말한다.

그런데 강수창이 언급한 "사찰망査察網"의 기저基底에는 일선경찰관들의 외근활동이 있었다. 당시 외근은 일반적으로 "범죄犯罪의 방지防止, 민중民衆의 보호保護와 지도指導, 법령法令의 집행執行, 정황情況의 관찰觀察, 기타其他 경찰警察 상上의 효과效果를 거擧하는"[5] 순찰을 의미한다. 이 가운데 큰 틀에서 "범죄犯罪의 방지防止, 민중民衆의 보호保護와 지도指導"는 예방활동, "법령法令의 집행執行"은 경찰력 행사, "정황情況의 관찰觀察"은 범죄 예방과 함께 "사찰", 그리고 "기타其他 경찰警察 상上의 효과效果"는 일일이 법령에 명시할 수 없는 사항으로 경찰관이 판단하여 적절하게 조치를 취하여 "치안治安의

---

4   제5관구경찰청, 「명령계통을 확립하고 직원 교양 감독을 철저하라」, 『건국과 경찰』, 1948, 15쪽.
5   제6관구(전북)경찰국, 『경찰교과서 경찰복무』, 1947(추정), 34쪽.

목적目的"을 달성하는 행위로 분류할 수 있다.

그렇다면 미군정기 모든 경찰활동의 지향점인 "치안治安의 목적目的"을 알아볼 필요가 있다. 왜냐면 경찰활동으로 인해 정치, 사회, 문화, 경제 등 각 방면에 부정적인 영향이 도래한다고 하더라도 그것은 "치안治安의 목적目的"에 부합하는 정당한 국가권력의 행위이기 때문이다.

미군정기 경찰교과서에 의하면 "치안治安의 목적目的"은 다음과 같은 '경찰작용'이었다.

> 첫째, 사회社會의 질서秩序를 방해妨害하는 자者를 처벌處罰하야 인류人類의 반사
>   회성反社會性의 발현發現을 예방豫防하는 작용作用
> 둘째, 사인私人 상호相互 간間에 있어서의 법률적法律的 질서秩序를 유지維持하며
>   이것을 제재制裁하야 기其 질서秩序의 방해妨害를 받지 않게 하는 작용作用
> 셋째, 육해공군海空軍의 군비軍備를 완전完全히 하야 국가國家의 실력實力을 충비
>   充備함으로서 내란內亂 외환外患을 방어防禦하며 사회社會의 질서秩序를 보
>   지保持하려는 작용作用 등等이다.[6]

윗글을 요약하면 "치안治安의 목적目的"은 '국방력國防力을 통한 사회적社會的·법적法的 질서秩序의 유지維持'이다. 그리고 이를 위해 모든 경찰관에게는 관할 지역의 치안 책임자인 경찰서장에게 관내의 전반적인 동태를 보고하는 '주의보고主意報告'라는 의무가 부과되었다. 그 개념은 다음과 같다.

> 경찰관警察官이 일상日常 견문見聞하는 사회백반社會百般의 사항事項을 불문不問 서장署長에

---

6   제5관구(경북)경찰국,『경찰법 대의』, 태성출판사, 1947, 3쪽.

게 보고報告, 시정상施政上의 참고參考를 공供하는 것을 말함강조－저자[7]

'주의보고主意報告'는 당시 "불문不問"이 가지는 초법적 효과를 가진 것으로, 오늘날 경찰의 '견문수집보고'[8]와 유사하고, 통상 가치가 있는 경우 '첩보'라고 일컫는 것이며, 다음과 같은 방법으로 수집해야 했다.

경찰관警察官은 서장署長의 보조기관補助機關으로 서장署長의 수족이목手足耳目이 되어 사회백반社會百般의 현상現象을 충분充分히 인식認識하야 차此를 서장署長에게 보고報告, 서장署長의 시정방침施政方針을 그릇되지 않게 하는 것이다.강조－저자[9]

경찰관은 경찰서장의 "수족이목手足耳目"으로서 그의 "지휘 방침"을 수립하는 자료를 제공하여 주기 위해 "사회백반社會百般의 사항事項"이 쓰인 '주의보고主意報告'를 해야 한다는 것이다. 경찰서장은 이를 통해 관할지역의 주민과 단체의 동태는 물론 정치, 경제, 사회, 문화 등의 각 방면의 동향을 상세하게 파악할 수 있었다. 그리고 하나의 "경찰관청警察官廳"[10]으로서

---

7   김도원, 『경찰실무요강』(상), 수도관구경찰청 경무과, 1948, 54쪽.
8   "견문이란 경찰관이 공, 사생활을 통하여 보고(見) 들은(聞) 국내외의 정치, 경제, 사회, 문화 등 제 분야에 관한 각종 보고서를 말한다. 견문보고는 전국의 경찰관이 시민들과 직접적으로 접촉하여 얻는 경우가 대부분이므로 시민의 소리를 여과 없이 생생하게 전달할 수 있다. 전국의 모든 경찰관이 견문을 수집하여 보고할 의무가 있으며 이렇게 생산한 보고서는 '견문수집보고'라고 칭한다." 문경환·황규진, 『경찰정보론』, 경찰대, 2013, 147쪽.
9   김도원, 앞의 책, 1948, 54쪽.
10 "경찰관청(警察官廳)이라 함은 경찰(警察)에 관(關)한 국가(國家)의 의사(意思)를 결정(決定), 표시(表示)하며 또한 외부(外部)로부터 의사(意思) 표시(表示)를 받고 이를 처리(處理)할 권한(權限)을 가진 국가(國家)의 행정기관(行政機關)을 말이다. (…중략…) 현행(現行) 제도(制度) 상(上)의 경찰관청(警察官廳)은 내무부장관(內務部長官), 서울시장(市長), 각(各) 도(道)의 도지사(道知事), 공안서장(公安署長), 경찰서장(警

관내 "치안治安의 목적目的"을 달성하여야 했다.

또한 '주의보고主意報告'는 치안국의 부속기관인 경찰전문학교의 실무 참고서에 다음과 같이 '전시戰時 경찰관의 적정보고敵情報告', 경찰관은 "경찰서장의 촉각觸角이며 안테나"와 같이 비유되기도 하였다.

> 치안국장治安局長, 경찰국장警察局長이, 경찰서장警察署長, 혹或은 경찰대장警察隊長과 외근경찰관外勤警察官과의 관계關係는 전선戰線에 비유譬喩한다면 전자前者는 후방後方의 군단본부軍團本部 연대본부隊本部 등等이요 후자後者는 항상恒常 적敵과 대치對峙하고 있는 제일선第一線의 사병士兵이다. 그러므로 교전交戰하고 있는 때는 물론勿論 비록 그 이전以前일지라도 적정敵情을 상세詳細히 정찰偵察하여 두어야 할 것이며 이것은 항상恒常 본부本部에 보고報告하여야 할 것이다. 외근원外勤員은 서장署長의 촉각觸角이며 안테나에 해당該當하는 것이므로 일상日常 견문見聞하는 바와 같이 감촉感觸하는 바 경찰적警察的 사상事象을 빠지지 않고 포착捕捉 보고報告하여야 할 것이다.강조-저자[11]

윗글을 통해 보면 "제일선第一線의 사병士兵"인 경찰관은 사실상 통치의 첨병으로서, 또한 경찰서장의 한 지체肢體로서 관내 "경찰적警察的 사상事象"을 선택해야 했다. 그런데 이 "경찰적警察的 사상事象"은 순찰활동에서 수집되는 관내 정보보다 "사회사조社會思潮", "정계요인政界要人, 각단체원各團體員, 요시찰인要視察人의 언동言動" 등 다분히 정치적인 "사상事像"이 더 중요하였다. 이를 다음 인용문에서 확인할 수 있다.

> 주의보고主意報告의 내용內容은 여러 가지의 사회백반社會百般의 사상事像으로 사

察署長))이다."박재우, 『신경찰법』, 대성출판사, 1949, 174~175쪽.
11 경찰전문학교, 『주의보고 제요』, 경찰문고 4, 관문사, 1958, 22~23쪽.

회사조社會思潮 경찰警察, 비판批判, 각종各種 풍속경찰風俗警察 사무事務에 대對한 개선의견改善意見, 희망希望, 해외귀래자海外歸來者 혹或은 정계요인政界要人, 각단체원各團體員, 요시찰인要視察人의 언동言動 등等 백반百般의 사항事項을 항시恒時 이목耳目을 활동活動하야 동정動靜을 시시時時로 자진自進 보고報告할 것이며強調 - 저자[12]

그리고 "사회사조社會思潮 경찰警察"은 다시 '정계사찰'로까지 구체화되면서 최말단경찰기관인 파출소나 지서에 근무하는 외근경찰관이 사찰계와 긴밀한 관계하에 수행한 '호구조사'를 통해 은밀하게 이루어졌음을 알 수 있다.

경찰警察의 사찰查察은 목하目下 '정계政界상의 사찰'로 이는 정계政界 단체團體의 요시찰인要視察人 급及 요주의인要注意人은 자신自身이 대상對象임을 깨닫지 않도록 절대絕對 극비極祕로 취급取扱하여야 하며, 파출소派出所에서는 호구조사시戶口調査時 주민住民의 동정動靜에 유의有意하면서 사찰계査察係와 면밀綿密한 연락連絡을 취取해야 한다.強調 - 저자[13]

그런데 '호구조사'를 통한 '정계사찰'은 경찰의 비문祕文이 아니라 공개된 경찰 교과서에 나와 있다는 사실이 주목된다. 이것이 어떻게 가능했을까.

먼저 '호구조사'를 보면 근대 호구조사가 1896년 9월 내부內部에 의해 시작되어, 1909년 3월 호적과 주민등록 신고제도의 효시인 「민적법」 제정으로 점차 시행되었다.[14] 일제강점기 '호구조사'는 경찰의 가장 기본적

---

12 김도원, 앞의 책, 1948, 54쪽.
13 위의 책.
14 최봉호, 「우리나라 인구통계 작성제도의 변천에 관한 고찰」, 『한국인구학회』 제20호, 1997, 11쪽.

인 소관업무로 주민이 태어나서 무덤에 묻히는 순간까지 주민이 경찰의 관리와 통제의 대상으로 일상화되었음[15]을 보여주는 사례였다. 그 과정에서 주민과 경찰 간에 자연스럽게 '호구조사'가 일반화되어 어느 누구도 문제를 제기하지 않는 사회적 분위기가 조성되었던 것으로 보인다.

다음으로 '호구조사'의 목적을 알아보면 제6관구^{전북} 경찰학교의 『경찰교과서 복무』에 다음과 같이 기술되어 있다.

> 호구조사戶口調查는 각호各戶에 임臨하여 현재자現在者의 신분身分, 직업職業, 성명姓
> 名, 연령年齡 등等을 조사調查하며, 기본의 성질性質, 학력學歷, **사상**思想, 생활상태生活狀態
> 등 실탐悉探하고, 주민住民의 동정動靜, 호수인구戶數人口의 증增, 감減, 이동상황移動狀
> 況을 찰지察知하여, **경찰상**警察上**의 백반**百般**의 자료**資料**를 수집**蒐集**함에 있음**강조-저자[16]

따라서 '호구조사'는 조선시대 말기부터 호구 수를 파악하기보다 가家 및 개인의 신분확인 측면이 더 강조[17]되기 시작하였다. 이후 일제강점기까지 이어지면서 "경찰상警察上의 백반百般의 자료資料" 가운데 하나인 '정계사찰'로 확대되어 통상적인 경찰업무로 굳어지게 되었다.

구체적인 사찰활동은 1948년 5·10선거를 앞두고 제2총감부 김명하가 『민주경찰』 제8호에 기고한 「제일선第一線 경찰관警察官의 사찰실무査察實務에 대對한 일고찰一考察」 제하의 글을 통해 알 수 있다. 이 글을 보면 사찰활동은 한국전쟁 이전부터 치안질서를 유지하기 위한 핵심활동으로서 다음과 같은 자질을 가진 경찰관이 담당하여야 했다.

---

15   장신, 앞의 책, 2004, 564쪽.
16   제6관구(전북) 경찰학교, 앞의 책, 1947(추정), 40쪽.
17   최봉호, 앞의 글, 1997, 11쪽.

제일선第一線에 선 용맹勇猛한 전사戰士임을 인식認識하고, 사찰査察은 기안機眼이 필요必要하며, 식견識見이 많은 사회적社會的 경험가經驗家이고, 판단력判斷力과 연구심研究心이 풍부豊富하며, 비밀秘密을 엄수嚴守하여야 하고, 자신自信을 가지고 사교가社交家가 되어야 하며, 민첩敏捷한 활동活動이 필요必要하다.[18]

1948년 사찰활동은 다음과 같은 절차로 이루어졌다. 먼저 "거주별居住別・지역별地域別, 동리부락(洞里部落) 구분區分에 의衣한 조사調査, 국체단체國體團體 조사調査, 직업職業・지식知識・재산財産・전과前科・지명수배指名受配 등에 관한 조사調査"를 하고, "요시인물要視人物을 대장臺帳에 정리整理하고 우수優秀한 연락지絡者를 적재적소適材適所에서 획득獲得"[19]해야 한다. 이후 경찰관은 다음 사항을 파악하여야 했다.

언동言動 급及 정보情報의 수집蒐集, 요시인물要視人物의 동향動向 내사內查, 벽보壁報・낙서書・단전單傳, 삐라의 발견發見 내사內查, 불순분자純分子의 조직관계組織關係・계통系統, 연락장소絡場所 급及 동방법同方法・암호暗號・지령指令 관계關係 내사內查, 폭동暴動・음모陰謀・책동策動・테로・파괴破壞에 관關한 내사內查, 집회集會・선동煽動 기타其他 정치관계政治關係 내사內查, 흉기凶器・폭발물爆發物 위험危險 관계關係 내사內查, 우편물郵便物 검열檢閱, 외래인外來人 관계關係 내사內查, 부락部落・공장工場・회사會社・관청官廳・단체내團體內 동향動向 내사內查, 각종 기념일記念日 전후前後의 동향動向・시위示威 관계關係 내사內查, 신문新聞・라디오・잡지雜誌・유언流言을 통通하야 세계정세世界情勢 급及 국내國內 동향動向 공기파악空氣把握[20]

18 김명하, 「第一線 警察官의 査察實務에 對한 一考察」, 『민주경찰』 제8호, 경무부 교육국, 1948(추정), 72쪽.
19 위의 책, 73쪽.

그리고 방법은 "잠복潛伏, 잠입潛入, 변장變裝, 가댁家宅 급及 소지품所持品 정찰偵察, 도청盜聽, 사진촬영寫眞撮影, 사본작성寫本作成, 담화談話"[21]로, 수단과 방법을 사실상 가리지 않았다고 하겠다.

그런데 각계각층을 감시하고 정보를 수집했던 사찰활동은, 경찰관청별로 결정되는 정책 판단을 위해 근거 자료를 제공하는 보조적인 역할에 불과했을까? 이런 질문을 던지는 것은 사찰업무가 다른 경찰활동에 미치는 영향력은 클지언정 개별 담당 경찰관들의 독자적인 집행력은 약해 보이기 때문이다.

김헌 경무부 전 특무과장이 『민주경찰』 제6호[22]에 「특무과의 존재」라는 제하의 글을 보면 미군정기 사찰활동의 주관부서는 '경무부 수사국 산하의 특무과'였다. 이 글에 의하면 1946년 1월 16일 경무부에 수사국이 신설[23]되면서 그 소속인 총무과에 특무대가 설치되었다. 특무대는 대장인 경감을 비롯한 경위 2명, 경사 3명, 그리고 미국인 수사관 4명 등 총 10명으로 조직되었다. 지방경찰부에는 형사과 내부에 사찰계가, 일선경찰서에는 수사계 내부에 정보반이 설치되어, 사찰계장은 경감, 정보반장은 경위 또는 경사가 임명되었다. 이어 3월 특무대가 총무과에서 분리되어 특무과Special Service Section로 정식 직제화되면서 과장 이하 10명으로 인원이 구성되었다.

1947년 1월에는 소속 직원 수가 15명으로 증가하고 조직을 서무계, 형사계, 취조계, 정보계로 세분화하였다. 같은 해 6월 경무부의 전면적인

---

20 위의 책.
21 위의 책, 73~74쪽.
22 위의 책, 70~74쪽.
23 「軍政警 제23104호─경무국 경무부에 관한 건」(1946년 1월 16일), 내무부 치안국, 앞의 책, 1972, 938쪽.

정원조정에 따라 특무과는 총경 과장 이하 21명으로 증원되고, 편제가 송치계, 형사계, 취조계로 변경되었다. 그 후 인원이 증가하여 1947년 12월 25일 현재 26명에 달하는 당시 "경무부 내에서 가장 큰 과課로서 강력한 수사경찰진을 구성"하게 되었다.

특무과의 업무는 창설 때부터 1947년 8월까지 경무부 내 유일한 범죄수사 집행부서로서 사찰활동을 하였는데, 주로 ① 경무부장 특명사건 ② 각 부처장이 의뢰한 사건 ③ 경무부장의 지시에 의한 각 관구경찰청이 취급한 사건의 재심사 ④ 군정청사 내에서 발생한 사건 ⑤ 기타 조선의 복지에 악영향을 미치는 중요 사건 ⑥ 전국에 영향을 미치는 사건 등을 취급하였다. 그 후 정치, 사회, 사상, 단체를 배경으로 하는 집회와 시위가 많이 발생하고, 이에 관한 중대 사건도 급증하자 1947년 8월 사찰에 관한 사건은 범죄정보과가 주로 취급하고, 종래 범죄정보과에서 담당하던 정치적 사찰이라는 업무가 정보사무라는 이름으로 수사국 총무과로 이관되어 사찰업무가 정규화되었다. 이후 특무과는 주로 독직범瀆職犯, 경제범, 사기, 횡령 등 일반 수사에 관한 사건을 담당하게 되었다. 다시 1947년 10월 「특무과 관장사무규정」이 개정되어 경무부장 특명 사건과 중대한 일반 사건은 특무과가, 경미 사건은 관구경찰청이 담당하였다.

같은 해 12월 13일 「경수총警搜總 제411호」에 의해 관구경찰청에 사찰과가 설치되고, 분장 사무가 규정되었는데, 이에 따라 수사과 업무 간에 마찰이 없어지고 다음과 같이 지방경찰 단위에서 사찰업무가 조직적으로 정비되면서 정규 기능화되었다.

첫째, 사찰과는 정치·사회단체 및 이를 배경으로 하는 범죄정보 수집, 비합법적 집회 및 집단행동 사찰, 폭동·시위·불법시위 행동 사찰, 반군정적·비민족적 범죄, 관련 통계 등을 담당하였다.

둘째, 수사과는 사복경찰관의 인사 및 복무규율, 수사행정에 관한 제반 기획, 사복경찰관에 대한 교양 및 감독, 경제사범을 포함한 일반범죄 수사, 기타 사법경찰에 관한 사항과 각종 범죄통계 등을 담당하였다.

이를 감안하여 보면, 사찰은 중요인사나 사건에 관해 정보를 수집한 후이를 분석하고 판단하여 관계부서에 전달하여 관련 대책을 강구하는 보조적인 역할만 한 것이 결코 아니었다. 오히려 관련 사범에 대해 직접 수사하여 법원에 기소하여 처벌까지 이르게 할 수 있는 수사경찰의 일부로써 행해진 독자적인 활동이었다.

경찰의 사찰활동은 앞에서 본 바와 같이 1947년 8월 사찰사건은 범죄정보과가, 사찰정보는 중앙의 경우 수사국 총무과, 지방에서는 같은 해 12월 관구경찰청에 사찰과가 설치되면서 사건처리와 정보활동이 정리되었다.

그 후 사찰활동이 극대화되면서 모든 경찰활동을 장악하게 된 계기는 바로 한국전쟁이다. 전북 부안경찰서가 1958년에 발간한 『사찰교양 자료집』[24]에는 사찰활동의 개념과 활동이 상세하게 정리되어 있다.

이 자료에 의하면 '사찰경찰'은 다음과 같은 경찰활동을 말한다.

민주공화국제民主共和國制인 대한민국大韓民國의 국체國體에 대對한 안전보장安全保障과 안녕질서安寧秩序를 유지維持하기 위하여 폭공소요暴功騷擾 등等 대對하여는 물론 국체國體를 부인否認, 파괴破壞, 변혁變革하려는 일절一切의 불임요소不任要素 등等에 대처對處하고 행行하여지는 일련一連의 조직적組織的인 경찰활동警察活動이다.강조-저자[25]

---

24 전북경찰국 관하 부안경찰서가 등사본으로 발간하였다.
25 부안경찰서, 『사찰교양 자료집』, 1958, 1쪽. 이하 『사찰교양 자료집』(1958)으로 한다.

여기서 "국체國體를 부인否認, 파괴破壞, 변혁變革하려는 일절一切의 불임요소不任要素 등等에 대처對處하고 행行하여지는 일련一連의 조직적組織的인 경찰활동警察活動"이라는 정의는 미군정기 "국방력國防力을 통한 사회적社會的·법적法的 질서秩序를 유지維持"하는 사찰활동을 그대로 계승하였다. 이에 따라 사찰부서는 한국전쟁 등 국가 위기 때 다음과 같은 지침에 따라 경무, 보안,[26] 수사 등 모든 경찰활동을 장악하여야 했던 것이다.

비상사태非常事態가 발생發生하였을 때에는 평시平時 사찰조직査察組織, 근무방법勤務方法을 전부全部 개변改變하여 일대一大 종합사찰력綜合査察力을 발휘發揮할 수 있는 경찰警察의 비상태세非常態勢를 취取하고 경찰관警察官의 소집召集, 부대편성部隊編成, 수송輸送, 배치配置, 범죄犯罪의 진입鎭壓·검거檢擧 등等의 소위所謂 초비상경계初非常警戒가 실시實施된다. 이러할 때 사찰査察의 행정行政 사법司法의 각종各種 작용作用은 국체보위國體保衛와 공안유지公安維持의 경찰警察 본업本業의 사명使命에 집합集合되어 있는 종합경찰력綜合警察力의 일체一體로서 활동活動을 행行하게 되어강조─저자[27]

윗글에 나와 있는 지침에 의해 사찰경찰관들은 '국민보도연맹'과 자연스럽게 연계되었다. '국민보도연맹'이란 1949년 4월 '대한민국정부 수립과 남로당의 멸족정책으로 탈당전향자가 속출하므로 전향자·탈당자를 계몽·지도하여 명실상부한 대한민국 국민으로서 멸사봉공의 길을 열어준다'는 목적으로 사상검사인 오제도의 제안에 따라 내무부 등 관료 및

---

26 '보안'은 오늘날의 "국가존립의 기초가 되는 국민, 영토, 주권 등 국가적 법익을 안전하게 보장하기 위하여 국가체제에 위협이 되는 저항세력 및 파괴활동에 대한 첩보수집 및 수사 활동 등을 수행하는 경찰활동(박종문, 『경찰보안론』, 경찰대학, 2013, 4쪽)"이 아닌 당시 '경비, 경위(警衛), 풍속영업 취체, 교통 등 업무'를 담당하는 것이다.

27 『사찰교양 자료집』(1958), 9쪽.

기타 각계 인사의 동의를 거쳐 결성된 조직이다.[28] 그리고 경찰이 '국민보도연맹' 조직에 관여하는 것은 사찰경찰의 주요 활동 가운데 하나였다. 사찰경찰관들은 '국민보도연맹'이 한국전쟁 발발 전까지 점차 전국적으로 확대되는 과정에서 지방 보련조직의 핵심 간부로서 사찰경찰의 활동을 수행하였다. 예를 들어 경남도연맹에서는 이사장이 경남경찰국 사찰과장, 마산지부에서는 상임지도위원이 마산경찰서 사찰계장, 성주군지부에서는 지도위원이 사찰주임 등으로 구성되었다.[29]

또한 국가 수호를 위한 사찰경찰의 절대성은 다음과 같이 한국전쟁기 제6대 치안국장 홍순봉1952년 3월 18일~1952년 5월 25일의 지휘 방침에도 그대로 드러난다.

1. 인사人事의 쇄신刷新

2. 민폐民弊의 근절根絶

3. 신상필벌信賞必罰

4. 사찰강화査察强化

5. 치안확보治安確保강조 – 저자[30]

이처럼 "사찰강화査察强化"가 경찰 본연의 임무인 "치안확보治安確保"보다 우선순위에 놓여 있었던 것이다. 물론 홍순봉의 지휘 방침은 1951년 12월 2일부터 3월 31일까지 3개 사단, 4개 전투경찰 연대, 7개 전투경찰대

---

28 김선호, 「국민보도연맹의 조직과 가입자」, 『역사와 현실』 제45호, 한국역사연구회, 2002, 297쪽.

29 위의 글, 306쪽.

30 홍순봉, 「본가에 도라와서」, 『민주경찰』 제26호, 내무부 치안국, 1952, 7쪽.

대 등으로 이루어진 백야전사가 빨치산 진압작전을 완수한 후에도 빨치산들의 거점지가 기존 지리산, 회문산 외에도 속리산과 한라산 지역으로 계속 확산되는 상황 속에서 수립되었다. 당시 실정에 비추어 보면 "치안확보治安確保"보다 국가보위를 위한 "사찰강화査察強化"가 더 앞서는 것도 무리가 아니었다. 하지만 경찰이 본연의 임무인 '치안'보다 '사찰'이 더욱 시급하고 중요한 경찰임무로 강조되었다는 사실은, 역으로 한국전쟁기 경찰의 가장 중요한 임무는 '전투와 사찰'임을 단적으로 보여준다.

한국전쟁이 정전된 후에도 서전경사령부에 설치된 수사사찰과가 전투부대를 장악하여 대對빨치산 귀순공작을 전개한 것도 이러한 지침에 의한 것이다. 그 사례를 들면, 1954년 4월 전남 남원군 송동면 세회리에 위치해 있는 지산향육원 송현동분원으로 수차례에 거쳐 빨치산들이 잠입하였다. 이에 김○○ 분원장이 이들을 귀순시키기로 결심하고, 경찰에 연락하여, 서전경의 공작대원들이 귀순공작에 착수하였다. 김○○ 분원장과 공작대원들이 계속 관심을 갖고 이들의 동태를 주시하고 있는 가운데 어느 날 보급투쟁을 위해 온 조선노동당 전남 곡성군당 선전책 한○○이 분원장 김○○에게 자신의 과오를 뉘우치며 자수할 의사를 비치고 다시 입산하였다. 이에 공작대원들은 남원의 대강면, 금지면, 송동면, 그리고 곡성과 순창의 경계지구에서 첩보망을 구축하여 주민의 여론을 탐지한 결과, 이들을 대상으로 한 귀순공작이 성공할 가능성이 있다고 판단하게 된다. 그리고 분원장 김○○을 통해 정보과장의 신임장과 그들의 안전을 책임진다는 사령관의 친서를 곡성군당 선전책 한○○에게 전달하였고, 한○○도 긍정적인 회신을 하였다. 이윽고 8월 19일부터 공작계장과 백○○ 순경이 공작 장소인 분원에 출동대기하고 있는 가운데 한○○이 소총 1정을 휴대하고 귀순하였다. 다음 날 한○○의 귀순호소문과 서전경사령관의 신임장이 곡성군당에 전달되자 양○○과 서○○도 무기 1정을 갖고 귀순하였다. 다시 양○○과 서○○이 남아있는 빨치산들에게 귀순공작을 펼치자 삼기면당위원장 양△△과 군당 기획과장 이○○도 연쇄적으로 귀순하였다.[31]

한편 이 시기에 경찰은 사찰대상자를 다음과 같이 '요시찰인要視察人'과 '보통普通 요시찰인要視察人'으로 상세하게 구분하여 업무를 수행하고 있었다.

요시찰인要視察人

1. 좌익계열左翼系列 각各 정당政黨 단체團體의 지도자指導者 급及 간부幹部

2. 좌익사상左翼思想을 의식적意識的으로 포지抱持하고 현재現在 극렬極烈히 지하운동地下運動을 감행敢行하는 적극분자積極分子

3. 좌익사상左翼思想을 포지抱持하고 타인他人을 편동編動하여 모략謀略에 함입陷入케 할 수 있는 유력자有力者

4. 경찰警察의 검거檢擧를 기피忌避하여 현재現在 도피逃避 중中인 좌익분자左翼分子

5. 출옥出獄 가출옥假出獄 급及 형刑의 집행유예執行猶豫 중中에 있는 좌익분자左翼分子

6. 좌익분자左翼分子로서 직접直接 행동行動할 우려憂慮있는 자者

7. 기타其他 중요重要하다고 인정認定되는 불순분자不純分子

보통요시찰인普通要視察人

1. 자수自首 귀순자歸順者

2. 전향자轉向者

3. 기소유예자起訴猶豫者

---

31 내무부 치안국,『민주경찰』제44호, 1954, 69~70쪽.

4. 석방포로釋放捕虜[32]

이 같은 구분을 보면 '요시찰인要視察人'은 대부분 좌익계 인사로 당시 정치활동을 하거나 출옥, 도피한 자들이었다. '보통普通 요시찰인'은 과거 좌익 활동을 하여 자수하였거나 가담한 자, 재판을 통해 형刑이 유예된 자, 그리고 '반공포로'로 석방된 자들이었다. 이 가운데 "좌익분자"나 "불순분자"는 당시 사찰사범이었으므로 사찰 대상이 되는 것은 당연하다고 할 수 있다. 그러나 빨치산 활동을 하다 자수하여 귀순한 주민이나 좌익단체 등에서 전향한 자, 그리고 북한군에 있다가 석방된 '반공포로'도 요시찰인으로 취급되고 있었다.

따라서 이들은 여전히 한국에서 잠재적인 사회불안 요소 또는 사회질서를 위협하는 대상으로 경찰의 사찰대상으로 남아 있었고, 각 경찰서 사찰형사, 지서주임 또는 사상이 확실한 경찰관으로부터 구역별로 매월 1일, 10일, 20일 정기적으로 동향을 감시받았다.

주민의 신원조사도 사찰계의 업무였다. 사찰계는 신원조사 대상자의 사상, 전과, 수배, 세평, 신용, 정당관계를 조사하여, 그 결과를 신원증명서에 사상관계, 국체관계, 법률상 상벌유무, 성질 급 소행, 6·25(전쟁) 1·4(후퇴) 당시 동태, 가계家計(가족 사항), 현 거주 연월일을 기재하여 민원인[33]에게 발급하였다.

---

32 「內治情報 제2267호 통첩─요시찰인 사무취급에 관한 건」(1954년 6월 22일), 경남경찰국, 『경찰상식문답집』 제1집, 1955, 144쪽.

2) 김제경찰의 사찰

(1) 수복 직후

김제군에서 사찰경찰 활동은 어떻게 진행되었을까? 해방 후 경찰은 크게 '보안경찰'과 '특수경찰'로 구분된다. '보안경찰'은 공공의 안녕질서를 위한 경찰활동으로 '치안경찰' 또는 '안녕경찰'을 의미하는 반면 '특수경찰'은 "특수한 사회적 이익의 보호"를 목적으로 한 경찰활동[34]으로 규정되었지만, 실제로는 '사찰활동'과 '반공방첩 활동'을 하는 경찰을 의미한다.

이에 따라 사회질서를 유지하고 사회적 약자를 보호한다는 측면에서 '보안경찰' 또는 '수사경찰'의 인원, 권한, 조직력 등이 '특수경찰'인 '사찰경찰' 보다 월등하여야 하나 실제 현실은 그렇지 못했다.

당시 사찰경찰의 위상은 1953년 7월 김제경찰서의 직원배치표에 나온 인원[35]에서도 잘 나타난다.

〈표 37〉 김제경찰서 직원배치표(1953년 7월 현재, 단위 : 명)[36]

구분	직위/부(지)서별	총경	경감	경위	경사	형사	순경	계	비율(%)
본서	서장	1						1	0.73%
	경무		1	1	3		7	12	8.82%

---

33 국가 또는 지방직 공무원, 교원 등이 되기 위해서는 거주지 관할 경찰서장의 신원증명서(유효기간 1개월)를 발급받아 제출하였다.

34 박재우, 『신경찰법』, 대성출판사, 1949, 41~42쪽.

35 경찰서 인원은 크게 경찰서 안에서 근무하는 직원과 경찰서 이외의 지역에서 근무하는 직원으로 구분된다. 전자의 경우 보통 '본서' 소속이라 하며, 후자는 '지역경찰관서(지서)' 소속이라고 한다. 여기에 나온 전체 경찰관 수는 '본서'와 '지역경찰관서'의 직원을 모두 포함한 것이다.

36 〈표 30〉 김제경찰서 병력과 무기 및 장비조사표에 나온 미배치 인원이 지서 소속으로 편성되었다.

구분	직위/ 부(지)서별	총경	경감	경위	경사	형사	순경	계	비율(%)
본서	병사			1	1		3	5	3.67%
	경리			1			3	4	2.94%
	직외(直外)			1	2		14	17	12.5%
	읍파(邑派)				1		6	7	5.14%
	역파(驛派)				1		6	7	5.14%
	유치장						5	5	3.67%
	통신			1	2		4	7	5.14%
	보안			1	2		4	7	5.14%
	경비			1	1		3	5	3.67%
	수사			2	2	11	6	21	15.44%
	사찰		1	2	2	28	5	38	27.94%
	소 계	1	2	11	17	39[37]	66	136	100
지서	월촌				1		6	7	4.92%
	부량				1		6	7	4.92%
	죽산				1		7	8	5.63%
	성덕				1		6	7	4.92%
	광활			1	1		5	7	4.92%
	진봉			1	1		6	8	5.63%
	만경			1	1		7	9	6.33%
	청하				1		7	8	5.63%
	백산				1		6	7	4.92%
	공덕				1		6	7	4.92%
	용지				1		6	7	4.92%
	백구				1		6	7	4.92%
	부용				1		5	6	4.22%
지서	봉남				1		6	7	4.92%
	황산				1		6	7	4.92%
	금산			1	1		8	10	7.04%
	금구			1	1		8	10	7.04%
	미배치			1			12	13	9.15%

---

37 경사 6명, 순경 33명이다.

구분	직위/부(지)서별	총경	경감	경위	경사	형사	순경	계	비율(%)
지서	소계	0	0	6	17	0	119	142	100
	합계	1	2	17	34	39	185	278	

※『(1953년)관내상황』, 17~18쪽.

〈표 37〉을 보면 본서에서 가장 인원이 많은 부서는 사찰계이며, 다음으로 수사, 직할 외근, 그리고 경무계의 순이다. 그 중 사찰계 인원은 전체 경찰서 현원 278명의 13.66%에 해당하며, 전체 외근직원의 51.07% 다음으로 가장 많은 수를 차지하고 또한 범죄수사를 전담하는 수사계와도 비교가 되지 않는다. 사찰계는 계장의 계급이 경감일 뿐 아니라 사찰형사 수도 약 2.5배가 넘는 18명이나 더 많아 수사계보다 조직력이 월등하다는 것을 확인할 수 있다. 이와 같이 김제경찰서 사찰계의 막강한 위상은 당시 전국의 다른 경찰서에서도 동일할 것으로 판단된다.

김제경찰서가 수복되자마자 사찰계가 전력을 다하여 활동한 사항은 역시 우익단체, 북한군 또는 좌익으로부터 피해를 입은 주민 등을 대상으로 부역자를 파악, 검거하는 것이었다. 1950년 11월 12일 현재 사찰계는 주민을 일일이 심사하여 부역사실이 없다고 판단되는 주민 3,052명에게 양민증을 발급하였다.[38] 이는 1949년 구舊빨치산 진압지역을 관할하는 전남경찰국이 주민검열을 통과한 주민들에게 '국민증'으로 발급하고, 경남경찰국도 '도민증'으로 발급[39]한 데 이어, 한국전쟁기 전북경찰국 역시 이와 유사한 증명서를 발급하였음을 알 수 있게 하는 대목이다.

이 같은 사찰활동은 경찰서가 수복된 후 한국전쟁 동안 변함없이 진행되었다. 그 결과 1953년 6월 30일 현재 사찰계의 좌익세력 검거현황은

---

38 『1950년 11월 관내상황』, 97쪽.
39 김영미, 「대한민국의 수립과 국민의 재구성」, 『황해문화』 제60호, 2008, 111쪽.

다음과 같다.

〈표 38〉 김제경찰서 사찰계의 좌익세력 검거 현황표(1953년 6월 30일 현재, 단위 : 명)

자수 패순자		합계1 (명)	합계2 (명)	비율1 (%)	비율2 (%)
패순자 (敗順者)	북한군	5	141	3.54	2.07
	빨치산	136		96.45	
지방공산분자		6,644	6,644	-	97.92
합계		6,785	6,785	-	100

※『(1953년)관내상황』, 104~105쪽; 비율2는 김제군 전체 좌익세력의 수에 대한 비율이다.

〈표 38〉을 분석하여 보면 첫째, 김제경찰서 사찰계는 국군, 전북경찰국 및 김제경찰서의 경찰부대와 접전하여 생포한 북한군과 빨치산을 "패순자敗順者"로 규정하였다. "패순자"란 단순히 군경 간의 '전투에서 패한 자'가 아니라 '전투에서 패하여 항복한 자'를 지칭한다. 둘째, 통상 경찰이 쓰는 용어인 '공비'가 아닌 "빨치산"으로 기술하면서 이를 "북한군"과 함께 "패순자" 부류로 구분하였다. 여기에 나온 북한군은 빨치산과 함께 모악산 일대에서 재산활동을 한 자로 추정된다. 셋째, 『(1953년)관내상황』에는 "빨치산"의 출신이 기록되어 있지 않으므로, 김제군 출신이 아닌 타 지역에서 이동한 모든 빨치산이 포함된 것으로 보인다. 넷째, "지방공산분자"는 단순히 북한군 점령하에 노무 등에 동원된 "부역자"가 아니라 북한군과 좌익세력의 보급투쟁 등에 적극적으로 협조한 김제군 주민으로 추정된다.

또한 〈표 38〉에 나온 빨치산과 북한군이 김제군 주민인지 확인하기는 쉽지 않다. 다만 김제군 주민으로 볼 수 있는 지방공산분자 6,644명이 당시 김제군민의 몇 %에 해당하는지를 보면, 이들의 수는 1949년도 전체 군민 수 208,802명[40]의 3.18%에 해당한다. 아울러 이들 가운데 전주형무소로 이감되지 않은 주민들은 김제경찰서 사찰계의 각별한 조사는 물론 특별한 감시를 받은 것으로 판단된다.

그리고 1953년 6월 30일 현재 부역자 검거현황은 다음과 같다.

〈표 39〉 김제경찰서 사찰계의 부역자 검거 현황표(1953년 6월 30일 현재, 단위 : 명)

검거부역자		합계	미검거 부역자			합계	총합계
남	여		입산	도피	월북		
1,670	111	1,781	88	68	9	165	1,946

※『(1953년)관내상황』, 104~105쪽.

〈표 39〉를 보면 1949년도 전체 군민 수 208,802명 가운데 부역자로 검거된 주민 비율은 0.85%, 검거하지 못한 부역자의 비율은 0.07%로, 전체 군민의 0.93%가 부역혐의로 사찰계의 조사를 받거나 전국에 수배되었다. 특히 검거하지 못한 부역자 가운데 절반이 넘는 53.33%가 모악산을 비롯한 산악지대로 입산하였다. 그리고 이외의 지역으로 도피하여 검거 수배된 주민이 41.21%, 그리고 월북 주민이 5.45%를 차지하고 있다. 따라서 검거·미검거 부역자 1,946명과 "지방공산분자" 6,644명을 모두 합하면 그 수가 8,590명으로, 이는 전 주민의 4.11%가 부역 또는 북한군과 빨치산의 활동에 동조하였다는 이유로 사찰대상이 되었다는 결과가 나온다.

3) 한국전쟁 말기

김제경찰서는 1953년 7월 27일 판문점에서 정전협정이 체결되기 전 특별사찰활동을 하였다. 근거 자료는 김제경찰서가 6월 10일 작성한 「휴전회담休戰會談을 위요圍繞한 비상사태非常事態 대비對備에 대對한 비상경계非常警戒 실시계획實施計劃의 건件」이다. 이 문서의 내용을 보면 일개 경찰서가

---

40   1949년도 김제군민 수는 한국인 208,802명(남 105,256명, 여 103,546명), 외국인 96명(남 45명, 여 51명)으로 총 208,898명이다.

단독으로 기안할 수 있는 것이 아닌 것으로 판단되는데, 김제경찰서가 전북경찰국으로부터 또는 전북경찰국이 치안국의 지시에 의해 계획을 수립한 것으로 추정된다.

그러면 이 문서는 어떤 내용을 담고 있을까. 먼저 이 계획을 수립하게 된 배경은 다음 인용문과 같이 이승만에 대한 경찰의 깊은 충성심과 북진통일론 지지에서 찾고 있음을 확인할 수 있다.

긴박緊迫한 국제정세國際情勢의 미묘微妙한 동향動向으로 인因하여 판문점板門店에서 개최開催된 휴전休戰 회담會談은 대한민국大韓民國에 대對하여 중대重大한 위기危機에 직면直面케 하여 전민족全民族은 양대兩大 진영陣營의 서슬대에 므르고 바렀다. 육월六月 육일六日 오전午前 십일시十一時에 리대통령李大統領 각하閣下로부터 발표發表된 한국제안韓國提案 및 칠일七日 오전午前 구시九時에 발표發表한 중대담화重大談話에 의거依據하여 전국민全國民은 일치단결一致團結하여 민족자결民族自決의 체제體制를 조속무速히 가추어 북진北進허지 않으면 안 될 백척간두百尺竿頭에 선 것이다.

다음으로 대상을 보면 ① 사상면에서는 공산주의자, 중도노선, 반정부계열, ② 정치면에서는 ㉠ 정당사회단체의 간부급과 정부에 대하여 석연치 않는 부류 ㉡ 외국기관과 통첩할 우려가 있는 부류 ③ 경제면에서 부유층, 밀수 또는 폭리상습자 ④ UN군, 국군, KLO부대[41]의 상이군인

---

41   KLO부대는 1949년 미극동군사령부이 조직한 직할 부대로, 한국전쟁 중에 첩보 수집, 후방 교란 등의 특수 임무를 수행하였으며, 1954년 해체된 특수부대다. 한국전쟁 당시 제1대(황해도 초도 이북), 제2대(강화 초도), 제3대(전선), 제4대(동해안), 제5대(서울[본부])로 편제되어 공작대, 별동대, 선박대, 무전반, 신문반, 의무반 등으로 세분화되어 특수 업무를 수행했으며, 그 수는 1953년 초 약 3,000명에 이르렀던 것으로 보인다. 조성훈, 「전쟁을 전후한 첩보부대의 조직과 활동」, 『한국전쟁사의 새로운 연구』 2, 국방부 군사편찬연구소, 2002, 111~113쪽.

⑤ 월남민 ⑥ 학생층특히 불량배 학생이었다.

여기서 주목해야 할 점은 "④ UN군, 국군, KLO부대의 상이군인"으로 현재 복무 중인 소속 군인들과 국가를 위해 부상을 입은 특수부대의 '상이군인'이 사찰대상이라는 것이다. 이는 경찰의 사찰이 "국체國體를 부인否認, 파괴破壞, 변혁變革하려는 일절一切의 불임요소不任要素 등等에 대처對處하고 행行하여지는 일련一連의 조직적組織的인 경찰활동警察活動"[42]이기 때문에 국가를 위해 현재 헌신하고 있거나 이미 크게 헌신하였다고 하더라도 사찰대상에서 제외되지 않았음을 보여준다.

한편 당시 상이군인에 대해서는 법령에 의해 ① 전매품연초, 식용 소금 등 소매인 지정에 있어 우선권을 주고,[43] ② 정직원 30명 이상의 직장은 소속 직원의 3분의 1을 점차적으로 이들로 교체하며,[44] ③ 극빈유가족 및 출정군인 가족인 경우 우선적으로 무료진료를 받을 수 있고,[45] ④ 승차요금의 전액 또는 5할을 감면하며,[46] ⑤ 유족 및 상이군경의 자녀에게 학비를 면제하거나 감액하고,[47] ⑥ 지방부역地方賦役을 면제하며,[48] ⑦ 결혼을 알선하도록 규정되어 있다.[49] 하지만 이와 같은 특혜는 현실적으로는 그다지 큰 효과가 없었던 것으로 보인다. 특히 ①과 ②의 생계와 직결된 사항은 당시 일반 주민들의 생활도 몹시 어려운 상황에서 실현되기가 극히 어려웠을 것으로 판단된다. 이는 당시 『동아일보』의 기사를 통해 알 수 있다.

42 『사찰교양 자료집』(1958), 1쪽.
43 「1951년 11월 8일 재무부장관 통첩」, 대한행정학회, 『대한민국 법령집』, 1955.
44 「1953년 3월 19일 국무총리 통첩」, 위의 책.
45 1953년 4월 5일 자「보건의료소 설치준칙」, 위의 책.
46 1952년 5월 15일 자와 1952년 12월 26일 자「교통부 고시 제174호」, 위의 책.
47 「1952년 9월 13일 문교부장관 통첩」, 위의 책.
48 「1952년 11월 23일 사회부장관과 내무부장관의 연명통첩」, 위의 책.
49 1953년 3월 20일 「상이군경 결혼상담 실시요강」, 위의 책.

상이용사의 수는 103,359명인데 그중 전국 15개 도시에 있는 직업소개소를 통해서 6·25사변 이후 직업알선을 해준 상이용사는 겨우 1,705명(이다)—저자[50]

한국전쟁을 거치면서 한국사회는 미증유의 지역 간·계층 간 인구이동을 경험하고 있었다. 농촌에서는 농촌 희생적인 자본 축적 방식에 의해 잠재실업이 증가했으며 도시에서도 제대군인이 늘어나면서 빈민이 형성되었다.[51] 농촌에서는 1951년 1,066환이던 호당 부채가 1953년에는 약 3.8배인 4,036환으로 늘어난 것을 볼 수 있는데, 이것은 그간의 물가 상승을 감안하더라도 폭증이라 할 수 있다.[52] 농민층의 소득 수준을 보아도 빈농층이 70%로 다수를 차지하고 있었다. 이들은 생계비의 부족분을 날품팔이에 의존하여 보충해야 했으며, 봄만 되면 생계를 유지할 곡식이 바닥나서 초근목피에 의존하는 농가가 많았다.[53]

더욱이 상이군인과 가족을 위한 원호행정기구의 운영에도 문제가 많았다. 보건사회부원호국, 국방부병무국 보건과, 육군 군사원호처, 내무부치안국 원호계, 체신부우정국 군경연금과 등의 관계기관이 분산·난립하고 있었고, 게다가 이들 기관은 정책 수행의지도 결여되어 있는 상황이라 강력하고, 통일된 원호시책이란 엄두도 내지 못하는 형편이었다.[54] 따라서 많은 상이군인과 유가족은 "보통普通 요시찰인要視察人"으로 구분된 "자수自首 귀순자歸順者, 전향자轉向者, 석방포로釋放捕虜 등"과 다름없이 열악한 처지에 놓일 가능성이 높았다. 한국사회에 대한 불평불만을 토로할 가능성이 다분했던 것이다. 이

---

50   『동아일보』, 1955년 6월 6일 자.
51   이임하, 「상이군인들의 한국전쟁 기억」, 『전쟁의 기억 냉전의 구술』, 선인, 2008, 192쪽.
52   이대근, 『해방후~1950년대의 경제』, 삼성경제연구소, 2002, 452~453쪽.
53   한국역사연구회, 『한국 현대사』 2, 풀빛, 1993, 170~171쪽.
54   이임하, 「한국전쟁과 여성」, 『근대를 다시 읽는다』, 역사비평사, 2005, 445~446쪽.

들이 '반공 이데올로기'를 위협하는 잠재적 사회불안요소로서 김제경찰서 사찰계의 감시대상에 놓였던 것은 이러한 사정과 무관하지 않았다.

그런데 1955년 상반기 동안 경찰의 중앙기관지인『민주경찰』에는 지방경찰국 소식 또는 미담사례로, 지방경찰국 또는 경찰서가 상이군인 또는 출정군인 가족에 대한 위안행사 또는 봉사활동을 실시했다는 내용을 거의 매달 소개[55]하고 있다. 이는 당시 한국정부의 상이군인과 유가족 지원정책 강화에 따라 치안국의 사찰지침이 기존 '감시'에서 '지원'으로 변경되었기 때문으로 보인다.

---

55 "육월(六月) 군경원호(軍警援護)의 달을 맞이하여 홍국장(洪局長, 홍병희(洪柄熙) – 저자)을 선두(先頭)로 하여 도내(道內) 전경찰관(全警察官)이 군경(軍警) 유가족(遺家族) 및 출정군인(出征軍人)을 원호(援護)하는데 일조(一助)가 되게 하기 위하여 연삼일간(延三日間) 이식작업(移植作業)과 맥예취(麥刈取) 작업(作業)을 실시(實施)하므로 일반(一般)의 다대(多大)한 찬사(讚辭)를 받았다." 제42호, 1954년 8월, 124쪽; "(순천경찰서 이읍출장소) 강경사(姜警査) 이하 직원(職員) 사명(四名)은 관내(管內) 전몰군경유가족(戰歿軍警遺家族)의 추수모경작업(秋收毛耕作業)에 매일(每日) 삼시간식(三時間式) 십일간(十日間)에 하여 봉사(奉仕)한 결과(結果) 타농가(他農家)보다 시기(時期)를 잃지 않고 추수모경(秋收毛耕)을 완료(完了)하였음으로 부락민(部落民)의 칭찬(稱讚)이 자자(藉藉)하다고." 제47호, 1955년 1월, 63쪽; "남편이 출정하고 생활고에 해매는 유부녀를 취직 식혀준다는 감언리설에 속아 부산에 유인된 여인을 구출" 제49호, 1955년 3월, 103쪽; "창녕경찰서 남지서에 근무하는 순경 김규호(奎湖)는 (…중략…) 작년 구월(九月)에 해군에 입대한 후 동인의 처가 생활난으로 극난에 처하여 모시고 있던 중 시부 황영수(黃永守, 당년 72세)가 동년 12월 31일 별세하고 곤난한 처지에 근근 장례를 맞이하고 남편의 소식을 알려고 부심하고 있음을 발견하고 각처에 직접 간접의 연락으로 남편 '황영운(黃榮雲)'의 소식을 알어 (…중략…) 사이팔팔년(四二八八年) 일월팔(一月八) 십오일(十五日) 일금(一金) 일천원(壹千圓)을 동리구장 정재건(鄭再建)을 통하여 동 여인에게 전달하고 남편의 상봉의 기회를 互갖게 하였다." 제50호, 1955년 4월, 114쪽; "장성경찰서에서는 연말을 맞이하여 전서원이 정성을 모아 직원들로부터 각출된 백미(白米) 오두(五斗)를 가지고 장성상이용사회에 연말선물로 기증한 바 있다는 바 장성서의 이와 같은 미거에 대해서 동 용사회에서는 물론 군민으로부터 찬사의 소리가 높다고 한다." 내무부 치안국,『민주경찰』제51호, 1955년 5월, 105쪽.

반면에 상이경찰관[56]과 유가족은 사찰대상에서 빠졌는데 그 이유는 다음과 같다. 첫째, 이들에 대한 지원은 법적인 지원 외에 경찰의 관변단체인 대한경무협회에 의해 활발하게 이루어졌다. 이 협회는 회원을 명예회원,[57] 찬조회원,[58] 통상회원[59]으로 구분하여 입회시킨 후 금전 및 물자를 기부 받거나 통상회원의 회비를 각출하는 방법을 통하여 대상자들을 지원하였다. 또한 대한군경원호회의 도(道)지부에서도 군경원호회비를 징수하거나 달력 등 물품을 판매한 후 필요한 자금을 마련하여 상이경찰관과 유가족을 지원[60]하여 상대적으로 상이군인에 비해 생활여건이 나았다.

---

56 한국전쟁이 발발하기 전 1950년 4월 12일 법률 제187호로 제정된 「경찰원호법」에 의해 부상경찰관과 유가족은 생업에 필요한 자금과 기구, 자금을 급여 또는 대여하거나 필요한 기능을 수여받을 수 있었고, 또한 부상으로 인해 퇴직한 경찰관은 적십자병원·경찰병원·국·공립병원 그리고 요양소에서 수용치료를 할 수 있었다.

57 인격과 학식이 있고 경찰에 대한 공로가 있으며 5만 원 이상의 금전 또는 물품을 기부한 인사다.

58 1만 원 이상 5만 원 이하의 금전 또는 물품을 기부한 인사다.

59 전(全) 경찰관이다.

60 법적 근거는 1951년 1월 4일 제정된 「군사원호법」 제29조와 시행령 제26조, 1951년 6월 2일 대통령령 제503호인 「경찰원호법」 시행령 제21조이다. 이후 대한군경원호회는 1955년 12월 '인보원호운동(隣保援護運動)'을 전개하기로 결정하고, 1956년 1월부터 원호실천위원회를 구성하여 전국적인 국민운동의 차원에서 원호사업을 시작하였다. 「인보원호운동 실천 요강」에 의하면 원호실천위원회의 위원 절반은 동리 내에 거주하는 공공단체 간부·공직자·종교인·독지가·애국유지로, 나머지는 동리장·구장·통장 및 애국반장이 되며, 서울특별시장 또는 각도지사 및 군경원호회의 각 시도지부장의 공동명의로 위촉되었다. 이들 위원은 도시에서는 統을 기준으로 1개 통이 1개 단위, 농촌에서는 부락단위를 기준으로 지형과 호수에 따라 1개 부락을 수 개 단위 또는 1개 단위로 하여 5명 또는 10명을 다시 위촉하도록 되어 있었다. 또한 위원들은 ① 매월 1회 이상 수시로 회합하여 ② 관내 거주 상이군경 유가족, 극빈 출정군인 및 전투경찰 가족, 징용자 가족의 실태를 조사 파악하고 ③ 이들 대상자의 경품(慶品), 질병, 재해, 기타 요구호·사고의 발생을 조사하여 전동민과 공동으로 적합한 구호를 신속히 실시하며 ④ 군경원호 관계법령 소정의 각종 부조, 연금, 사금(賜金), 위안광목(慰安廣木), 곡식 수배(受配), 학비면제 등 제반 원호를 누락 없이 받도록 대상자들에게 주지시키고, 필요한 경우 청구절차를 대필(代筆)·대서(代書)하고 ⑤ 각 대상자의 노력부역 감면, 학

둘째, 경찰조직에는 전시에 상이경찰관 또는 전사상경찰관들과 함께 생사를 같이했다는 강한 동료 의식과 유대감도 작용하였을 것으로 보인다.

다시 돌아가, 김제경찰서의 「휴전회담休戰會談을 위요圍繞한 비상사태非常事態 대비對備에 대對한 비상경계非常警戒 실시계획實施計劃의 건件」에 따르면 사찰활동은 구체적으로 요시찰 인물에 대해 사찰경계와 검문검색, 그리고 선무활동으로 구별되었음을 알 수 있다. 여기서 사찰경계를 위한 요시찰 인물은 다음과 같은 기준에 의해 선정되었다.

> (가) 작당作黨하여 반란反亂을 이르킬 우려성憂慮性이 극極히 농후濃厚한 수괴首魁 우又는 간부급幹部級
>
> (나) 작당作黨 우又는 유언비어流言蜚語 등等을 조작造作하여 인심人心을 유혹誘惑케 할 지도자指導者 입장場에 있는 자者
>
> (다) 군중심리群衆心理를 이용利用하여 편동선전煽動宣傳할 우려성憂慮性이 있는 자者

사찰방법의 경우는 미군정기에 비해 크게 달라지지 않았는데, 대상자의 현재 동태를 신중하게 사찰하라는 지시가 전달되었다. 그 내용은 다음과 같다.

비감면 등의 특전이 정확히 실시되도록 하기 위하여 관계당국과 긴밀한 협조를 유지하며 ⑥ 관내 출정군인에 대하여 수시로 위안문과 물품을 보내는 등 출정군인과 가족이 안심하고 업무와 생업에 종사할 수 있도록 하면서 필요한 경우 서신 대필을 하고 ⑦ 대상자들에게 동민의 노력부조를 적의(適宜) 실시하며 ⑧ 부상 용사의 결혼에 관하여 가능한 한도의 제반 알선을 하고 ⑨ 정기 또는 수시로 적당한 위안행사를 하며 ⑩ 군경원호회비의 수납과 일선 위문품 모집에 협력하는 것이었다.

감시監視 미행尾行 내사內査 등等을 함은 물론勿論 소재所在를 명확明確히 할것

대상자對象者 결정決定에 대對하여는 진중鎭重한 태도態度와 철저徹底한 검토檢討를 필요必要로 함은 물론勿論 과거過去 경력經歷에만 치중置重치 말고 현재現在의 동태動態에 심심深深한 고려考慮를 할 것 강조—저자

검문검색은 효율을 강화하여 구체적인 성과를 거두기 위해 종래 실시하던 방식을 재검토하여 이동검문소 7개소를 운영하였다. 제1검문소는 신풍공장 앞, 제2검문소는 전기회사 앞, 제3검문소는 김제농업기술학교 주변, 제4검문소는 백산행 수사주임 관사 후방, 제5검문소는 군산행 교동서산옥 앞, 제6검문소는 죽산행 향교 앞, 제7검문소는 부안 방면 교차로였다. 이와 같은 방식은 주요 도로망을 중심으로 모든 김제군 지역을 촘촘하게 아우르는 효과적인 검문검색 체제였다. 원래 검문검색은 사찰활동이 아닌 보안활동이다. 하지만 한국전쟁기 극대화된 사찰경찰은 이렇게 보안활동을 장악할 정도로 강력하였다.

또한 선무활동으로 동리회장을 지역별로 소집하여 계몽회를 개최하였다. 이 자리에 참석한 경찰간부는 국민이 가져야 하는 시국에 대한 인식과 새로운 각오를 고취시켰다. 반원과 동리회장에게는 불순분자의 책동에 관한 대책을 세우도록 하고, 불순분자 색출에 적극 앞장서도록 교양을 실시하였다. 아울러 관내 국민학교장들을 소집하여 아이들에게 반공정신도 강화하여 수상한 사람을 보면 경찰관서에 신고하도록 주지시켰다. 또한 이와 같은 사찰활동의 효과를 거두기 위하여 선무활동을 할 경우 읍내에는 사찰계장과 주임이, 각 지서관내는 지서 주임이 참석하여 계몽회는 물론 일반 집회에서도 다음 사항을 이행하도록 하였다.

이승만李承晩 대통령각하大統領閣下의 성명聲明 우又는 특별내용特別內容을 주지周知시켜 국민정신國民精神이 이대통령李大統領에게 체일締一하여 잡분雜粉이 생生하지 않게 유의留意할 것

지식층知識層은 물론勿論 일반一般 국민國民이 시국時局의 전도前途를 비관悲觀하는 경향傾向이 없이 반탁反託의 과거過去를 회상回想하도록 하여 국민사기國民士氣 앙양昂揚에 노력努力할 것 강조-저자

그리고 모든 소속 경찰관들은 유언비어 단속을 철저히 하여 주동자는 반드시 검거하고, 30명 이상이 집단으로 이동할 때는 사전에 경찰서장의 승인을 받도록 하였으며, 진봉면 일대의 항만과 선박에 대한 동향도 각별히 파악하도록 하였다.

2. 김제경찰의 민중계몽대 활용

1) 조직 구성

정전협정을 바로 앞둔 시기인 1953년 6월 16일 김제경찰서는 「사찰경찰査察警察 활동강화活動強化에 관한 건件」에 의거해서 경찰서 간부와 군郡 유력인사로 이루어진 '민중계몽대'를 발족하였다. 이 계몽대는 순회 계몽좌담회를 열어 주민들의 반공의식을 고양하고, 경찰이 민정을 파악하는 데 도움이 되며, 빨치산에 대해 그들의 가족 및 친지를 통해 귀순을 종용하는 등 다각적인 활동을 염두에 둔 조직이었다. 이는 통상 경찰서가 주관하는 각종 행사를 경무계에서 전담하는 방식에서 벗어나 사찰계가 민중계몽대에 관한 모든 사항을 직접 관장하는 상당히 예외적인 경우였다. 또한 이 문

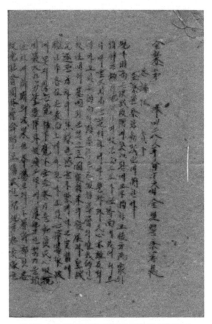

〈사진 12〉「사찰경찰 활동강화에 관한 건」

서에 경찰이 계몽활동을 해야 하는 취지를 설명하는 부분에 "지방계몽가地方啓蒙家"라는 용어가, "민중계몽가民衆啓蒙家 명단名單" 앞에 "김제군지구"라는 단어가 나온 것을 감안할 때 당시 민경民警 합동으로 구성된 '민중계몽대'는 치안국의 지시에 의해 김제경찰서뿐 아니라 전국 경찰서에서 조직된 것으로 추정된다.

그렇다면 경찰은 '민중계몽대'를 구성해야 하는 필요성을 어떻게 설명하고 있을까. 이 문서는 다음과 같은 글로 시작한다.

현하現下 시국時局은 결전단계決戰段階에 돌입突入됨에도 불문不問하고 후방後方 민중民衆의 정신精神는 극極히 와해 되여 정치면政治面으로나 경제면經濟面에 있어서도 중대시국重大時局으로 역행逆行하여 갈 뿐외外라 민심역民心亦 이반離反되어 가고 있은 경향傾向이 현저顯著 함은 각급各級 지도자층指導者層의 유아적唯我的인 방임放任에서 기인基因되는 것으로 국가장래國家將來의 발전發展과 성전완수聖戰完遂를 위爲하여 초조焦燥한 감感을 불금不禁케 하는 실정實情에 임臨하야 각위各位은 표면상表面上에 나타나고 있는 소탕작전掃蕩作戰에 못지않는 각오하覺悟下 전사찰력全查察力을 동원動員 민심수각民心收覺에 최대最大한 역량발휘力發揮와 패적순敗敵順 공작工作에 막격莫擊한 노력努力을 경주傾注하여 소기所期의 성과成果을 거양擧揚코저 본서本署 간부幹部 및 각정各政 정당政黨 사회단체층社會團體層 간부幹部로 구성構成된 지방계몽가地方啓蒙家을 각各 편조編組을 하였기 전달傳達합니다. 강조-저자

여기서 당국자는 먼저 당시의 상황을 "정전협상 체결이 거의 마무리되어 가는 현재 시국이 (한국정부와 미국정부 간의 정전협정 체결 문제로 인하여)−저자 정치, 경제적으로 아주 심각하게 전환되어 언제 이전 상황정전협상의 결렬로 인한 치열한 전쟁 상황으로 회귀−저자으로 돌아갈지 모르는 가운데 주민들이 이에 대한 경각심을 잃어버리고 있어, 한국이 전쟁에서 승리할지, 또는 향후 어떻게 될지 크게 우려"가 된다고 보았고, 그 원인을 각계각층의 지도자들이 자신들의 이기주의로 인하여 현 정국의 중대성을 국민에게 제대로 알려주지 않은 데에서 찾았다. 따라서 '모든 경찰간부는 빨치산과 전투를 한다는 굳은 결심으로 전 사찰력을 총동원하여 주민들의 해이해진 정신을 바로 잡는데 전력을 다해야 하며, 동시에 아직 남아 있는 빨치산에 대한 귀순공작도 함께 수행하여 소기의 성과를 거둘 필요'가 있다. 이러한 의미에서 민중계몽대의 설립에 대해 치안국은 독자적으로 주민을 '반공국민'으로 존속시키기 위해 내린 결단이라고 설명하고 있다.

경찰의 이와 같은 취지를 이해하기 위해서는 먼저 당시 국내외 정국을 검토할 필요가 있다. 한국에서는 1953년 3월 30일 이승만이 정전반대 성명을 내었고, 그 이틀 뒤인 4월 1일부터 전국적으로 '북진통일 국민운동'이 격렬하게 일어나고 있었다. 이 같은 궐기대회와 민중대회는 전국에서 7,500회나 개최되었는데, 그중에서 지방의회 대회는 540회, 동원인원은 800여만 명이라 발표되었을 정도로 대규모의 캠페인이었다.[61] 국회에서도 이승만의 북진통일을 지지하는 결의안을 통과시키는 등 당시 전 사회적으로 정전 반대 분위기가 아주 거세게 전개되고 있는 상황이었다. 김제군 주민 역시 인근 군산과 이리지역 등에서 개최된 '북진통일 국

---

61   서중석, 『이승만과 제1공화국』, 역사비평사, 2010, 132쪽.

민운동'의 집회에 참가하고 있었다. 김제경찰서의 사찰보고서에 의하면 '북진통일 국민운동 김제군 연대'는 연대장 김○○^{자유당}을 중심으로 활동이 이루어지고 있었으며, 가입 주민 수는 전 군민의 32.33%에 달하는 67,506명이었다.[62]

이승만의 정전반대에도 불구하고 결국 UN군과 공산군 측 간에 정전회담이 다시 시작되었고, 이승만은 이를 계기로 통해 남한사회에서 한층 더 자신의 지위를 강화하는 계기가 되었다.[63] 정전회담 재개와 관련한 문제로 한미 간의 갈등이 최고조에 있던 6월 16일 「사찰경찰査察警察 활동강화活動強化에 관한 건件」이 시행되었다. 그리고 이틀 만인 6월 18일 이승만은 일방적으로 부산, 광주, 논산 등 7개 지구 포로수용소에 분산 수용된 반공포로 27,388명을 석방하였다.[64]

김제경찰서는 이와 같은 국내외 정국하에서 내린 치안국의 판단과 결정 그리고 지시에 따라 '민중계몽대'를 결성하였다. 명단은 다음과 같다.

〈표 40〉 김제군지구 민중계몽대 명단(1953년 6월 16일 현재)

반	직위	성명	연령	소속	사상동향
제1반 민중계몽가	경무계장	강○○	41	김제경찰서	온건함
	부위원장	안○○	49	자유당	〃
제2반 민중계몽가	사찰계장	민○○	31	김제경찰서	〃
	자유당 부위원장	백○○	58	자유당	〃

---

62 『(1953년)관내상황』, 103쪽.

63 홍석률, 「이승만 정권의 북진통일론과 냉전외교정책」, 『한국사 연구』 제85호, 한국사연구회, 1994, 141쪽.

64 포로수용소명과 석방 포로 수는 다음과 같다. ( )는 수용 인원이다. 부산지구 거제리 제2수용소 392명(3,065명), 부산지구 가야리 제9수용소 3,930명(4,027명), 광주 제5수용소 10,432명(10,610명), 논산 제6수용소 8,024명(11,038명), 마산 제7수용소 2,936명(3,825명), 영천 제3수용소 904명(1,171명), 부평 제10수용소 538명(1,486명), 대구 제4수용소 232명(476명), 육군본부, 『한국전쟁과 반공포로』, 국군인쇄창, 2002, 280쪽.

반	직위	성명	연령	소속	사상동향
제3반 민중계몽가	경무주임	변○○	31	김제경찰서	〃
	조사부장	황○○	35	자유당	〃
제4반 민중계몽가	경비주임	김○○	29	김제경찰서	〃
	선전부장	정○○	29	자유당	〃
제5반 민중계몽가	외근주임	신○○	29	김제경찰서	〃
	노민부장 (勞民部長)	오○○	45	자유당	〃
제6반 민중계몽가	보안주임	권○○	32	김제경찰서	〃
	감찰부장	김○○	45	자유당	〃
제7반 민중계몽가	병사주임	전○○	31	김제경찰서	〃
	내무과장	김○○	42	군청	〃
제8반 민중계몽가	통신주임	최○○	41	김제경찰서	〃
	읍장	조○○	41	읍사무소	〃
제9반 민중계몽가	경리주임	정○○	31	김제경찰서	〃
	교장	최○○	45	김제농고교	〃
제10반 민중계몽가	수사형사주임	최○○	39	김제경찰서	〃
	서무과장	김○○	39	김제여중	〃
제11반 민중계몽가	수사주임	주○○	42	김제경찰서	〃
	사회계장	강○○	42	군청	〃
제12반 민중계몽가	사찰형사주임	이○○	28	김제경찰서	〃
	행정계장	문○○	42	군청	〃
제13반 민중계몽가	사찰주임	홍○○	-	김제경찰서	〃
	총무과장	이○○	41	세무서	〃

※ 김제경찰서, 「査察警察 活動强化에 關한 件」, 1953.

〈표 40〉을 보면 민중계몽대는 모두 13개의 반으로 되어 있으며, 민중
계몽가는 경찰관인 경우 경찰서 계장급, 군郡 민중계몽가는 자유당 김제
군당 간부 및 군郡의 유력인사로 구성되어 있다. 군민중계몽가들의 직업
과 직책을 정리하면 다음 표와 같다.

소속	직책	인원(명)	비율1(%)	비율2(%)
군청	과장 1, 계장 2	3	23.07	
읍사무소	읍장	1	7.69	38.46
세무서	과장	1	7.69	
학교	고교 1, 중학교 1	2	15.38	15.38
자유당	부위원장 2, 부장 4	6	46.15	46.15
합계	13	13	100	100

※ 김제경찰서, 「査察警察 活動强化에 關한 件」, 1953.

〈표 41〉을 보면 민중계몽대가 반관반민적인 성격이 강한 조직임을 확인할 수 있다. 이들 가운데 자유당 김제군당 간부가 공무원보다 많은 수를 차지하고 있다. 그리고 연령은 40대가 9명으로 가장 많고, 다음이 30대 2명, 20대와 50대가 각각 1명으로 모두 온건한 사상을 갖고 있는 것으로 보인다.

이와 같이 자유당 간부가 많은 이유를 알기 위해 자유당 김제군당을 보기로 하자. 김제경찰서 사찰계가 작성한 '정당과 사회단체 현황'에 의하면 이 단체는 한국전쟁 말기 김제군의 정당과 사회단체 가운데 규모가 가장 컸다.

〈표 42〉 김제군의 정당과 사회단체 현황(1953년 6월말 현재)

정당 사회단체명	대표자명	연령	세력 및 활동 개요
자유당 김제군당	최○○	47	당원 수는 10,255명으로 사상운동에 활약
국민회 김제군지부	〃	〃	회원 수는 5,000명으로 애국애민사상 고취로 국민조직에 노력 중
대한청년단 김제군단부(團部)	송○○	40	단원 수는 1,250명으로 애국청년육성에 주력함
민주국민당 김제군당부	조○○	32	당원은 약 1,000명으로 추산

※『(1953년)관내상황』, 101~102쪽.

〈표 42〉를 보면 자유당 김제군당원 수가 전 군민[65]의 4.84%를 차지하는 10,255명[66]이다. 다음으로 국민회, 대한청년당, 민주국민당 순이다. 이 가운데 자유당이 세력과 활동 면에 있어 군내 여론을 다른 정당과 사회단체에 비해 강력하게 주도할 수 있는 조직이었다. 게다가 자유당이 당시 정국에 관한 가장 친정부적인 시각을 갖고 있었기 때문에 민중계몽가 구성에서 자유당 간부가 가장 많을 수밖에 없었다. 따라서 김제경찰서가 선정한 민중계몽가는 군郡의 여론을 주도하는 자유당 간부, 주민과 밀접한 관계를 맺고 있는 지역 공무원과 교장 등으로 사실상 군郡의 '유력인사'들이었다.

2) 계몽 활동

반별로 편성된 경찰서 간부와 민중계몽가는 상호 협의하여 매달 2회 이상 계몽좌담회를 개최하기 위한 날짜를 정해야 했다. 민중계몽가의 사정에 따라 날짜가 정해지면 장소를 선정하는데 각기 다른 장소에서 계몽좌담회를 열어야 했다. 그 이유는 경찰서 간부가 산간부락 위주로 순회하며 부여받은 임무를 수행했던 반면에, 민중계몽가는 군내群內 모든 읍면소재지나 주민이 많이 모여 사는 곳을 중심으로 활동하도록 되어 있었기 때문이다. 또한 이들은 편의적으로 장소를 정해서는 안 되었고, 주민을 동원해도 안 되었으며, 언제나 주민들이 있는 곳으로 찾아가야 했다. 장소 역시 주간에는 농가가 밀집되어 있는 곳집단체태지(集團體態地)의 정자, 원두막, 나무 그늘 밑 등이었고, 야간에는 공동으로 작업하는 사랑방공근사랑방(共勤舍廊房) 등 항상 소규모로 주민이 모이는 곳이어야 했다. 계몽좌담회가 끝나면

---

65   1953년 7월 현재 전체 주민 수는 211,555명이다. 『(1953년)관내상황』, 16쪽.
66   위의 책, 101~102쪽.

경찰간부는 반드시 사찰계에 의무적으로 제출하는 "민중民衆의 진정真情한 동태動態를 기재記載한 보고서報告書"를 작성하고, 군郡 민중계몽가는 기재된 내용을 확인하여야 했다.

다음으로 좌담회의 내용은 "괴뢰정권傀儡政權의 부당성不當性과 공산주의共産主義의 만행성蠻行性 지적指摘, 민주주의民主主義와 한국韓國[전쟁-저자]의 승리적勝利的 조건條件 열거列擧, 전정국戰政局의 해설解說과 필승必勝의 신념信念 앙양昂揚, 패순敗順 권고자유勸告自由와 생명보장生命保障을 역설力說, [농업-저자]생산증강生産增强 의욕意欲 고취鼓吹, 정부시책政府施策의 정당성正當性 지적指摘 등等"이었다. 그리고 입산도피자나 월북자의 가정을 방문하여 위안하고, 정부 지지자들을 적극 옹호하는 한편 반정부자들의 주장을 반박하였다. 이와 함께 군경 유가족과 상이군인도 방문하여 이들이 정부의 정책에 반대하지 않도록 위로하여야 했다.

특히 경찰간부들은 민중계몽을 하면서 "민심을 전국戰局, 정국政局, 경제면經濟面으로 구분區分한 실태實態, 노무동원勞務動員 및 징소집徵召集에 관한 주민住民의 불평불만不評不滿, 농촌실정農村實情에 관關한 사항事項을 상세詳細하게 수집蒐集"하고, "군경軍警 유가족遺家族의 실태實態, 입산도피자入山逃避子의 실태實態, 부통군인負痛軍人과 재향군인在鄕軍人의 동태動態, 관공서官公署의 동태動態, 각各 정당政黨, 사회단체社會團體 등等"을 "엄밀내사嚴密內査한 후後 그 결과結果를 보고報告하여 시정施政에 반향反響"시켜야 했다. 또한 입산도피자 가정을 방문하였을 때는 "패순권고문敗順勸告文"을 가족, 연고자, 친교자 등에 배부하되 제1종 권고문은 직접 입산도피자에게 전달하도록 하고, 제2종은 지정된 장소에 게시하여야 했다.

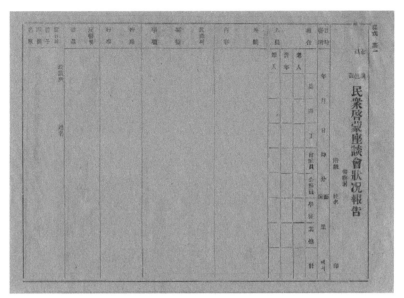

〈사진 13-1〉 민중계몽좌담회 상황보고(앞면)

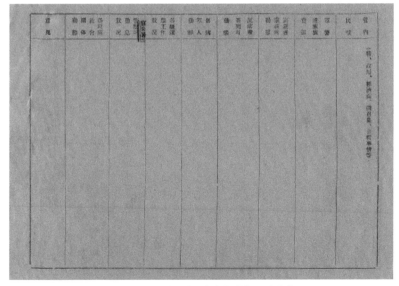

〈사진 13-2〉 민중계몽좌담회 상황보고(뒷면)

〈사진 14〉 귀순권고문 1종

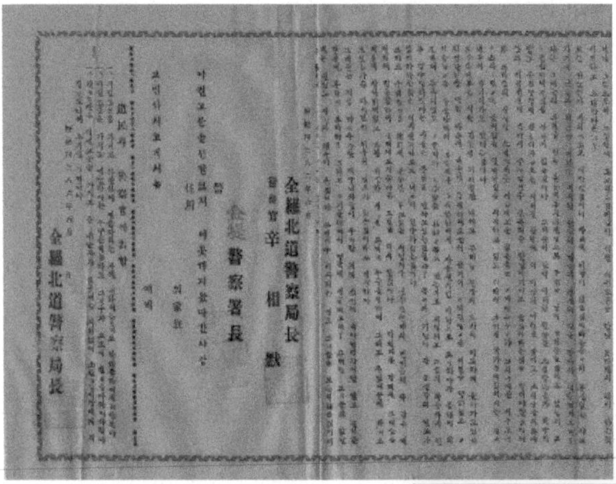

〈사진 15〉 귀순권고문 2종

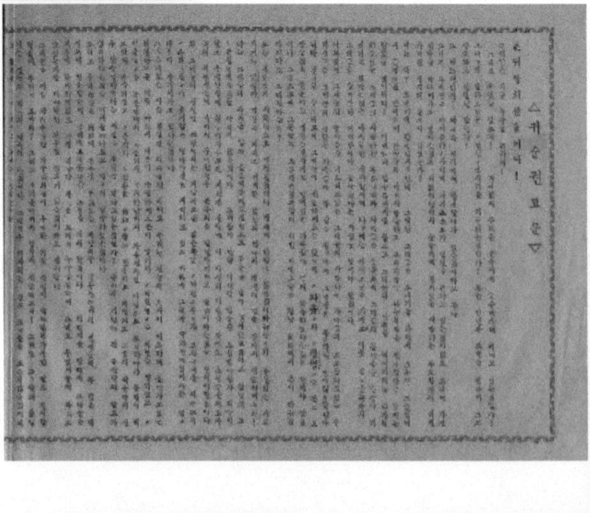

제7장 ——————————— 투서로 통해 본
주민과 경찰 간의 균열

　한국전쟁기 경찰이 국가체제로서 '반공국가'를 수호하고 지역 주민을
'반공국민'으로 존속시키기 위하여 행한 각종 활동은 많은 주민의 희생
과 불만을 기반으로 전개되었다. 그 과정에서 주민들은 경찰활동이 자신
은 물론 가족의 안위와 직접 연계되거나 생계에 지장을 주는 결과를 초
래할 때는 저항할 수 있는 가장 강력한 방법 가운데 하나인 투서를 선택
하였다. 이들의 투서는 당시 국가적으로 위급하고 중대한 상황 속에서 자
칫 큰 불이익으로 돌아올 수 있는 계기가 될 수 있었지만 주민들은 투서
를 통해 적극적으로 경찰의 잘못을 바로잡고자 하였다.

　오늘날 경찰조직에서는 익명자가 투서를 발송하면 특별한 경우가 아
닌 이상 조사하지 않는다. 그렇지만 당시 경찰에서는 실명 또는 익명을
구분하지 않고 접수하여 처리하였다. 처리 절차를 보면 투서가 지방경찰
국으로 도착하면 경무과에서 접수하여 내용을 검토한 후 경찰국 또는 해
당 경찰서에서 처리할지를 판단하여, 국내^{局內} 담당 과·계나 해당 경찰서
로 이송하였다. 이후 국내^{局內} 과·계장 또는 경찰서장이 먼저 열람하고,
지시사항을 붉은 펜으로 그 투서에 기록한 후 해당부서로 넘겼다. 경찰서
로 바로 도착한 경우는 경무계에서 접수하였으며, 그다음은 지방경찰국
으로부터 이송받은 절차와 같다. 조사 결과는 국내^{局內} 과·계 또는 경찰서
장에게 보고한 후 실명인 경우 우편 또는 방문하여 통지하였으며, 익명인
경우 자체 보고에서 끝나고 후속 처리가 뒤따랐다. 다만 투서의 특성상

처리한 후 바로 폐기하기 때문에 남아 있는 경우가 희소한 편이다. 저자가 발굴한 자료를 중심으로 한국전쟁기 '반공'에 앞장 선 경찰활동에 대한 주민들의 저항과 균열을 보기로 한다.

1. 비리와 민폐

김제군 백구면[1] 학동리에 거주하는 김○○은 1952년 8월 12일 경찰서장에게 실명으로 투서를 발송하였다. 투서 편지봉투에는 '김제경찰서장金堤警察署長 신도종申道宗 지급至急, 밀전(密展)'이라 쓰여 있으며, 내용을 또박또박하게 쓴 필체를 감안할 때 젊은 사람이 받아 쓴 것으로 추정된다. 그 내용은 다음과 같다.

> 실實은 백구지서白鷗支署 주임主任 김金○○ 씨氏에 대對하여 말음하것슴니다. 김씨金氏은 주임主任으로서 자기자신自己自身이 주임主任이라 하면서 민의民意를 무시無視하면서 악랄惡辣한 행위行爲가 일一, 이차二次가 안히것실거 임다. 매일每日과 갗이 폭주暴酒하면서 인민人民의게 악언惡言한 동시同時에 말할수 업은 경우境遇야 말오 지상紙上에 다 기재記載할 수 잇어 오릿까.
>
> 그러서야 민경일체民警一體란 말음하것음닛가. 친공親功에 하란 훈시訓示은 오리무중五里霧中이고 악공악언惡功惡言이 대신代身으로 대얏시니 소위所謂 지방장관地方長官으로

---

1   백구면은 조선시대 말 김현태라는 정승이 전주부에 지방순시를 가던 중 이곳에 있던 정자에서 쉬다가, 산의 경치가 '흰 갈매기가 앉아 있는 모습'처럼 생겼다고 하여 그 정자를 백구정이라고 이름 지으면서 호칭되었다고 한다. 학동리는 오늘날 만경강 남쪽 학동교차로 일대가 위치한 곳으로 지형이 학처럼 생겨 명명되었다고 하며, 공술, 중모, 상모, 신모라는 4개 마을이 있다.

민성民聲이 만게 하여서야 댈거심닛가. 민중民衆은 이곳저곳에서 만약萬若 풍작豊作만 하엿시며 백구白鷗 관내管內가 자기自己것시라고 말하옵니다. (…중략…) 소위所爲 주임主任이 악행惡行과 악언惡言하니 직원職員이 더하며 부임赴任이 기일幾日박게안댄 김순경金巡警○○이란 자者도 말할수 업시니 그 건件을 참작參酌하옵소서. 강조-저자

이 투서에서는 지역경찰관서의 책임자인 지서주임이 "지방장관地方長官"으로서 주민에게 과도한 음주뿐만 아니라 수확물에도 "풍작豊作만 하엿시며 백구白鷗 관내管內가 자기自己것"이라며 큰 탐욕을 가진 자였다고 하였다. 또한 임명된 지 얼마 되지 않은 순경도 "말할수 업"는 큰 민폐를 끼치고 있는 자라고 주장하였다.

당시 경찰관을 포함한 모든 국가공무원은 수당으로 일정량의 곡식을 지급받았으며,[2] 보수 외로 가족수당도 받았다.[3] 가족수당의 지급액과 범위로 매일 곡식 3홉合을 지급받았고,[4] 가족 1인도 같은 분량의 곡식을 수령하였다.[5] 이들은 지역주민보다는 경제적으로 나은 삶을 살았지만 지역주민의 투서에 의하면 "민의民意를 무시無視하면서 악랄惡辣한 행위行爲"를 하는 자들이었다.

또한 김제군 진봉면[6] 유지 일동도 1952년 8월 21일 경찰서장에게 특

---

2 「대통령령 제214호-공무원 보수규정」(1949년 2월 21일), 대한행정학회, 『대한민국 법령집』, 1953.
3 「국가공무원법」제25조, 위의 책.
4 "공무원에게는 전(前) 2조에 예정한 봉급 외에 매일 3합(合)에 해당하는 곡식을 현물로서 지급한다. 단 불가능한 사유가 있을 때는 물자로서 지급할 수 있다." 「공무원 보수규정」 제3조의 2항, 위의 책.
5 "가족수당은 부양가족 1인에 대하여 매일 3합(合)에 해당하는 곡식을 지급한다. 단 불가능한 사유가 있을 때는 물자로서 지급할 수 있다." 「공무원 보수규정」 제30조, 위의 책.
6 진봉면은 비산비야로 표현되는 곳으로 광활한 평야지대이다. 일제강점기에 대농장을 중심으로 경작이 이루어진 광활면과 인접하였다. 동쪽으로 만경면과 접해 있고, 서쪽

정인을 대표자로 세우지 않은 채 익명으로 투서를 발송하였다. 투서 내용은 다음과 같다.

진봉면進鳳面 지서支署에 있는 자者, 김(金)○○ 순경(巡警)은 소위所謂 경관警官이라 하여 일개一個 농촌農村에서 농민農民에게 악행惡行을 부리는 사실事實을 귀관貴官께서는 아시는지! 모르시는지! 물론勿論 귀관貴官께서는 이러한 사실事實을 모르시는 것으로 주지周知하고 진봉면進鳳面 유지일동有志一同은 사실事實을 사실事實대로 고백告白하겠습니다. 예例를 들면 일一, 식량食糧에 대對해서 고난苦難하다는 것을 표시表示하고 강타强打으로 식량食糧을 요구要求하며 더러운 욕질辱質를 하는 사실事實 이二, 증거證據없는 죄인罪人을 만들어 그사람으로 하여금 화폐貨幣를 착취搾取하였든 사실事實 삼三, 무리無理한 요구조건要求條件을 내걸고 양민良民에게 공포恐怖을 주며 물건物件을 착취搾取하였든 사실事實 등등等等 이뿐만 아니라 여러 가지 죄악罪惡은 공비共匪보다도 더 악질적惡質的인 행위行爲라고 진봉농촌進鳳農村에서는 말성거리가 되고 있음니다. 따라서 건전健全한 이념理念과 그리고 깨끗한 신념信念을 상호相呼하며 사회社會의 복리福利를 자신自身의 복리福利와 같이 애호愛護하고 존중시尊重視하여 사회社會의 양심良心의 휘주선輝珠線을 차저 인생人生의 악파惡波를 격파擊波하고 최고最高의 상호자애相互慈愛으로 결사적決死的으로 치안확보治安確保에 협력協力하기를 맹서盟誓한 우리 진봉면進鳳面 유지有志 일동一同은 이상以上 참을 수가 없어 죄진罪陳하나 최후最後의 정서精書를 보내오니 적당適當한 법적처벌法的處罰을 바래나이다. 강조-저자

이 투서에 의하면 경찰관의 민폐는 단순히 식량을 구하기 위한 '비열

으로 동진강과 만경강이 합류하여 서해안에 이르며, 남쪽으로 성덕면과 광활면을 이루고, 북쪽으로 바다 건너 군산시 옥구면와 회현면을 접하여 농업뿐만 아니라 김제군에서는 유일하게 어업도 번창하였던 곳이다.

한 행위'를 넘어 형법상의 '범죄' 행위로까지 확대되고 있다. 그 위법사실은 "강타强打으로 식량食糧을 요구要求하며 더러운 욕질辱質"은 '강요죄', "증거證據없는 죄인罪人을 만들어 그 사람으로 하여금 화폐貨幣를 착취搾取"는 '직권남용죄', "무리無理한 요구조건要求條件을 내걸고 양민良民에게 공포恐怖을 주며 물건物件을 착취搾取하였든 사실事實"은 '협박죄' 등에 해당하였다. 주민들에게는 이와 같은 행위가 "공비共匪보다도 더 악질적惡質的인 행위行爲"였으며, 이를 통해 주민들이 체감하는 경찰관의 민폐는 상당히 심각한 수준까지 도달하였음을 알 수 있다.

하지만 경찰의 민폐는 한국전쟁기만 발생한 것이 아니었다. 1949년 1월 20일 경북 성주경찰서의 가천지서 주임은 관내 이장들에게 사신私信을 보내 다음과 같이 지서 난방을 위한 장작을 마련해 줄 것을 요구하였다.[7]

> 본 지서支署에 있어서는 첨위僉位의 아시는 바와 같이 경비經費가 지박之薄되여 제간諸間 재료구입材料購入에 지장支障이 막대莫大하든 중中 금기동궁今期冬宮에 당도當到하야 사무실事務室 보온용保溫用 연료燃料, 장작(長斫)일一□판독불명 품절品切하야 (…중략…) 과거過去도 첨위僉位의 물심양면物心兩面의 협조協助를 획득獲得하야 다대多大한 의지依支가 있엇읍니다마는 일월넘령日月念令 비경위앙청比更爲仰請하니 각동실정各洞實情에 빛우어서 장작長斫 사절식四切式만 일월말一月末까지 본지서本支署에 현품도착現品到着 되도록 주선周旋하여 주시면 경비警備□판독불명 계상係上 일대조력一大助力으로 갔습니다. 강조-저자

이 사신私信을 받은 이장들은 별도로 회람표를 만들어 주민들에게 할당하였다. 그리고 각자 할당받은 장작 4절을 준비하여 운반까지 완료하였

---

7   이윤정, 『한국경찰사』, 소명출판, 2021, 463쪽.

는지 여부도 확인했다. 이처럼 당시 경찰은 겨울철 지서에서 사용하는 장작을 주민들에게 할당하여 수급하였다.

게다가 의용경찰대원도 마찬가지였다. 백구면에 거주하는 한 주민은 익명으로 1953년 3월 29일_{소인 날짜} 김제경찰서에 다음과 같은 투서를 발송하였다.

> 소이, 정식 순경도 아니 의경님들의 그 기색氣色이야 말로 말할수 없으며 특特히 작년昨年에 대大흉년으로써 우리 산골짜기 천수답天水畓을 가지고 농사를 지엇든, 농민農民들은 배고픔을 못이겨, 혹은, 겨를 먹어가며 더욱 배가 골으면 허리끈을 졸라매가면서도 오르지 국민國民된 임무任務를 완료完了기 위하여 그래도 지서支署, 후원미米라든가 혹은 경비금을 지출하였습니다. 이미 추수秋收수납기로부터 지서支署, 후원미米는 끝이지를 않이 하고 이제끝 계속하고 있는 것입니다. (…중략…) 면민面民은 죽도 겨우 못 먹어가는 기절적인 형편인데 그들의 식사食事는 그야말로 백미白米쌀밥이며 그들의 생활生活은 이 사회社會에서 제일第一인 듯 싶습니다. (…중략…) 금일今日도 역시 재再할 당했다는 지서미米를 가질러 왔습니다. 그러나 죽으로써 겨우 생활해나가는 우리 산간山間부락은 용이하게 수납되지 않습니다. 진실로 못살것습니다. _{강조-저자}

이 투서를 쓴 주민이 거주하는 백구면은 지형적으로 만경강을 경계로 북쪽으로 당시 교통의 요충지로 번성했던 이리와 북쪽으로 모악산 일대와 가까운 거리에 위치해 있다. 김제군의 대부분 지역이 평야로 이루어져 있지만 백구, 금구 또는 봉남 방향으로 야산지대가 시작되면서 금산에 이르러 험준한 모악산의 지선과 연결된다. 게다가 백구면은 한국전쟁 당시 많은 월남민이 정착, 농업 생산율을 높이기 위해 천수답을 포도밭으로 개간하여 고수익을 올려 온 지역이다. 오늘날에도 백구면은 포도로 유명하며 대표적인 월남민 마을은 '농원마을'이다. 따라서 많은 백구면 주민들은 대체적으로 토지가 척박하여 농사짓기가 어려웠으며, 많은 농가에서는 자식들이 생계를 위하여 지근거리에 있는 이리로 돈벌이를 하러 나가기도 하였다. 이와 같은 열악한 생활환경 속에서 주민들은 "배고픔을 못이겨, 혹은, 겨를 먹어가며 더욱 배가 곯으면 허리끈을 졸라매가면서" 지서는 물론 의경들에게까지 후원미, 경비를 거두어 주었는데도, 의경들이 다시 "재再할당했다는 지서미*"를 받으러 오자 투서자는 "진실로 못살 것" 같은 정신적인 고통마저 느끼고 있다. 이와 같이 주민의 식량과 관련된 민폐는 경찰에 대한 부정적인 이미지는 물론 분노감마저 가질 수 있는 가장 심각한 문제였다.

2. 병사 업무

전통적으로 농업을 통해 삶터를 가꿔온 김제군 주민에게 경찰의 병사 업무는 생계와 직결된 가장 중요한 경찰활동이었다. 청장년이 전선으로 투입되면 그 가족에게는 생사여부를 걱정해야 하는 정신적 고통이 발생하였고, 동시에 가계 노동력의 부족에 따른 여성과 아이들의 부담이 가중되어 모두가 고통을 받는 주요한 원인이 되었다. 아울러 5장에서 본 바와 같이 김제경찰서가 제2국민병 소집업무를 하면서 전체 대상자 가운데 절반에 훨씬 못 미치는 자들만 소집시켰고, 나머지는 사정이 있는 자, 신체검사 불합격자로 판정하였기 때문에 주민에게는 경찰관이 얼마든지 자의적으로 판단하여 제2국민병 소집을 면하게 할 수 있다는 생각이 많았다. 이에 따라 주민들은 경찰에 대한 극도의 불신감과 함께 많은 투서로 그들의 의사를 표명하였다.

죽산면[8]에 거주하는 주민으로 추정되는 익명자는 1952년 2월 5일 전북 경찰국에 투서를 발송하여 부패경찰관을 처벌할 것을 요구하였다. 이에 대해 전북경찰국은 이 투서를 '전북 경감警監 제87호 1952년 2월 5일'로 다시 김제경찰서에 사실조사를 하명하였다. 투서의 내용은 다음과 같다.

김제군金堤郡 죽산지서竹山支署 순경巡警 박朴○○

우자右者는 죽산리竹山里 거주居住하는 순경巡警으로 옥성리玉盛里에서 금金 백만엔百万円을 횡령橫領하고 제이국민병第二國民兵 벽壁한 집다니며 금전金錢을 요구要求하고 노동자勞動者 빼주고 금전金錢을 먹고 도박판에 다니며 십만엔十万円 이십만엔二十万円 오만엔식五万円式 따밤는 경찰관警察官으로 본면本面에서 경찰警察에 대對한 화제話題가 됩니다. 속속速速히 처리處理하여 주심을 앙망仰望함 강조-저자

이 투서에 나온 죽산지서의 박○○ 순경이 실제로 제2국민병 소집대상자가 있는 집을 방문하여 소집을 면케 할 수 있다고 회유하여 금품을 받았고, 다시 그 돈을 도박판에 탕진하였다면 그는 지극히 부패된 경찰관의 모습일 것이다. 그 사실을 현재 확인할 수는 없으나 당시 전시 경찰관의 충원정책에 의해 많은 지원자가 간단한 절차만 거치면 경찰관으로 임명될 수 있었고, 생계수단을 마련하기 위해 입직한 경우[9]도 많았기 때문에

---

8   죽산면은 원래 김제군 반산면 지역으로 대나무가 많아 '대뫼'라고도 불렸다. 아직도 죽산파출소 뒤편에 '죽산'이라는 작은 산이 있으며, 이곳에 여전히 대나무가 많이 자라고 있다. 또한 인근에 일제강점기 당시 간척사업을 통해 농토를 크게 확장하고 일본인 대농장의 경영이 활성화되었던 광활면이 있다. 그리고 죽산, 광활, 부량의 3개 면지역이 우리나라에서 철원과 함께 지평선이 보이는 단 2곳에 해당한다.
9   "태백산지구 전투경찰대 모집공고가 시내에 나붙었다. 실업자가 넘쳐 나던 때라 응모인원이 많은 가운데 나는 합격통지서를 받고 1951년 7월 12일 자로 남원에 있는 사령

이와 같은 사례가 있을 가능성은 어느 정도 있다고 판단된다.

또한 주민만 투서를 전북경찰국이나 김제경찰서로 보낸 것이 아니었다. 진봉면에 주소를 둔 현직 군인인 해군 1함대 제902부대 근무 김○○ 대위는 1952년 8월 15일 김제경찰서에 실명으로 다음과 같은 내용의 투서를 발송하였다.

> 소관小官은 정의적正義的으로 병역법兵役法에 위반違反으로서 항고抗告할수 잇스며 차此에 대對하야는 육군본부軍本部에도 문의問議하여 보앗고 국방장관國防長官께 진정陳情도 하였스니 지시指示오는 차제次第 우우는 **적당適當한 기회機會에 귀관貴官**김제경찰서장-저자**과 공적투쟁公的鬪爭**을 하고자 하는 바임니다. 도처到處에서 문의問議하여도 행정기관行政機關의 악정惡政이라고 하나 소관小官은 사적문제私的問題 보단도 대한大韓의 법치국가法治國家의 존엄성尊嚴性을 위爲하야 투쟁鬪爭하고 싶습니다. (…중략…) 나는 동해東海 서해西海로 바다로만 단이는 자者올시다. 기회機會를 타서 상륙上陸하야 귀관貴官을 상봉相逢하고 싶습니다. 소관小官은 군인軍人이라고 하여서 귀관貴官을 무시無視하여서가 않이오. 다만 공평公平한 행정行政을 하고 있는가 올시다. 왜 내 가내家內를 불안不安케 하는가 무슨 법적근거法的根據에 의依해서인가 귀관貴官은 무슨 법적法的에 의依하야 하고 있는가 귀관貴官은 법률法律을 임의任意로도 제정制定할수 없다면 왜 병역법兵役法대로 실행實行치 않고 있는지 소관小官은 종시항쟁終始抗爭코자 하는 바니라. 강조-저자

이 내용을 보면 투서자는 먼저 육군본부에 경찰의 병사업무에 관해 문의하고, 국방부에 진정서를 제출하였음에도 자신의 가족이 왜 제2국민

부로 갔다." 이보철, 「경북 특경대에서 논산훈련소까지」, 대한민국 참전경찰유공자회 편저, 『아 살아있다! 대한민국 경찰의 혼』, 2003, 1085쪽.

병으로 소집되어야 하는 이유를 알 수 없었다. 이에 그는 마지막으로 경찰서장에게 장교답게 "공적투쟁公的鬪爭"을 한다는 결심으로 투서를 보낸 것으로 판단된다. 게다가 투서 말미에 "왜 내 가내家內를 불안不安케 하는가 무슨 법적근거法的根據에 의依해서인가 귀관貴官은 무슨 법적法的에 의依하야 하고 있는가"라며 급격하게 분노마저 표출하고 있다.

한편 투서의 내용 가운데 사실 확인이 되지 않은 것도 있다. 만경면[10] 소토리에 사는 조○○는 1953년 1월 30일 김제경찰서에 실명으로 투서를 보냈다. 투서의 내용은 다음과 같다.

> 만경지서萬頃支署 으'의'로 추정경警 김金○○은 국민병國民兵을 잡어는데 민중民衆으 원성이 잇슴이다. 일월一月 이십팔일二十八日 소토일구小土一區에 나와 국민병國民兵 이인二人을 자버노고 조趙○○집 와서 이집에 국민병國民兵 해당자 잇지하고 물글내 업다고 하엿더니 페병드른 사라'람' 추정 잇지하면서 방문열고 데리가슴니다. 자 데리가스면 국민병國民兵 보내야할 이린데 모건강健康한 사람은 宅으로 돌여보내고 으경警 ○○말로도 폐병환자라 하는 사람은 국민병國民兵 보낼나고 지서支署에 유치하엿슴니다. 돈주면 노와주고 돈안준면 병신이라도 수나채서 보낼나고 만경萬頃 으경警 김金○○이가 그른짓슬 합니다. 강조-저자

이 투서의 내용은 만경지서원이 "돈주면" 건강한 주민을 집으로 돌려보

---

10 만경면은 지명을 그대로 읽으면 이랑(頃)이 만(萬)개라는 뜻으로, 만경평야의 농토가 한없이 넓다는 데서 유래되었다고 한다. '능제'라는 큰 저수지를 통해 농수공급이 원활하고, 야산이나 언덕 규모에 해당하는 해발고도 40m 미만의 전형적인 비산비야(非山非野) 지역이다. 당시 김제읍, 금산면과 함께 농산물 거래와 각종 상업활동이 가장 활발하였기 때문에 만경지서의 위상이 다른 지역에 비해 훨씬 높았다. 아직도 버스터미널에서 읍사무소로 가는 '시장통(市場通)'에는 당시 분위기가 그대로 남아 있다.

내고, 그렇지 않으면 "폐병환자"나 장애인을 강제적으로 제2국민병으로 보낸다는 것이다. 여러 투서 가운데 가장 충격적인 내용으로 볼 수 있다.

이에 대해 만경지서 주임인 장○○ 경위는 다음과 같이 조사결과를 보고하였다.

> 단기檀紀 사이팔오년四二八五年 일월一月 이십팔일二十八日 십일시경十一時頃 순경巡警 김金○○ 방공단원防空團員 김金□□ 양인兩人은 병역기피자兵役忌避者 검거檢擧의 목적하目的下 관내管內 소토리小土里에 출장出張하였은바 해리該里 삼구三區에서 미등록자未登錄者 박朴○○을 검거檢擧 동일구同一區에서 조趙○○을 검거檢擧하고 리사무실里事務室 전前에 임臨한즉 조趙△△가 유有한 고故로 차인此人을 검거檢擧한즉 해리該里 서기書記 이李○○ 말하기를 소토리小土里의 자수자自首者인 고故로 지서支署에 갈나고 나오는 길이라 하여 재삼인在三人을 리서기里書記 이李○○와 갖이 지서支署까지 동행同行하여 자수자自首者 조趙△△에 대對한 전후사실前後事實을 조사調査한즉 미수검자未受檢者인 고故로 재인在人은 숙직실宿直室에 취침就寢케 하고 조趙○○은 사무실내事務室內에 두었은바 당시當時 근무자勤務者 박朴○○ 순경巡警은 소토리小土里 서기書記 이李○○의 요청要請에 의依하여 별지첨부別紙添附와 여如한 인기서認記書을 수수受受하고 귀가歸家시킨 전후사실前後事實이며 정실적情實的 관계關係나 우又는 물질적物質的 관계關係은 전연全然 재개在介된 사실事實이 전무全無함 강조―저자

지서 주임의 보고 내용은 1952년 1월 28일 순경 1명과 방공단원 1명이 병역기피자를 검거하기 위하여 소토리에 가서 제2국민병 미등록자 박朴○○과 조趙○○을 검거하였고, 리里사무실 앞에서 자수자인 미수검자 조趙△△도 검거하여, 이들을 지서 숙직실과 지서 사무실에 인치한 것으로 금전을 수령한 사실이 전혀 없다는 것이다.

그런데 이 투서에서 주목해야 할 부분은 "순경巡警 김金○○ 방공단원防空團員 김金○○ 양인兩人은 병역기피자兵役忌避者 검거檢擧의 목적하目的下 관내管內 소토리小土里에 출장出張"에 나온 것처럼 '방공단원이 제2국민병 미수검 또는 기피자 단속'에 '동원'된 점이다. 원래 방공단원은 '방공防空'을 위해 등화관제, 소방, 방독, 피난구호 등을 하도록 지정된 주민을 말하며, 경찰업무에 동원될 수 있는 경우는 방공훈련 또는 실제 상황밖에 없었다. 그럼에도 불구하고 방공단원이 동원된 것은 경찰서에 방공단 시군지부가 설치되어 실질적인 방공업무를 경찰서가 주관하고 있어, 이들도 의경과 마찬가지로 경찰의 보조 인력으로 활용되었기 때문으로 보인다. 특히 이 같은 방공단원의 활동은 한국전쟁기 지역사회에서 주민이 경찰업무의 보조요원으로 동원된 새로운 사례를 보여주는 것이다.

한편 앞에서 분석한 백구면에 거주하는 한 주민이 익명으로 1953년 3월 29일소인 날짜 보낸 투서의 내용에도 제2국민병 소집과 관련된 것으로 추정되는 부분이 있다. 그 내용은 다음과 같다.

> 더욱나 더 좋지못한 행동行動 사바사바 일단체포한 블량병不良兵이면 전부全部 보내든지 그렇치 않으면 전부全部 대리고 가든지 공공共公연하게 일을 하면 좋겠지만 그들의 행동(특特히 박朴순경)은 거저 현시가現時價 백미일입白米一叺 정도의 요금을 갖다 주고 사바사바한다면 내주고 그렇지 않고 돈없어 조력助力을 못하는 부모임父母任의 자식은 불쌍하게도 국군國軍으로 가고 마는 형편에 있습니다. 강조-저자

제5장에서 본 바와 같이 경찰의 최초 징집활동은 한국전쟁 발발 직후 전투병을 신속하게 충원하기 위하여, 헌병 및 대한청년단 등 우익청년단체와 함께 가두에서 청년들을 입대시키기 위해 행해진 것으로 알려져 있

다. 그리고 정식 병사업무를 하게 된 때는 1951년 5월이다. 즉 1950년 9월 인천상륙작전이 성공한 후 설치된 국방부 소속 병사구사령부가 징병과 제2국민병 업무를 담당하다가 다음 해 5월 국방부가 병역사무를 관장하고, 내무부 지방국이 병적정리 사무를, 치안국이 영장집행 및 기피자 단속업무를 맡도록 업무가 조정되면서 경찰이 제2국민병 소집을 담당하게 되었다. 이를 감안할 때 투서에 쓰인 "불량병不良兵"은 제2국민병 소집대상자로 추정된다.

그리고 이 투서의 내용에 의하면 제2국민병 소집대상자를 발견한 경찰관은 "백미일입白米一叺 정도의 요금"을 주면 그 대상자를 풀어주고 있다. 반면에 형편이 되지 못한 집에서는 재입대시킬 수밖에 없다며 경찰관의 공정하지 못한 행위를 주장하고 있다.

이처럼 김제경찰서의 제2국민병 소집업무는 최말단 경찰기관인 지서에 의해 면면촌촌에 이르기까지 적극적으로 수행되었음을 알 수 있다. 또한 이에 대해 주민들이 가장 많은 불만을 갖고 있었고, 투서 역시 관련 내용이 많음을 알 수 있다.

3. 사찰

사찰경찰 활동은 당시 대한민국의 국체 보전과 직결된 업무였기 때문에 현실적으로 주민이 투서를 통해 항의할 수 있는 것이 아니었다. 사찰경찰관의 민폐는 물론 일탈 행위도 많았을 것으로 추정되나 이와 관련된 투서는 현재까지 전해진 것이 없다. 단지 주민이 익명으로 사찰계장의 인권침해에 관한 문제를 제기하는 투서는 남아 있다. 그 내용은 다음과 같다.

김제경찰서金堤警察署 사찰계장査察係長 민閔○○ 경감은 국민학교國民學校 졸업생卒業生으로서 면面규지를 지낸 사람으로서 팔八.일오一五 해방후解放後 순경巡警에 드러가서 인권人權을 삭탈削奪하는 소질素質이 있어서 경사警査에 승급昇級했는데부안경찰서扶安警察署 그 후後 국내國內에는 남로당南勞黨이 번성繁盛하여 이들을 인권人權을 박탈하고 잘 때려 압송광인押送狂人이 많다하여 아마 승급昇級 했는데 육.이오六二五에 빠구했다 하야 경감警監에 승급昇級했는데 질서秩序가 잡혀가는 차제次第 민간民間에서는 무식자無識者 면面규지가 경감警監이라고 세간世間에서는 비난非難이 많으니 국장임局長任 전라도全羅道 인심人心으로 남을 공격攻擊하는게 않이오니 명심銘心하시와 경찰警察의 질적향상質的向上을 바라나이다. 민경감閔警監은 전시하戰時下의 경찰警察이라고 하지만 너무도 사회社會에서 비난非難이 많사오니 부디 고려考慮해주시요. 남원사찰계장南原査察係長 전주사찰계장全州査察係長으로 있을 때는 **부부경감夫婦警監**이라 하여 형사刑事는 자기自己의 가용家傭으로 사용使用하야 약방藥房에 약藥지로 형사刑事가 온 것까지 보았습니다. 강조–저자

이 투서의 내용은 김제경찰서 사찰계장이 미군정기 때 순경으로 입직한 후 남로당원을 많이 검거한 "압송광인押送狂人"의 한 명으로 계속 승진하여 경감이 되었으며, 그가 남원경찰서 사찰계장으로 근무할 때 부하를 "자기自己의 가용家傭으로 사용使用"하였기 때문에 처벌해 달라는 것이다.

해방 직후의 국내 정국을 볼 때 대다수 경찰관이 반공으로 무장하고 있었기 때문에 "민閔○○ 경감"이 남로당원을 많이 검거했다는 주장은 가능성이 있다. 다만 당시 특진이라는 승진제도가 없었기 때문에 이와 같은 공적功績으로만 진급하기는 어려웠을 것으로 보인다. 대신 미군정청이 일제강점기 경찰관들을 존속시키면서 시험을 통해 기존 계급을 올려줬기

때문[11]에 시험을 통한 진급은 충분히 가능하다고 판단된다.

전북경찰국은 이에 대해 '투서자 조사 하명의 건'이라는 제목으로 다음과 같이 김제경찰서장에게 지시하였다.

> 내용內容을 검토檢討한 결과結果 내부內部 불만분자不滿分子의 중상적重傷的 소행所行으로 추단推斷되므로 이를 계기契機로 불미不美스러운 일이 발생發生되지 않도록 철저徹底히 단속團束하는 동시同時에 투서자投書者를 기필期必코 적발摘發하고 조사調査한 후 속速히 보고報告하라 강조―저자

그 결과 투서의 표면에 김제경찰서장이 기재한 것으로 추정되는 "김제경찰서金堤警察署 사찰계장查察係長 민경감閔警監은 서졸署卒과 면소사面小使 출신出身으로 무자격자無資格者니 경찰警察의 질적향상質的向上을 위爲하야 조치措置가 필요必要"라는 내용이 붉은 색으로 기록되어 있으나 결과를 확인할 수는 없다.

그러나 전북경찰국은 투서를 작성한 이에 대해서 "내부內部 불만분자不滿分子의 중상적重傷的 소행所行"으로 추정하고 "투서자投書者를 기필期必코 적발摘發하고 조사調査"하라고 특별히 지시하고 있다. 이는 경찰이 익명의 투서를 접수하여 투서 사실을 확인하면서도 투서자를 적발하는 이중적인 태도를 취하고 있음을 알 수 있게 한다.

---

11   이윤정, 앞의 책, 2021, 439쪽.

한국전쟁기에 한국정부가 국가체제인 '반공국가'를 수호하고, 주민을 '반공국민'으로 존속시킬 수 있었던 기반에는 중앙과 지방 행정기관의 역할이 상당히 컸다. 그 가운데 경찰서는 주민을 통제하고 감시하며 동원하는 데 핵심적인 역할을 수행하였다. 게다가 경찰조직은 전시라는 특수한 상황에서 전투경찰이라는 임무를 수행하는 준군사기관의 성격으로 기능하였기 때문에 대한민국의 경계 내에서 이념적으로 균질한 공간을 창출하는 데 결정적인 역할을 하였다.

경찰의 막강한 권한은 지역사회 권력구조에서 큰 영향력을 미치며 주민의 일상사뿐만 아니라 지방정치에도 깊숙이 관여하였다. 군郡 단위 지방정치의 특성 파악은 한국전쟁 시기 각종 정치 갈등이나 학살사건의 역사적 성격을 제대로 이해하기 위해 중요한 것으로, 지방정치의 기반에는 언제나 군 단위로 설치되어 있는 경찰서, 산하 파출소와 지서의 역할이 컸다. 특히 남한이 강력한 중앙집권적인 경찰제도를 운영하고 있기 때문에 일개 군을 사례로 연구한 결과는 다른 지역을 대상으로 연구한 성과와 유사할 것으로 판단된다.

김제지역은 전라북도의 서해안에 접한 곳에 위치하여 오래전부터 쌀생산을 중심으로 성장하여 왔다. 지세는 대체로 평야부이나 모악산을 중심으로 서쪽에 위치한 금구면과 북쪽에 소재한 금산면 지역이 한국전쟁기 대표적인 빨치산 활동 지역이었다. 대표적인 하천은 익산시, 완주군을 가로질러 서해로 유입되는 만경강으로, 이 강둑을 따라 한국전쟁 발발 직후 북한군 제6사단과 경찰 간에 전투가 벌어지기도 하였다. 김제지역이 발전하면서 만경평야를 기반으로 하는 만경과 산악지대로 이루어진 모악산 인근 금구와 원평에 사는 주민들 간에 각종 현안에 대해 '협조와 비협조'라는 상충 관계가 지속되어 왔다. 19세기 말부터 인근 군산의 개항과 호남선 추가 개통, 그리고 일본인의 유입으로 김제군은 읍 소재지인 성산을 중심으로 김제평야의 미곡 생산과 여타 지역의 각종 물화를 수송하기 위한 지역으로서 크게 발전하게 되었다. 1914년 2월 만경군과 금구군이 김제군으로 병합되면서 종래 김제행정, 만경농업, 금구상업라는 큰 축이 하나로 통합되었으나 각 지역별 특성은 계속 유지되어 왔다. 그리고 일제 강점기 동안 농업에 종사하는 많은 주민이 일본인 대농장 또는 대지주에 속한 소작농으로 살아오면서 때로는 일본인들에게 저항하는 모습을 보여 왔다. 그 결과 해방 직전 일제경찰의 전북도 내 거주 요시찰인명부에 이곳 주민들이 가장 높은 비율을 차지하였다. 해방 후에는 인민위원회의 활동이 있었으나 그리 큰 영향력이 없었으며, 한국전쟁이 발발하기 전까지 이와 같은 농업 중심의 지역적 특성은 변하지 않고 그대로 이어졌다.

김제지역의 경찰활동을 보면 조선시대 말 개화파 관료들이 국가를 급진적으로 변혁시키기 위해 갑오개혁을 단행하는 과정에서 근대경찰제도가 시행되었다. 1907년 3월 금산에서 헌병파견대가 설치된 것을 시작으로 점차 금구, 죽산, 김제읍 등으로 지역경찰관서가 확대되면서 그 수가 증가하였다. 1917년에는 모두 8개면에 순사주재소가 설치되었으며, 인원은 당시 군청 직원보다 3배가 많아 강력한 행정기관으로 자리매김하였다. 그리고 3·1운동으로 보통경찰의 인원이 크게 증원되어 1면 1지역 경찰관서제가 시행되면서 용지, 백산, 월촌 등 모든 면에 경찰관주재소, 또는 필요한 지역에 경찰관출장소가 설치되었다. 이에 따라 김제경찰서의 지역사회 내 위상은 막강하게 되었다. 이후 미군정기를 거쳐 대한민국정부가 수립될 때까지 종래 경무국이 경무부로 승격되었다가 다시 격하되거나, 경찰기관명이 미국식으로 번호를 붙인 관구경찰청 및 구區경찰서로 변경되었다가 환원되는 등 중앙단위의 대폭적인 직제 개편이 있었다. 그러나 지역경찰 활동에 있어 김제경찰서는 종래 방식을 그대로 이어받았다. 가장 많은 인원이 배치된 지역경찰관서는 군내郡內 중심가를 담당하는 경무계 소속의 읍내·역전파출소였다. 이외로 만경, 죽산, 금산지서 등에서는 규모에 따라 4~6명이 근무하였다. 이들은 한국전쟁이 발발할 때까지 기본적인 순찰은 물론 파수把守, 호구조사, 영업 감사 등 활동도 함께하였다.

김제경찰서는 미군정기 좌우익의 극렬한 대립과 갈등, 그리고 국가체제를 수호하기 위한 군정청의 정책적 판단에 의해 일제경찰의 잔재를 완전히 청산할 수가 없었다. 또한 대한민국정부가 수립되었지만 해방부터 이어져온 각종 문제가 해결되지 않은 상황에서 기존 경찰제도를 답습할 수밖에 없었다. 따라서 한국전쟁이 발발할 때까지 김제경찰서는 근본적으로 일제강점기 경찰활동의 속성이 변하지 않은 채 순찰, 경비 등의 보안활동, 범죄수사와 경제경찰 활동, 그리고 관내 정보수집 및 사찰활동 등을 그대로 이어가며 지역사회에서 주민과 밀접한 관계를 유지하여 왔다.

한국전쟁이 발발하자 전북경찰국은 치안국의 지시에 따라 즉시 비상경비사령부를 설치하고, 도내 경찰병력을 전투부대로 개편하였다. 그리고 방어선을 서북부 평야지대와 동북부 산악지대로 나누어 대응하였다. 그러나 북한군 제6사단의 강력한 공세로 군경 합동부대가 조촌^{만경} 방어선으로 이동하게 되었다. 김제경찰서 부대는 전략적으로 가장 중요한 청하면 동지산리에 있는 만경대교^{새창이 다리}를 중심으로 방어 작전을 펼쳤으나 중과부적으로 후퇴하였다. 군경의 조촌 방어선이 무너지자 북한군 제6사단은 빠르게 전주로 입성하였고 계속 남하하였다. 가장 먼저 철수한 경찰기관은 전북경찰국으로 신속하게 남원을 거쳐 진주로 이동하였다. 다른 경찰서들도 많은 착오를 겪으며 후방지역으로 철수하였다. 김제경찰서는 정읍-순창-광주光州, 그리고 북상하여 고창에서 전투 중 자체 소산하였다고 판단된다.

1950년 9월 15일 인천상륙작전이 성공한 후 9월 30일 미 제25사단이 군산을 점령하면서, 북상하지 못한 전북지역의 북한군과 좌익세력은 모악산의 산악지대로 은신하며 계속 산발적인 전투를 이어 나갔다. 이들은 점차 시간이 가면서 군경의 대응이 강력해지자 모악산에서 덕유산-운장산으로 잠입하였으며, 다시 운장산에 있던 일부는 부안군으로 이동하여 빨치산 활동으로 전환하였다. 그 과정에서 10월 3일부터 6일경까지 국군과 경찰이 북한군과 좌익세력의 공격을 방어할 수 있는 준비를 제대로 갖추지 못하여 많은 주민의 희생이 따랐다. 이후 10월 말까지 군경은 마을 치안대나 청방단 등과 함께 방어태세를 구축하여 북한군 및 좌익세력과 대등한 전력을 갖게 되었다. 11월부터는 지역에 따라 다소 차이가 있지만 전반적으로 군경이 북한군과 좌익세력의 공격을 막아낼 수 있는 단계에 이르렀다고 보인다.

10월 1일 전북경찰국이, 4일 김제경찰서가 각각 청사를 수복하였지만 인적·물적 피해가 심했다. 먼저 한국전쟁 발발일부터 11월 13일까지 전북경찰국 소속 현원의 11.49%가 순직하였다. 다시 이들 순직자 가운데 42.26%가 한국전쟁 초기에 전사, 전상, 포로, 기타 직무 수행상의 이유로 목숨을 잃었다. 김제경찰서 소속 경찰관들도 한국전쟁 동안 순직한 전체 97명 가운데 47.78%에 해당하는 41명이 이 기간 목숨을 잃었다. 계급별로는 최일선에서 전투를 수행한 순경의 순직이 김제경찰서는 물론 전북 전체에서 가장 많았다. 물적 피해 역시 1950년 11월 현재 전북경찰국 산하 경찰관서의 청사 66.28%가 소실, 파손되는 등 그 피해가 상당히 컸다. 다만 김제경찰서의 경우 금산·금구지서 등 모악산 인근에 있는 경찰관서 외에는 대부분 평야지대에 위치하여 피해가 덜한 편이었다. 이와 같은 인적·물적 피해로 김제경찰서는 물론 전북지역이 소속 경찰관의 생환 또는 지원 경찰력이 도착할 때까지 UN군에 의해 치안이 확보될 수밖에 없었다. 그리고 관내 치안이 어느 정도 안정되고 북한군과 좌익세력 대부분이 산악지대로 완전히 잠입할 때까지, 빨치산 진압작전 계획수립과 관내 부역자 색출을 위한 사전 준비에 들어간 것으로 보인다.

　한국전쟁 초기 전북지역 북한군과 지방 좌익세력은 모악산 일대로 잠입하였으나, 점차 전북 이외로 분산하면서 빨치산 활동으로 전환되었다. 이들은 1951년 1월 덕유산을 비롯한 도내 산악지대는 물론 지리산으로까지 입산하여 재산활동을 하다가, 같은 해 8월경 대둔산을 거쳐 11월 말 다시 지리산, 태백산, 신불산 등으로 이동하였다. 1951년 3월 백야전사의 강력한 진압작전으로 인해 많은 사상자를 내고 분산하여 1952년 7월 지리산으로 은신하였다. 그리고 1953년 5월 창설된 빨치산 전담 경찰진압부대인 서전경이 작전을 개시할 때는 김제군당 빨치산은 회문산에, 전북도당 빨치산은 지리산에 거점지를 두고 있었다. 이후 같은 해 12월 박전투사령부가 국군의 남부지구경비사령부와 서전경을 통합하여 강력한 작전을 계속 이어 나갔다. 그 결과, 1955년 2월 전국의 빨치산 수가 1951년 1월 12,557명에서 106명으로 급감하여 사실상 궤멸상태에 들어갔다. 이때 김제와 전북지역 빨치산들도 함께 소멸된 것으로 보인다.

김제경찰서는 10월 말 관하 전 지서가 회복되자 의용경찰대와 우익청년들을 동원하여 모악산 산악지대를 중심으로 진압작전을 전개하였다. 그리고 선무활동으로 주민들이 포함된 "선무공작대"를 조직하여 UN군과 경찰의 전과를 홍보하고, 주민의 '반공사상' 강화에 적극적으로 앞장섰다. 1951년 6월 전선이 38도선으로 고착화되고, 전남·북 빨치산의 거점지가 다른 지역으로 이동하자 빨치산과 주민을 대상으로 많은 격문을 배포하는 심리전을 강화하기 시작하였다. 이러한 격문 배포에는 소속 경찰관들에게 전투의식을 고취하면서 마을 주민들의 경각심을 불러일으키는 목적도 있었다. 또한 김제경찰서는 관내 중요시설 및 마을 경비에 많은 우익 청년들을 동원하였다. 이들은 기존 자위대원과 의용경찰대원, 그리고 '대한청년단'의 간부 및 단원으로 판단된다. 그 이유는 우익청년들 사이에는 전쟁이라는 국가위기 상황에서 굳이 조직을 구분할 필요 없이, 오로지 좌익으로부터 자신은 물론 가족과 마을을 지켜야 하는 강력한 공감대가 형성되어 있었다고 추정되기 때문이다. 1951년 11월에는 이들이 읍·면 단위로 중대와 소대로 구분되었고, 전체 부대원 수는 당시 정규경찰관의 44배에 해당하였다. 이와 같이 김제경찰서는 대빨치산 전투는 국군과 함께 수행하는 한편, 그 외의 산발적인 빨치산들의 침입에 대하여는 관내 우익단체와 지역 청년들을 동원하여 대처하였다.

김제경찰서의 전쟁 동원의 하나인 제2국민병 소집은 국방부, 내무부^지방국, 치안국 간의 협의에 의한 지극히 행정편의주의적인 활동이었으나 당시 사회적 분위기로 인해 용인되었다. 그 과정에서 김제경찰서는 "병사특동대兵事特動隊"라는 전담부서를 설치하여 적극적으로 순회 계몽활동과 단속을 하였지만 소집률은 저조하였다. 이에 대해 많은 주민이 공정성에 문제를 제기하였으며, 경찰에 대한 부정적인 인식도 한층 더 갖게 되었다. 그리고 방공단 운영과 관련해서는 한국전쟁 동안 인천상륙작전 이후 김제군이 UN군 점령지역으로 소련기 또는 북한기가 공습한 적이 전혀 없었지만, 여전히 전시상황이었기 때문에 지역 주민에 대한 통제 필요성은 남아 있었다. 이에 따라 김제경찰서는 1953년 5월 방공단이 해체될 때까지 주민들에게 훈련경보 발령, 방공사상 보급, 방공훈련 등 역할을 분담토록 하였다. 김제경찰서의 탈영범 검거활동 역시 정전을 앞두고 육군본부가 전력 강화를 위해 발송한 협조 공문에 의해 이루어졌다. 이러한 활동은 본질적인 경찰업무는 아니었으나 당시 전시체제하에서 군의 역할이 극대화된 상황에서 치안국 차원에서 거부하기는 어려웠을 것으로 보인다. 하지만 이 업무는 제2국민병 소집과 마찬가지로 편의주의적인 전시 군법무행정이었다.

　한국전쟁기 전쟁 동원에서 김제경찰서는 전쟁 동원 주체이면서 또한 피동원 주체이기도 했다. 이는 전쟁 동원으로 인해 주민이 갖고 있는 경찰에 대한 부정적인 모습에는 타 기관이 영향을 끼친 점도 있다는 것을 알 수 있게 한다. 동원 주체로서 김제경찰서가 수행한 것은 정부기관 간의 협의에 의한 병사업무와 방공단 운영이다. 병사업무는 원래 김제경찰서의 활동 기반이 지역사회이기 때문에 병사구사령부가 담당하는 것보다 더 효과적일 수 있으므로 정부차원에서 결정되어 실행된 것으로 볼 수 있다. 방공단 운영 역시 후방지역에서 만약에 있을 수 있는 공산군의 공습에 대비하기 위한 것으로, 군사 지역이 아닌 민간인 지역을 관할하고 있는 김제경찰서가 담당하는 것이 맞다고 볼 수 있다. 피동원 주체로서 수행한 것은 탈영범 검거활동이다. 원래 헌병이 담당해야 할 업무를 김제 경찰서가 분담한 것은 경찰 역시 탈영병 검거에 동원되었음을 보여준다. 김제경찰서가 피동원 주체로서 군경 합동 또는 단독으로 탈영범 검거를 위해 실행한 일제 검문검색은 또 다른 경찰의 위압적인 모습을 보여줬을 뿐만 아니라, 강압적인 사회 분위기를 조성하는 데 기여했다는 부담을 가질 수밖에 없다. 그리고 이로 인해 주민들이 경찰에 대한 부정적인 인식을 한층 더 갖게 되었을 것으로 판단된다.

경찰의 사찰활동은 해방 직후 주로 '공안질서 유지를 문란케 하는 다중적 불법행위를 단속'하고 '정당 및 사회단체 등의 시위행렬 및 집회허가에 관한 것'을 담당하는 것이었다. 1946년 10월사건 발생 이후부터 사찰경찰 활동은 본격화되어 정보수집 강화 등 "사찰망査察網"이 구축되었다. 이 "사찰망査察網"에는 일선경찰관들의 외근활동인 "범죄犯罪의 방지防止, 민중民衆의 보호保護와 지도指導"는 예방활동, "법령法令의 집행執行"은 경찰력 행사, "정황情況의 관찰觀察"은 범죄 예방과 함께 "사찰"은 "치안治安의 목적目的"을 달성하는 행위로 구분되었다. 그렇다고 해서 사찰활동은 각계 각층에 대한 감시와 정보수집을 통해, 경찰기관별로 결정되는 정책 판단을 위한 각종 자료를 제공하는 보조적인 역할이 아니었다. 사찰 사범을 직접 수사한 후 법원에 기소하여 처벌까지 이르게 할 수 있는, 수사경찰의 일부로서 행해진 독자적이고 강력한 경찰활동이었다. 그리고 1947년

8월 사찰에 관한 사건은 범죄정보과가 주로 취급하고, 종래 범죄정보과에서 담당하던 정보사무의 일부는 수사국 총무과로 이관되었다가, 같은 해 12월 지방의 관구경찰청에 사찰과가 신설되면서 사건처리와 정보활동이 정리되었다. 그 후 한국전쟁의 발발로 사찰활동이 극대화되면서 경무, 보안, 수사 등 모든 경찰활동을 장악하는 것으로 확대되었다. 이에 따라 서전경사령부에 설치된 수사사찰과가 전투부대를 장악하였고, 치안국장의 지휘 방침에도 경찰 본연의 임무인 '치안'보다 '사찰'이 더욱 시급하고 중요한 것으로 강조되기도 하였다. 이 같은 사찰활동의 중요성으로 인해 김제경찰서 사찰계는 지역경찰관서를 제외한 경찰서 자체조직에서 인원이 가장 많은 부서였다. 또한 범죄수사를 전담하는 수사계와 비교가 되지 않을 정도로 조직력도 월등하였다. 이를 기반으로 사찰계는 전 주민의 4.11%를 부역 또는 빨치산의 활동에 동조하였다는 이유로 조사하였다. 또한 한국전쟁이 정전되기 직전에도 사찰대상으로 빨치산 활동을 하다 자수한 주민이나 좌익단체 등에서 전향한 자, 그리고 북한군으로 근무하다 석방된 반공포로 등도 포함하였다. 게다가 김제경찰서 사찰계는 요시찰 인물에 대해 사찰경계는 물론 보안경찰 활동을 장악하여 주요 도로망을 중심으로 한 검문검색, 그리고 '반공정신' 확산을 위한 선무활동 등 강력한 활동을 계속하였다.

한국전쟁이 정전되기 직전 김제경찰서가 조직한 '민중계몽대'는 당시 경찰이 한국전쟁하의 주민을 어떻게 이해하고 있는지를 잘 보여주는 흥미로운 사례이다. 치안국은 '북진통일 국민운동'이 격렬하게 전개되는 시기에 주민들이 '전쟁국민'으로서의 자세를 다소 망각하고, 정전협상 결렬로 전황이 다시 악화될 수 있는 상황을 인식하지 못하고 있다고 보았으며, 그 원인을 기존 사회 지도자층이 이를 인식시키지 못한 데 있다고 판단하고 있었다. 이에 따라 치안국은 주민들을 '전쟁국민'으로 되돌리기 위하여 종래 주민들을 동원하여 선동하는 '광장 정치'가 아니라 경찰간부나 군郡의 유력인사가 직접 주민들을 찾아가 소규모로 계몽좌담회를 열도록 하였다. 계몽좌담회의 내용은 군계몽가가 주민들을 자연스럽게 만난 자리에서 국내 정국을 설명하고 북한정권의 비정통성, 공산주의의 만행 등을 역설한 것이다. 경찰간부로 지정된 경찰계몽가 역시 산간 부락을 중심으로 순회하여 민심을 각 방면으로 파악하면서, 입산도피자 가족의 동태 감시는 물론 입산귀순자들에게 귀순을 종용하는 임무를 수행하였다. 이러한 김제경찰서의 '민중계몽대' 사례는 주민들을 '반공국민'으로 존속시키기 위한 경찰의 감시와 계몽활동이 그전보다 더 주민 친화적이고 자연스러운 방식이면서도 더욱 치밀하게 행해졌음을 보여준다.

그리고 김제군의 주민이 '반공'을 위한 각종 경찰활동에 대해 투서를 통해 저항한 원인을 보면 크게 경찰관 또는 의용경찰관의 비리와 민폐, 병사업무, 그리고 사찰계장 신상에 관한 것이었다. 이 가운데 주민의 생계와 직결된 곡식 제공과 관련되어 있는 민폐 문제가 가장 심각하였다. 다음으로 노동력과 직결된 제2국민병 소집문제로 현지 주민은 물론 현직 군 장교가 강력하게 항의할 정도로 반발이 거셌다. 다만 사찰활동에 관해서는 당시 사회분위기상 큰 문제를 제기하지 못하고 사찰계장의 인권침해에 관한 폭로에 불과하였다. 이처럼 김제경찰서는 국가와 주민을 '반공국가'와 '반공국민'으로 만드는 과정에서 주민들의 저항에 부딪쳐야 했다. 주민들은 가장 강력한 저항 방식인 투서를 통해 경찰의 실상을 고발하면서 문제를 해결하려고 하였다. 이는 한국전쟁기 많은 경찰관이 징계를 받았음에도 불구하고 실제적으로 주민들이 체감하고 있는 경찰에 대한 각종 불만은 크게 개선되지 않았으며, 다시 지역사회에서 경찰과 주민 간의 균열로 이어지고 있음을 보여준다.

　이와 같은 한국전쟁기 지역사회에서 행해진 김제경찰서의 활동은 주민에게 직접적·일상적으로 작동된 '국가권력의 실체'로서 주민 간에 '균열'이 발생하였음에도 1950년대 '반공 이데올로기'가 정착되는 기반이 되었다. 그리고 '균열'은 계속 진행되어 전국적으로 1960년 경찰의 부정선거 개입에 항거하고, 이승만 정권을 무너지게 하는 4월혁명의 기제 가운데 하나로 변하게 되었다.

1. 미군정기 복무규율과 징계

해방 후 경찰의 복무규율에 관해 최초로 기술된 자료는 『민주경찰』 창간호에 게재된 장영복 경무부 수사국 부국장의 「경찰관의 상벌에 관하여」라는 글이다.

그는 이 글에서 복무규율 위반사례를 들어 경찰관들의 경각심을 불러 일으키려고 하였다. 그 내용은 다음과 같이 시작된다.

위선爲先 일정시대日政時代의 것을 서술敍述한다면 경찰상여규칙警察賞與規則, 칙령(勅令) 조선경찰관상여규칙朝鮮警察官賞與規則, 총독부령(總督府令)에 의依하여 경찰관警察官 사인私人을 막론莫論하고 (…중략…) 벌罰에 있어서는 문관징계령文官懲戒令, 칙령(勅令) 순사징계령巡査懲戒令, 칙령(勅令)에 의依하여 1 직무상職務上의 의무義務에 위배違背하고 또는 직무職務를 태만怠慢한 때 2 직무내외職務內外를 불문不問하고 경찰관리警察官吏로서 위엄威嚴 또는 신용信用을 실추失墜할 행위行爲가 있는 때에 1면직免職 2감봉減俸 3견책見責의 징계懲戒를 행行하였다. 그리고 범죄행위犯罪行爲가 있는 때는 일반一般 형벌법령刑罰法令에 비추어 처벌處罰할 것은 논論할 필요必要도 없다. (…

중략…) (해방 후-인용자) 벌罰은 1946년年 4월月 발포發布 경무부장警務部長 규칙規則 급及 1947년年 2월月 13일부日附 경공警公 제第563호號 경무부장警務部長 통첩通牒 사문수속查問手續에 관關한 건件에 의依하여 비겁, 규칙 혹은 명령의 고의적 불복종 등등等等의 행위行爲, 34개 범죄항목-인용자가 있는 때에 징벌懲罰을 행行하는데 범죄犯罪의 심리心理 중中에 있는 경찰관警察官은 형사재판刑事裁判이 종료終了될 때까지 정직停職한다.강조-인용자[1]

이 글을 보면 다음과 같은 사실을 알 수 있다.

첫째, 해방 직후 경찰관의 복무규율 위반사항은 일제강점기 때 제정된 법령[2]에 의해 정해져 있던 것을 그대로 이어 받았고, 징계는 경사 계급의 이상인 경우 일제강점기에 제정된 「문관징계령文官懲戒令」에 의해, 순경에게는 「순사징계령巡査懲戒令」에 의해 이루어졌다.

둘째, 징계 종류는 면직, 감봉, 견책이라는 3종류였다.

셋째, 1946년 4월에 이르러 경무부장이 「규칙」[3]을 발령하여 새로이 복

---

1 장영복, 「경찰관의 상벌에 관하여」, 『민주경찰』, 창간호, 1947, 85~86쪽.
2 1940년대의 경우 '규율'에 관해서는 「관리복무규율」(1887년 7월 30일 칙령 제39호), 「巡査分限令」(1933년 2월 23일 칙령 제13호), 「聘用된 관리 급 관리 대우에 관한 건」(1920년 9월 8일 칙령 제367호), 「事務簡捷에 관한 건」(1924년 12월 25일 경무총감 통첩 제104호) 등 6건이 있다. 다음으로 '복무'와 관해서는 「조선총독부 경찰관리의 직무응원에 관한 건」(1922년 4월 27일 칙령 제235호), 「경찰관의 응원 파견에 관한 취급방법의 건」(1922년 6월 17일 警 제916호), 「조선·관동주 급 만주 경찰관리 직무응원령」(1927년 10월 27일 內訓 제19호), 「경찰관리에 대한 금품 기부에 관한 건」(1912년 12월 警親發 제88호), 「행정경찰규칙」(1908년 3월 7일 태정관達 제29호), 「조선총독부 급 소속관서 집무시간」(1924년 6월 28일 부령 제37호) 등 55건이 있다. 끝으로 '징계'에 관해서는 「문관징계령」(1899년 3월 28일 칙령 제63호), 「순사징계령」(1933년 2월 23일 칙령 제15호), 「출납관리 등의 변상책임의 면제에 관한 건」(1938년 2월 11일 칙령 제82호), 「도경부 도경부보 징계 통보의 건」(1921년 3월 30일 警제1646호), 「순사 징계 유예처분에 관한 건」(1935년 7월 19일 警秘 제88호) 등 14건으로 그 종류가 상당히 많았다.
3 여기에 나온 「규칙」 앞에는 경찰관에 복무규율에 관련된 용어가 쓰이지 않는다. 단지

무규율 위반행위 사항이 정해졌고, 다음 해 2월 사문수속査問手續, 징계절차이 규정되었다. 다만 이 "4월"은 최근 발굴된 자료에 의해 "6월 1일"로 밝혀졌다.

넷째, 「규칙」에 명시된 복무규율 위반 항목은 모두 34개로 되어 있다.

다섯째, 경찰관에게 복무규율 위반행위가 아닌 형법상 범죄가 있으면 법원의 판결이 나올 때까지 사문査問절차가 유보되었다.

이어, 징계 종류에 관한 사항을 경찰교과서를 통해 살펴보면 '면직'은 '징계면직'과 '파면'으로 구분, 공무원 신분이 일체 박탈되는 것으로 처벌을 받은 후 2년 내 다시 공무원으로 임명될 수 없었다. 오늘날의 '파면'과 '해임'에 해당하나 당시에는 모두 면직에 포함되었던 것이다. '감봉'의 기간은 3일부터 30일까지로 세분화되어 있었고, '견책'은 서면으로 잘못을 시인하고 반성하는 '사유서 제출'과 유사한 것이었다.[4] 이외에 경미한 사안일 경우 일선에서는 경찰서장이 일종의 경고를 하는 '계고' 처분을 할 수 있었다.[5]

그리고 모든 경무부 소속의 공무원들에게 복무규율 준수의 기준이 되는 「규칙」을 분석하기로 한다.[6]

이 「규칙」은 통칙1~45조, 범죄와 심문46~54조, 사직과 파면55~59조으로 간명하게 이루어져 있다. 그 내용을 보면 '통칙'은 경찰관의 의무사항과 일상업무, '범죄와 심문'은 복무규율 위반항목과 사문 절차, 그리고 '사직과 파

경무부장이 발령한 「규칙」일 뿐이다.

4   김도원, 『경찰실무요강』(상), 수도관구경찰청 경무과, 1948, 27쪽.
5   제6관구(전북)경찰학교, 『경찰교과서 복무』, 1947(추정), 14쪽.
6   이 규칙의 제정과 시행 날짜는 알 수 없으나 제7관구(경남)경찰청장이 1946년 5월 8일 관하 경찰관들에게 보낸 「규칙 급 징계 수속에 관한 건」(제7관총 제625호)에 의하면 같은 해 6월 1일부터 시행되었다.

면'은 면직과 문관오늘날 일반직 공무원에 관한 내용으로 되어 있다.

그러나 조항 수는 모두 59개이지만 한 개 조항에 여러 내용이 포함되어 있어, 실질적으로 「규칙」 전체에는 200여 개 이상의 준수 또는 금지내용이 들어 있다. 그럼에도 여기에 명시되지 않은 사항은 다음과 같이 경찰관 각자의 자유재량과 판단에 맡겨졌다.

규칙規則의 제정制定만으로는 여러 가지 생기生起하는 문제問題를 해결解決할 수는 없다. 당연當然히 많은 각종各種 각양各樣의 책임적責任的 문제問題가 있을 것이며 그 중中에는 개인個人의 자유재량自由裁量과 확고確固한 판단判斷에 맞기지 않으면 아니되는 것도 있다. 국가國家 구성構成의 각各 직원職員은 극極히 적은 일인一人에 불과不過하지마는 그 일개인一個人의 불명예不名譽한 행동行動은 전관리全官吏의 위신威信에 영향影響이 있음으로 각자各自의 생활生活과 그 행동行動은 맛당히 국가적國家的 조직체組織體에 있어 명예名譽로운 존재存在라고 할 수 있다.강조-인용자[7]

이처럼 경무부는 경찰활동에서 가장 중요한 복무규율을 법률이 아닌 「규칙」에 의해 확립하려고 하였다.

그리고 복무규율 위반항목 34개와 적용되는 영역을 조직 내외로 구분하여 정리하면 다음과 같다.

---

7   「규칙」, 머리말.

〈표 1〉 미군정기 경찰관의 복무규율 위반 사항

조항	위반 내용	경찰 조직 내외 구분	
		내	외
1	비겁(卑怯)	○	○
2	규칙(規則) 혹(或)은 명령(命令)의 고의적(故意的) 불복종(不服從)	○	
3	명정(酩酊)되어 있는 것	○	○
4	근무(勤務) 중(中)의 음주(飮酒)	○	○
5	경찰용무(警察用務)도 없이 악평가(惡評家)에 출입(出入)하는 것		○
6	수인(囚人) 혹(或)은 일반인(一般人)의 고의적(故意的) 학대(虐待)	○	
7	관리(官吏)답지 못한 행동(行動)	○	○
8	상관(上官)에 대(對)한 불복종(不服從) 혹(或)은 불경(不敬)	○	
9	근무태만(勤務怠慢)	○	○
10	무능력(無能力)	○	○
11	근무(勤務) 중(中)의 수면(睡眠)	○	○
12	태만(怠慢)	○	○
13	무허가(無許可) 결근(缺勤)	○	
14	정식(正式) 교대자(交代者) 혹(或)은 정식(正式) 목적(目的) 없이 직장(職場)을 떠나는 것	○	
15	비외적(卑猥的) 모독적(冒瀆的) 혹(或)은 방만(放漫)한 언어(言語)의 사용(使用)	○	○
16	직장(職場)을 정당(精當)치 못하게 순찰(巡察)하고 혹은 경위(警衛)하는 것	○	
17	사람과 의복(衣服)을 깨끗이 그리고 단정(端正)하게 하는 것을 무시(無視)하는 것 혹(或)은 공공연(公公然)하게 단추를 채지 않고 제복(制服)을 착용(着用)하는것	○	○
18	오전(誤傳) 혹(或)은 오보(誤報)를 하는 것	○	
19	제복(制服)을 착용(着用)하고 근무(勤務) 중(中) 끽연(喫煙)하는 것	○	○
20	금품(金品)의 착용(着用)	○	○
21	체포자(逮捕者)로부터 혹(或)은 수감(收監) 중(中)에 있는 그 대리자(代理者)로부터 혹(或)은 부장(部長)의 승낙(承諾) 없이 경무부원(警務部員)으로써 일하여 사람으로부터 하종(何種)의 벌금(罰金), 재물(財物), 보수(報酬)를 받는 것		○
22	경무부원(警務部員)의 행동성격(行動性格)에 관(關)하여 유해(有害)하게 소문(所聞)하는 것	○	○
23	상관(上官)이 한 명령(命令)을 공연(公然)히 비난(非難)하는 것	○	○

조항	위반 내용	경찰 조직 내외 구분 내	경찰 조직 내외 구분 외
24	경무부원(警務部員)의 사무(事務)에 관(關)한 사람에게 경찰정보(警察情報)를 연락(連絡) 혹(或)은 보지(報知)하는 것	○	
25	정보(情報)의 연락보지(連絡報知) 혹(或)은 사람의 체포기피(逮捕忌避) 혹(或)은 범인(犯人)의 체포지연(逮捕遲延) 혹(或)은 정도취(情盜取) 金物品(物品), 사소(私消) 금물품(金物品)의 이동확립(移動確立)을 원조(援助)하는 것		○
26	기한(期限) 내(內)에 경찰봉직(警察奉職) 중(中)의 정당부채(正當負債)의 반환(返還)의 태만(怠慢)	○	
27	성명(姓名) 혹(或)은 패장번호(佩章番號)를 요구(要求) 당시(當時)에 가르쳐 주지 않은 것		○
28	체포자(逮捕者)에게 그 개인재산(個人財産)을 영치(領置)한 것을 가르쳐 주지 않은 것		○
29	체포자(逮捕者)에게서 몰수(沒收), 발견(發見), 접수(接受)한 금재물(金財物)을 지체(遲滯)없이 정당(正當)한 관리(官吏)에게 주는 것을 등한시(等閑視)하는 것	○	
30	화기(火器)의 부당(不當) 사용(使用) 부당(不當) 사용(使用)	○	
31	부(部)를 규율(規律)하는 목적(目的)으로 발행(發行)된 규칙(規則) 취체법령(取締法令)의 위반죄(違反罪)가 있다는 것을 발각(發覺)된 부원(部員)을 보고(報告)함을 등한시(等閑視)하는 것	○	
32	법률(法律) 법령(法令)의 명백(明白)한 위반(違反)에 대(對)하야 보고(報告) 혹(或)은 대처(對處)치 않은 것	○	○
33	규칙(規則) 혹(或)은 명령(命令)을 몰으는 것	○	
34	부도덕(不道德)	○	○

〈표 1〉을 통해 경찰조직 내부, 외부 그리고 내외부에서 함께 발생할 수 있는 위반사항을 보면 조직 내부에 관한 것이 "규칙規則 혹或은 명령命令의 고의적故意的 불복종不服從" 등 13개로 38.23%, 조직 외부에 관한 것이 "경찰용무警察用務도 없이 악평가惡評家에 출입出入하는 것" 등 5개로 14.70%, 조직 내외부에서 공통적으로 해당될 수 있는 것이 "근무勤務 중中의 음주飮酒" 등 16개로 47.05%였다. 대부분 조직 내부의 복무규율 강화에 중점을 두고 있다.

물론 이 같은 규율 준수는 곧바로 외부의 경찰활동으로 이어져 원칙에 충실할 수 있다는 점에서 바람직하다고 볼 수 있다. 하지만 대부분의 항목이 포괄적이었으며, 대민 업무에 관해서는 구체적인 항목이 많이 결여되어 있다.

이에 반해 징계행위에 대한 사문査問절차는 상당히 민주적이었다. 경무부의 「규칙」에 나온 조항46~53을 정리하면 다음과 같다.

첫째, 사문수속은 대상자가 경무부 소속 경찰관과 문관으로서 각종 복무규율을 위반하였거나 상관의 합법적인 명령에 불복종한 때, 또는 형사재판으로 유죄판결을 받은 경우에 개시되었다.

둘째, 사문위원회에 회부되어 있는 대상자의 상관은 복무규율 위반사실을 기록, 작성하여 경무부장에게 제출하여야 했다.

셋째, 사문위원회는 경무부관구경찰청의 책임 관리 3명으로 구성되었다. 그러나 사문 사건에 경무부장관구경찰청장 휘하의 직원, 경감 이상의 직원이 관계되었을 때는 경부부장관구경찰청장 자신이나 또는 경무부장관구경찰청 대리인 1명과 2명의 도道감찰관으로 구성된 위원회에서 심문을 하였다. 또한 사건에 경무부장관구경찰청장, 경무부 차장, 감찰관 또는 경무부의 고급 관리오늘날 일반직 고위 공무원가 관계되었을 때는 경무부장은 2명의 국장을 임명하고관구경찰청장은 2명의 과장을 임명하고, 부장관구경찰청장 자신과 함께 이 사건을 사문査問하였다.

넷째, 사문위원회는 대상자의 위반 사실에 대해 심문한 후 결정을 내렸다. 그 과정은 위원회가 먼저 양측 증인의 증언을 청취하고, 증거를 제시하면, 상호 그 증거에 대하여 대답하며, 불복할 경우 그 이유를 설명·청취하였다. 그리고 최종적으로 대상자의 변호를 들었다. 사문위원회는 증언의 요지를 기록하고, 심문審問에 필요 없는 학술어, 필요 이상으로 또는 불합리하게 사문査問을 지연하지 않으며, 양측 사건관계자에 대해 변호하는 언동을 하면 안 되었다.

다섯째, 사문대상자에게 최소한 24시간 전에 사문위원회의 심문을 받게 된다는 예고를 통보하였다. 이때 1통의 고발서와 사건 명세서를 보내며, 사문사건 담당자는 대상자로부터 이들 서류를 언제 수령하였다는 사실을 확인한 서명을 받아 절차상 문제가 발생하지 않도록 하였다.

여섯째, 사문대상자의 상관은 증인으로 주민 또는 경찰관을 참석시킬 수 있었고, 사문대상자 역시 자신을 변호하기 위하여 변호인 또는 증인을 소환할 수 있었다.

다시 장영복의 글로 돌아가면, 그는 복무규율 위반 사례로 경찰서장으로 근무한 경감 2명이 파면된 사건을 들고 있다. 하위직 경찰관의 사례가 아닌 이유는 모든 경찰관에게 공통적으로 해당될 수 있는 사안이었기 때문이다.

장영복이 제시한 '경무부규칙 위반 혐의사건'과 '불법감금 급及 경무부규칙 위반 혐의사건', 그리고 '불법감금 폭행 급 경무부규칙 위반 혐의사건'의 내용을 요약하면 다음과 같다.

첫째, 1946년 ○월 ○일 경찰서장으로 부임한 윤○○ 경감이 경위로 감위減位[8]되었다. 그 사유는 "발령에 대한 불만과 소속 관구경찰청장에 대해 악감정을 갖고 각종 언론기관 등에 ① 동 청장이 생선을 사오라는 명을 불응하였고, ② 동 청장이 자동차를 타고 이동할 때 경례를 하지 않았다고 동 청장으로부터 흉장을 떼이고 문책 받았으며, ③ 동 청장이 자

---

8   당시에는 '감위(減位)'가 징계종류에 포함되지 않았다. 이 경우는 사문위원회의 결정이 '감위'였던 것으로 판단된다.

신과 상의 없이 소속 경찰서 ○○주임을 좌천시켰고, ④ 동 청장이 부임할 때 본인이 영접하지 않았다고 경찰서 직원 앞에서 폭탄선언을 하였으며, ⑤ 동 청장이 사냥개를 잃어버리자 경찰관에게 비상소집령을 내렸고, ⑥ 동 청장이 걸인에게 과자를 나누어 주면서 사진을 찍었다는 등 경무부 내 기밀에 관한 사항을 유포하여 경찰의 위신을 실추시켰다"는 것이었다.

둘째, 앞의 윤○○ 경감이 다시 사문위원회에 회부되어 파면이 결정되었다. 그 사유는 "윤○○ 경감이 경찰서장으로 재임 중 사기죄로 고소된 ○○공업대표 박○○의 사건과 관련하여 고소인으로부터 요정 '은하수'에서 6천원 상당의 향응을 받았다. 이후 동 고소사건이 불기소처분 종결이 났음에도 불구하고 부하인 이○○ 순경에게 피고소인들을 재취조하도록 명하였다. 그리고 피고소인 박○○을 경찰서 유치장에 6일간 불법 감금하고, 고소인과 합의가 이루어지자 석방하였다"는 것이다.

셋째, 경찰서장으로 근무하던 김○○ 경감이 파면 처분을 받았다. 그 사유는 "① 같은 경찰서원 허○○ 순경, 함○○ 경사, 백○○ 경사가 ㉠ 동 서장이 좌익사상이 있으며 ㉡ 절도범을 교사하였다고 주관적으로 추측하며 악평을 하자 ② 상부에 보고하지 않고 독단적으로 ㉠ 동인들을 경찰서 유치장에 12일~32일간 불법 감금하고 ㉡ 상부에 파면을 상신하여 파면케 하였다"는 것이다. 또한 동 서장은 "① 대동신문 ○○지사의 조○○ 기자 등 5명이 ㉠ 동 서장의 비행을 적은 편지를 감독관청에 접수하고 ㉡관할−인용자지역에 관한 진정서를 작성하여 상경하자 ② 같은 경찰서 ○○지서 근무 최○○ 순경에게 추격을 명하여 『대동신문』의 기자 등 5명을 체포하고 ③ '소란을 일으켰다는 등의 이유'로 경찰서 유치장에 3~4일간 불법 감금하였다"는 것이다.

특히 이들 사건 가운데 윤○○ 경감의 사례는 다음과 같이 『자유신문』

에 보도될 정도로 세간의 관심을 끌었다.

> 한 등급等級 삭급削級, 윤인천서장尹仁川署長 사문査問
>
> 관구청장이 윤尹○○ 인천仁川서장에게 생선을 사오라 하고 걸인을 모아노코 과자를 사주고 사진반을 불러 사진을 찍혓다는 등의 기괴한 문제를 웨어싸고 박朴(명제-인용자)청장과 윤尹 인천仁川서장 사이에 버러진 경찰 내분은 박朴청장으로 부터 윤尹서장이 경찰내 인사기밀을 누설한 것과 기타 명령 불복종 등을 이유로 8일-인용자사문위원회를 한바 잇서 그간 장택상張澤相 경무총감「심 한(韓)(국國) 측-인용자)공안국장」,「래크린」,「부콥」 사문위원회를 여럿섯는데 십일일十一日 오전 십시十時 반부터 최종 사문회를 조趙경무부장실에서 개최하얏는바 결국 장張경무총감으로부터 「윤尹서장을 경감으로부터 경위로 일등급一等級 빼려고 (한)다」는 언동이 잇섯다.[9]

이와 같은 사건들은 경무부의 「규칙」에 의하면, 윤○○ 경감이 "생선을 사오라는 관구경찰청장의 명을 불응", "이동하는 청장에 대한 경례 결략", "청장이 걸인에게 과자를 나누어 주며 사진을 찍었다"는 등 관구경찰청장과 관련된 사항을 외부에 공개한 행위는 "규칙規則 혹或은 명령命令의 고의적故意的 불복종不服從", "상관上官에 대對한 불복종不服從 혹或은 불경不敬", "경무부원警務部員의 행동성격行動性格에 관關하야 유해有害하게 소문所聞하는 것" 및 "비외적卑猥的 모독적冒瀆的 혹或은 방만放漫한 언어言語의 사용使用"과 "관리官吏답지 못한 행동行動" 등의 항목을 위반한 것으로 경찰조직의 질서를 크게 어지럽혔다는 것이었다.

김○○ 경감 역시 "고소인으로부터 받은 상당한 향응"은 「규칙」이 금지

---

9   『자유신문』, 1947년 1월 12일 자.

한 "관리官吏답지 못한 행동行動"에 해당하였고, 이와 함께 형법상 '수뢰죄'를 범하였으며, "주민을 경찰서 유치장에 6일간 불법 감금"한 것도 '불법 감금죄' 등의 범죄를 저지른 것이었다.

그렇다면 이처럼 복무규율을 위반한 당시 모든 경찰관에 대한 사문결과를 보기로 한다.

현재까지 발견된 미군정기 경찰관의 징계에 관한 자료는 김대봉 경무부 경찰공보실장이 『민주경찰』 제2호1947년 8월에 게재한 「경찰관은 공정하다」라는 글이 유일하다.

이 글에 의하면 1947년 1월부터 5월까지 경찰관에 대한 사문결과는 다음과 같다.

〈표 2〉 미군정기 경찰관 사문결과 현황표(1947년 1월~5월)

	인원(명)	전 경찰관에 대한 비율(%)	징계 종류별 비율(%)	비고
파면	1,692	6.13	56.62	
감급(減給)	693	2.51	23.19	
봉급 중지	61	0.22	2.04	
견책	132	0.47	4.41	
기타	410	1.48	13.72	
합계	2,988	10.81	100	경찰관 총원 27,600명

※김대봉, 「경찰관은 공정하다」, 『민주경찰』 제2호, 경무부 교육국, 1947, 75쪽.

〈표 2〉에 의하면 모든 경찰관의 10.81%가 징계처분을 받았다. 이 가운데 파면이 절반 이상을 차지하는 56.62%, 다음으로 감급이 23.19%로 당시 징계처분의 강도强度가 상당히 컸다는 것을 알 수 있다.

이는 「규칙」의 복무규율 위반항목이 "무능력無能力", "부도덕不道德", "태만怠慢" 등으로 구체적인 위반행위를 적시하지 않고 추상적인 내용으로 규정된 데 따른 사문위원회의 주관적인 결정도 어느 정도 영향력을 준 것으로 보인다. 따라서 이와 같은 「규칙」의 법적 미비점은 점차 보완되어 갔으나 한국전쟁 발발 전까지 여전히 상당 부분 효력을 유지하였다.

2. 한국전쟁 발발과 강력한 징계

1) 전시경찰 체제하 징계제도의 개편

한국전쟁이 발발하자 한국정부는 1950년 7월 22일 대통령 긴급명령 제8호 「비상시 경찰관 특별징계령」[10]을 발령하면서 전시경찰 전환에 따른 강력한 복무규율 체제를 확립하였다.

이 긴급명령의 주요 내용은 종전에는 징계대상자가 형사재판 중에 있을 때는 징계절차가 유보되던 예외 조항을 변경하여, 경찰관이 "비겁卑怯한 행동行動을 하거나 또는 상관上官의 명령命令에 복종服從하지 아니한 때" 곧바로 징계절차가 진행되어 신속하게 징계처분이 가능하도록 하였다. 따라서 모든 경찰관은 접전 중 전투요원으로서 의무를 다하지 않거나 상관의 명을 거역할 때 언제든지 징계대상자가 될 수 있었다.

징계의 종류 또한 세분화하여 면직과 정직 사이에 '강위降位'를, 감봉과 견책 사이에 '근신勤愼'을 추가하였다. 또한 종래 경무관, 총경, 경감에 대해 치안국 또는 지방경찰국의 사문위원회가 담당했던 징계처분 결정을 내무부장관이 사문위원회의 자문을 거쳐 내리고, 경위 이하에 대하여는 임용권자가 하도록 변경되었다. 당시 임용권자는 치안국 소속의 경찰관은 내무부장관, 그 외는 도지사였지만 실제로는 치안국 소속이 아닌 경우

---

10 민주경찰연구회, 『경찰육법』, 경찰도서출판협회, 1954, 46~47쪽.

지방경찰국장 또는 경찰서장이었다. 1953년 9월 창설된 서남지구전투경찰대의 경우 사령관이 임명권자가 되어 징계권도 직접 행사하였다. 이와 같이 일선 경찰서장 또는 전투경찰대장에게 전적으로 부여된 징계권은 한국전쟁기 많은 경찰관들이 징계처분을 받는 가장 큰 원인이 되었다.

또한 경찰관에 대한 전시교육 역시 전투력 향상에만 집중되어 있었다. 1950년 8월 18일 정부가 대구에서 부산으로 이동[11]하자 경찰전문학교도 대구시 특경대 청사로 이전하였다. 그리고 미8군단의 요청으로 전투경찰대 편성사령부를 설치하고, 후퇴경찰관 및 신임경찰관들을 대상으로 7개 전투대대로 편제하여 단기 전시교육을 시킨 후 각 전투지구로 배치하였다.[12] 이와 함께 군 위탁교육도 강화되었다.

예를 들어 1951년 경위와 경사 각각 10명이 육군정보학교에, 1952년 경위 79명과 경사 40명이 각각 육군보병학교와 육군정보학교에서 교육을 받았다.[13]

이와 같은 전투 중심의 교육은 정전된 후인 1954년 경위 미교육자에 대한 재교육과정인 별과의 전체 교육과목 가운데 군사학과(일반군사학, 전술학, 병기학, 화생학)가 차지하는 비율이 총 447시간의 12.08%에 해당하는 54시간[14]

---

11 남한 정부의 이동은 다음과 같다. 1950년 6월 27일 대전 → 1950년 7월 16일 대구 → 1950년 8월 18일 부산 → 1950년 10월 27일 서울로 환도 → 1951년 1월 4일 부산 → 1953년 8월 15일 서울로 환도.
12 경찰전문학교, 『경찰교육사』, 청구출판사, 1956, 71쪽.
13 이윤정, 『史料로 보는 警察敎育史』, 경찰교육원, 2014, 52쪽.
14 교육기간은 총 447시간(3개월)으로 과목과 시간을 보면, 보통학과(윤리, 국어, 국사, 영어, 경제학) 72시간(16.10%), 법률학과(헌법, 행정법, 형법, 형사법, 국제공법, 민법총칙) 99시간(22.14%), 군사학과(일반군사학, 전술학, 병기학, 화생학) 54시간(12.08)%, 경찰학과(경찰법, 행정실무, 사법실무, 법의학, 지문학) 72시간(16.10%), 술과(구급법, 교련, 유도, 점검예식, 자동차학) 141시간(31.54%), 기타(특별훈련) 9시간(2.01%)이다. 위의 책, 57쪽.

을 차지할 정도로 여전히 비중이 높았다.

2) 한국전쟁기 경찰관의 징계 사례

한국전쟁기 경찰관 징계에 관한 통계는 치안국이 1954년 5월 최초로 발간한 『국립경찰통계연보 4286』[1953]에 나온다. 이 연보에 나온 1953년도 경찰관의 징계현황은 다음과 같다.

〈표 3〉 도별 경찰관 징계 통계표(1953년, 단위: 명)

	면직	강위	정직	감봉	견책	기타	합계	비율(%)*
치안국	3	0	4	21	10	2	40	0.27
서울	277	1	3	377	38	452	1,148	7.78
경기	292	5	0	265	29	18	609	4.13
강원	214	1	3	140	50	7	415	2.81
충북	260	6	1	216	85	3	571	3.87
충남	256	0	2	153	40	1	452	3.06
경북	420	1	9	223	30	127	810	5.49
경남	1,792	3	7	699	982	24	3,507	23.78
전북	1,102	13	4	176	15	280	1,590	10.78
전남	1,106	3	2	215	15	11	1,352	9.17
제주	173	5	0	107	19	50	354	2.40
서남지구 전투경찰대	2,425	3	4	272	38	2	2,744	18.61
철도경찰대	634	1	12	390	107	7	1,151	7.80
합계	8,954	42	51	3,254	1,458**	984**	14,743	100

※내무부 치안국, 『국립경찰 통계연보 4286』, 1953, 70쪽.
• 표시는 현원15대비 %이다.
** 표시는 통계가 맞지 않는 것으로 원 항목에 있는 수를 표준으로 다시 합산하였다.

---

15 1953년도 전국 경찰관 현 원표는 다음과 같다. 합계가 맞지 않는 것은 원 항목에 있는 수를 표준으로 다시 합산하였다.

〈표 3〉에 의하면 1953년도 경찰관 현원 50,959명 중 28.93%에 해당하는 14,743명이 징계를 받았다. 가장 많은 징계 종류는 면직, 감봉, 견책, 기타교양, 시말서 제출 등, 정직, 강위 순이다.

또한 징계자가 많은 경찰기관은 경남, 서남지구전투경찰대, 전북, 전남, 철도경찰대, 서울, 경북, 경기, 충북, 충남, 강원, 제주, 치안국 순이다.

이 가운데 면직자가 많은 서남지구전투경찰대를 보면, 이 조직은 다른 경찰기관과 달리 1953년 5월 창설되어 그 유래가 상당히 짧다.

일반적으로 경찰관이 되기 위해서는 지원자가 지방경찰국에 지원서를 내고, 모든 절차를 거쳐 합격한 후 산하 지방경찰학교에서 신임교육을 받아 임명되었다. 이에 반해 서전경에 근무하기를 희망하는 지원자는 이 부대의 사령관 앞으로 지원서를 제출하였다. 그리고 소속 전투훈련소에서 교육과정을 수료하면 경찰학교를 졸업한 것과 동등하게 순경으로 임용

	경무관	총경	경감	경위	경사	순경	계
치안국	9	34	75	183	231	67	599
경찰전문학교	1	9	9	20	11	4	54
서울	1	22	78	338	938	5,715	7,092
경기	1	14	61	353	748	3,489	4,666
강원	1	11	34	227	440	2,798	3,511
충북	1	10	33	170	409	1,888	2,511
충남	1	13	44	204	581	2,059	2,902
경북	1	17	58	335	855	4,511	5,777
경남	1	16	53	383	794	4,510	5,757
전북	1	11	37	200	469	2,630	3,348
전남	1	12	43	300	685	3,770	4,811
제주	1	6	17	77	169	878	1,148
서남지구전투경찰대	1	14	86	371	1,164	6,806	8,442
해경	1	5	20	29	77	124	256
합계	22	194	648	3,190	7,571	39,249	50,874

※ 내무부 치안국, 『국립경찰 통계연보 4286』, 1953, 41쪽.

되어 곧바로 전투경찰 업무를 수행하였다.[16] 그리고 앞에서 본 바와 같이 「비상시 경찰관 특별징계령」에 의해 서전경 사령관이 소속 경찰관에 대한 징계권을 직접 행사하였다.

따라서 1953년 5월부터 근무한 서전경 소속 경찰관에 대한 징계 비율이 가장 큰 이유는 이들이 일반경찰관보다 군인에 더 가까웠기 때문에, '명령 불복종' 등 전투업무와 직결된 이유로 징계처분을 많이 받은 것으로 판단된다.

다음으로 계급별 징계를 보면 다음과 같다.

<표 4> 경찰관 계급별 징계통계표(1953년)

	면직	강위	정직	감봉	견책	기타	계	비율 (%)	현원대비 (%)*
순경	8,078	0	16	2,292	497	716	11,599	83.39	20.58
경사	730	28	7	581	169	83	1,598	11.48	20.10
경위	131	14	16	329	67	40	597	4.29	18.71
경감	10	0	11	42	19	1	83**	0.59	12.80
총경	5	0	1	10	13	1	30	0.21	15.46
경무관	0	0	0	0	1	0	1	0.01	0.51
총계	8,954	42	51	3,254	766	841	13,908	100	17.53***

※내무부 치안국, 『국립경찰 통계연보 4286』, 1953, 71쪽.
* 표는 현원대비 전체 징계자 비율이다.
** 표시는 통계가 맞지 않는 것으로 원 항목에 있는 수를 표준으로 다시 합산하였다.
*** 표시는 순경~총경까지 징계자 수에 대한 평균 비율이다.

<표 4>를 보면 하위직 경찰관의 인원이 상위계급에 비해 현저히 많다. 이는 계급이 낮을수록 최일선에서 전투, 경계, 순찰 등을 담당하여 징계를 받을 가능성이 많았기 때문이다. 또한 적은 월급과 과중한 업무로 주민들에 의한 금전, 향응 등 유혹을 받기 쉬운 환경도 그 요인으로 보인다.

---

16 대통령령 제789호 「서남지구전투경찰대 직제」 제12조, 내무부 치안국, 『경찰법령집』, 1955.

그리고 한국전쟁기 경찰관의 징계현황과 관련하여 가장 중요한 사유는 다음과 같다.

〈표 5〉 경찰관 징계 사유통계표(1953년, 단위 : 명)

	면직	강위	정직	감봉	견책	계	비율(%)
직권남용	112	3	4	117	7	243	1.85
수뢰	195	2	4	102	4	307	2.34
명령불복종	591	6	3	497	205	1,302	9.96
직무포기	5,927	0	1	124	33	6,085	46.56
직무태만	317	14	16	863	186	1,396	10.68
위신실추	1,032	10	18	829	111	2,000	15.30
규율문란	474	5	2	569	200	1,250	9.56
기타	306	2	3	153	20	484	3.70
총계	8,954	42	51	3,254	766	13,067	100

※내무부 치안국, 『국립경찰 통계연보 4286』, 1953, 71쪽.

〈표 5〉를 보면 1953년도의 경우 징계사유가 직무포기, 위신실추오늘날 물의 야기, 명령 불복종, 규율문란, 기타, 수뢰, 직권남용 순으로 많다. 이는 당시 경찰관들이 전투 또는 근무 장소에서 무단으로 이탈한 이유 등으로 가장 많은 징계를 받았다는 것을 보여 준다.

반면에 민폐와 관련된 수뢰, 직권남용 등은 상대적으로 비율이 낮다. 그렇다고 해서 전투업무를 수행하는 과정에서 행해진 진지구축을 위한 강제 노무동원이나 식량보급 등의 민폐가 많지 않았다고 볼 수는 없다.

또한 전투 시 시야를 확보하기 위한 민가 파손 또는 농작지 훼손 등으로 인한 주민의 피해도 크지 않았다고 할 수 없다. 다만 징계처분이 전시 경찰 체제하에서 결정되었기 때문에 전투와 관련된 것이 더욱 중시되었다고 판단된다.

이러한 징계상황은 1950년 10월부터 1953년 12월까지 다음과 같은 변화를 보여 왔다.

<표 6> 경찰관 연도별 징계 변화 비율표(1950년 10월~1953년 12월, 단위 : 명, %)

연도	전경찰관 대비 비율(%)	증감 비율(%)	징계자 수(명)	정·현원(명)*
1950년 10월~12월	24.85	-	9,448	38,009
1951년	26.29	+1.44	16,680	63,427
1952년	21.13	-5.16	13,408	63,427
1953년	28.97	+7.84	14,743	50,874
평균	25.31	+4.12	13,569	53,934

※내무부 치안국, 『국립경찰통계연보 4286』, 1953, 41·71쪽; 내무부 치안국, 『경찰 통계연보』 제11호, 1967, 45쪽.[17]
*1950년~1952년은 정원이며, 1953년은 현원이다.

〈표 6〉을 보면 한국전쟁이 발발한 후 10월부터 12월까지 두 달 만에 당시 정원 38,009명의 24.85%에 해당하는 많은 경찰관이 징계처분을 받았다. 이후 1951년부터 1953년까지 보면 1951년에 징계자가 가장 많이 증가하였으나 다음 해인 1952년에는 그 수가 감소하였다. 그리고 다시 1953년에 증가하였다. 특히 1953년의 경우 경찰관의 충원 수가 1951년과 1952년에 비해 6분의 1이 감소하였으나, 징계대상자 수는 오히려 더 많이 증가하였다.

다음으로 각 연도별 징계사유와 비율을 보면 다음과 같다.

〈표 7〉 경찰관 연도별 징계사유 통계표 (1950년 10월~1953년 12월, 단위 : 명, %)

기간	건수 비율	면직	강위	정직	감봉	견책	기타	계	증감 건수
1950 (10월~12월)	건수	5,885	481	213	1,490	444	935	9,448	-
	비율	62.28	5.09	2.25	15.77	4.69	9.89	100	
1951	건수	12,079	127	58	2,415	911	1,090	16,000	+6,242
	비율	72.41	0.76	0.34	14.47	5.46	6.53	100	
1952	건수	9,176	79	58	3,002	975	118	13,408	-2,300
	비율	68.43	0.58	0.43	22.38	7.27	0.88	100	

17 원문에는 48,000명으로 원 항목의 합계가 맞지 않아, 원 세부항목에 있는 수를 표준으로 하여 다시 계산하였다.

기간	건수 비율	면직	강위	정직	감봉	견책	기타	계	증감 건수
1953	건수	8,954	42	51	3,254	1,458	984	14,743	+469
	비율	60.73	0.28	0.34	22.07	9.88	6.67	100	
합계 (평균 비율)	건수	36,094	729	380	10,161	3,788	3,127	54,279	
	비율	66.49	1.34	0.70	18.71	6.97	5.76	100	

※ 내무부 치안국, 『국립경찰 통계연보 4286』, 1953, 71쪽.

〈표 7〉을 보면 전체 징계에 비해 '면직'이 차지하는 비율이 1950년 62.28%에서 1951년 72.41%로 10% 이상 증가하였다. 1952년과 1953년 역시 '면직'이 각각 전체 징계의 68.43%, 60.73%를 차지하고 있다.

따라서 당시 급속하게 충원된 경찰인력 가운데 많은 신임경찰관이 무단으로 위수지역을 이탈하거나 상부 또는 상관의 명령 등을 위반하여, 이에 대한 징계가 내려진 것으로 보인다.

그 결과, 한국전쟁 기간 평균적으로 전 경찰관의 66.49%가 면직을, 다음으로 감봉 18.71%, 견책 6.97% 순으로 징계를 받았다는 것을 알 수 있다. 물론 가장 적은 징계는 정직0.70%으로 당시 전투인력 확보차원에서 최소한도로 처분을 내린 것으로 보인다.

3. 이후 권위적인 규율·제도의 존속

1952년 3월 백선엽야전사령부[18]의 빨치산 진압작전이 종료되면서 빨치산들의 수가 급감하고, 대다수가 지리산 지역으로 이동[19]하던 시기인 8

---

18 이하 '백야전사'로 기술한다.
19 백야전사가 1·2차 작전을 완료한 1월 4일 빨치산의 감소율이 47.66%, 3·4차 작전이 종료된 3월 30일 76.49%로 급감하였다. 이후 생존한 빨치산들의 82.48%가 지리산

월 8일 「경찰관 교양규정」이 내무부 훈령 제42호로 제정되었다.

이 '경찰교양'은 경찰관의 전반적인 직무수행 능력을 향상시키는 '자체 교육'이라는 의미이다. 시행 초기부터 시행된 지 3년이 지나도 정착되지 않고, 계속 문제점이 제기되고 반복적으로 실천이 강조된 것은 전반적으로 '경찰교양'이 강력하게 추진되지 못하였기 때문으로 보인다. 그 바탕에는 다음과 같은 이유가 있다고 추정된다.[20]

첫째, 1953년 5월 1일 정부가 국군의 백야전사와 유사한 서남지구전투경찰대를 창설한 후[21] 1955년 6월 30일 해대될 때까지 전북의 남원·장수·임실·순창, 전남의 순천·승주·광양·곡성·구례, 경남의 함양·거창·하동의 3개도 12개 지역경찰서가 함께 빨치산들을 진압하였기 때문에 전 경찰기관의 관심사가 이 작전에 집중되었기 때문이다.

둘째, 지리산에 입산하지 못한 빨치산들이 여전히 전국적·산발적·개별적으로 활동하고 있어, 서남지역 이외의 일선경찰서도 단위별 경찰작전에 전 역량을 집중하였기 때문이다. 실제로 일선에서는 제주귀순1[예], 1954년 2월 23일,[22] 경북 청도생포1, 1954년 3월 25일,[23] 전주·서울검거2, 1954년 10월,[24] 충북 보

일대로 이동하였다. 이윤정, 「한국전쟁기 지역사회와 경찰활동 – 전라북도 김제군을 사례로」, 성신여대 박사논문, 2018, 119쪽.

20 이윤정, 「1957년 경찰 '과제교양'의 사례 연구 – 의령경찰서 한 경찰관의 『교양수부』를 중심으로」, 한국근현대사 연구 제96집, 2021.3, 272~273쪽.

21 서전경의 인원을 보면 전투경찰 6,512명과 함께 소속 경찰서 부대원 3,652명을 합쳐 모두 10,164명으로, 이는 1952년도 전체 경찰관 63,427명의 16.02%에 해당하는 대규모 부대임을 보여준다. 이윤정, 앞의 글, 2018, 122~123쪽.

22 치안국 경무과, 「(제주경찰국) 잔비 1명 또 귀순」, 『민주경찰』 제39호, 1954.4, 81쪽.

23 치안국 경무과, 「(속보) 방화 약탈 50여 차례 시내서 빨치산 2명 검거」, 『민주경찰』 제44호, 1954.10, 81쪽.

24 치안국 경무과, 「(제주경찰국) 잔비 1명 또 귀순」, 『민주경찰』 제39호, 1954.4, 81쪽.

은생포2, 1954년 12월 16일」,[25] 전북 고창사실1, 생포2, 귀순1[1955년 3월 22일과 25일]. 사살2, 생포3 [3월 26일]」,[26] 경남 함양사살2[1955년 1월 22일과 23일], 생포1[1월 24일][27] 등 전과를 계속 올리고 있었다.[28]

그럼에도 1953년 10월 17일 충남 부여경찰서장은 산하 지서와 출장소 주임에게 다음과 같은 내용으로 공문을 보내 전 직원이 철저하게 교양학습에 임할 것을 지시하였다.

(교양에 관한) 답안제출이 전무함은 기본基 실시여부의 의심치 안을 수 없는바 금후로는 본국本局 지시에 의거 전 답안을 취합제출 보고케 되었음으로 전원 답안작성 기일 내 무설無洩 제출提出, **만일 취합 제출치 안는 지서에서는 주임 시말서 징수 징계 위계이옳기 특기함** 강조-인용자

또한 1953년 12월 11일 전라남도 경찰국장 송관수도 다음과 같은 훈시를 통해 교양학습을 강조하였다.[29]

평소 조직적 체계적으로 매월 교양훈련계획을 수립하여 매월 예정대로 필히 실시할지며, 항상 교육훈련에 치중하여 자부(심-인용자) 향상을 도모하고, **특히 상**

25 치안국 경무과, 「3지구당 공비 섬멸 일주(一周) 보은서에서 비상계엄 실시」, 『민주경찰』 제47호, 1955. 1, 103쪽.
26 치안국 경무과, 「소위 항미연대장을 생포(生摛)」, 『민주경찰』 제50호, 1958. 4, 110쪽.
27 앞의 책, 「괴수 김홍복 사살 함양서에 대전과」, 114쪽.
28 빨치산 진압은 1963년 11월 12일 경남 산청군 삼장면 내원리에서 이홍이 사살, 정순덕 생포를 마지막으로 종료된 것으로 알려져 있다.
29 그는 한국전쟁이 전정되고 난 후 경찰의 각종 현안 해결책으로 근무기강 숙청, 근무체제 쇄신, 외근근무 개혁, 사찰태세 적극강화, 전력군원(戰力軍援) 증강, 보안행정 쇄신, 수사사무 개선, 통신업무 진장(振張)"을 주제로 훈시하였다. 전라남도경찰국, 『단기 4286년 12월 11일 국장 훈시』(철필본), 1953.

사 명령 지시 통첩은 무누말단無漏末端에 철저 교양주지 침투케 하여야 한다.[30] 강조-인용자

게다가 물론 지역마다 차이가 있었겠지만 길경복 충남경찰국장이 『민주경찰』 제52호[1955년 6월호]에 '경찰관과 교양'이라는 제목으로 투고하면서 경찰교양을 재강조한 점은 당시 지휘부의 인식을 그대로 보여준다. 다소 내용이 길지만 전체적인 맥락을 알기 위하여 다음과 같이 인용한다.

우리 국립경찰이 조속한 시일 내에 완수하여야 할 중대과업 중에서 두가지를 골라 말하라는 주문을 받는다면 나는 내부적으로 경찰관의 질을 향상시키고 외부적으로 민경친선을 촉진시키는 일이라고 대답하고 싶다. (…중략…) 수일전에 작년도[1954년-인용자] 도내 경찰관 경찰관 징계상황을 검토할 기회를 갖었었는데 (…중략…) (징계를 받은-인용자)경찰관의 수는 도한 260명이었으며 그 중에서 수위를 찾이한 것은 경찰관의 위신을 추락시켰다는 이유로 징계를 받은 (수는-인용자) 154명이었다. (…중략…) 지난 8월 23일에 천안의 사직동파출소가 공비 김종하 등에 의하여 피습을 당한 이후 특히 토벌대원들이 조곰만 더 지혜와 용기를 내였더라면 이들을 생포할 수 있었든 절호의 기회를 일실한 이후 이러한 동작과 사기에 대한 비난은 중앙으로부터 물끓듯 들어왔던 것이다. (…중략…) 나의 관심은 경찰관의 교양과 훈련에 집중되지 않을 수 없었다. 나는 첫째로 도내 전경찰관에게 맹렬한 훈련을 명과하고 토벌 경찰대원들에게 가혹할 정도의 작전을 명령하였다. 이에 대한 대원들의 불평과 불만의 수리가 없었던 것도 아니지마는 이러한 잡음들이 직원훈련에 대한 나의 결심은 움직일 수 없었던 것이다.강조-인용자[31]

---

30   위의 책, 25쪽.
31   치안국 경무과, 「경찰관과 교양」, 『민주경찰』 제52호, 1955.6, 55~57쪽.

이에 따라 충북경찰국은 후속 조치로 같은 해 11월 하순부터 소속 전 직원에게 매주 월요일과 목요일 조회 시에 간부들이 시사문제에 관하여 10분간 교양을 실시하도록 하였다.[32]

이처럼 당시 경찰지휘부의 일방적인 지시는 한국전쟁이 정전된 후에 도 여전히 변함이 없었다. 미군정기부터 한국전쟁기 전시경찰 체제하에 서 이미 굳어진 강력한 지휘권은 규율 준수를 강조하는 선을 넘어 자연 스럽게 작동되는 하나의 권력으로 자리 잡게 되었다.

또한 그와 같은 권한 행사는 특정 지역이 아닌 타 지역에까지 일반화 되어 있었다. 즉 앞에 쓴 충남경찰국장의 지시에 의해 시행된 경찰교양 방법은 경기도경찰국에서 이미 매 조회 시 10분간 계장급이, 경찰서에서 는 경위급이 실시하고 있었다.[33]

---

32   위의 책, 57쪽.
33   치안국 경무과, 「10분간 교양제 실시 매조회시 간부급이」, 『민주경찰』 제47호, 1955.1, 104쪽.

참고 문헌

1. 지역사 자료

1) 전북, 김제지역

김제군사편찬위원회, 『김제군사』, 호남문화사, 1978.

김제시, 『2016 통계연보』.

김제시사편찬위원회, 『김제시사』, 학예사, 1995.

김제향교 명륜당, 『김제군지』, 1956.

동학농민혁명기념사업회, 『전북의 역사와 문화』, 서경문화사, 1999.

문교부 국사편찬위원회 편, 『輿地圖書』 하권, 규장문화사, 1979.

민족문화추진회 편, 『(국역)신증동국여지승람』 제4집, 1971.

박영순, 「모악산 금산사와 김제팔경」, 『국토』, 국토연구원, 2008.

宇津木初三郞, 『김제발전사』, 1934.

전라북도, 『전라북도 일지 1945~1991』, 청웅인쇄, 1993.

전라북도, 『전북학연구』 I, 혜안, 1997.

조찬성, 『김제군지』, 1917.

2) 기타 지역

군산시사편찬위원회, 『군산시사』, 1991.

금산군지편찬위원회, 『금산군지』 제1권 생명의 고향, 미래의 땅, 제일인쇄사, 2011.

김영정 외 3명, 『근대 항구도시 군산의 형성과 변화―공간, 경제, 문화』, 한울아카데미, 2006.

장수군, 『장수군지』, 남원 중앙인쇄사, 1997.

전주시, 『전주시사』, 신아출판사, 1997.

무주군지편찬위원회, 『무주군지』, 대흥정판사, 1990.

2. 경찰 자료

1) 1960년 이전

강병순, 「意識과 力量」, 『민주경찰』 창간호, 경무부 교육국, 1947.

「강진경찰서 직제표」, 1946.

경기도경찰국, 『경찰10년사』, 1955.

김제경찰서장, 「하문사항에 대한 보고의 건」, 1951.

경남경찰국, 『경찰상식문답집』 제1집, 1955.

경찰전문학교, 『경찰교육사』, 청구출판사, 1956.

_____, 『경찰제도사』, 1955.

_____, 『주의보고 제요』, 경찰문고4, 관문사, 1958.

국방부 정훈국 군사편찬위원회, 『한국전란 1년지』, 1951.

김도원, 『경찰실무요강』(상), 수도관구경찰청 경무과, 1948.

김명하, 「第一線 警察官의 査察實務에 對한 一考察」, 『민주경찰』 제8호, 경무부 교육국, 1948(추정).

김성수, 「創刊에 際하여」, 『민주경찰』 창간호, 경무부 교육국, 1947.

김정호, 「第5管區 警察官에게 告함」, 『민주경찰』 창간호, 경무부 교육국, 1947.

김제경찰서, 『관내상황』, 1953.

_____, 『사령원부 1950-1957』.

_____, 「장병 DP자 명부」, 1953년.

김일수, 「機關誌創刊과 愛國警察」, 『민주경찰』 창간호, 경무부 교육국, 1947.

김형필, 『들불을 찾아서 – 돌아온 빨치산의 수기』, 한국출판사, 1952.

내무부 치안국, 『국립경찰통계연보 4286』, 1954.

_____, 대한경찰전사발간회, 『대한경찰전사 제1집 민족의 선봉』, 흥문출판사, 1952.

_____, 『한국경찰사』 II, 광명인쇄공사, 1973.

대한군경원호회, 「인보원호운동 실천요강」, 1956(추정).

박명제, 「제1관구경찰관에게 고함」, 『민주경찰』 창간호, 경무부 교육국, 1947.

박재우, 『신경찰법』, 대성출판사, 1949.

서남지구전투경찰대, 『특수전례집』, 1953.

수도관구경찰청, 『해방이후 수도경찰발달사』, 국도인쇄국, 1947.

제3관구(충남)경찰청, 『새벽종』, 1946(추정).

_____, 『국문초보강의』, 1948.

제5관구(경북)경찰국,『경찰법 대의』, 태성출판사, 1947.

_____ ,「명령계통을 확립하고 직원 교양 감독을 철저하라」,『건국과 경찰』, 1948.

제6관구(전북)경찰학교,『경찰교과서 복무』, 1947(추정).

제6관구(전북)경찰학교,『경찰교련필휴(전편)』, 1947.

제8관구(전남)경찰청 편집부,「새경찰 건설 小記」,『警聲』 9월호, 1946.

제8관구(전남)경찰청,「청장 각하 방송」,『警聲』 제3호, 1946(추정).

조선경찰협회,『지방행정구역 명칭일람』, 1942.

이근갑,『경찰복무』, 동아출판사, 1948.

이현재,『전몰군경 및 유가족 연금해설』, 1953.

육군본부,『공비토벌사』, 1954.

전라북도경찰국,『1950년 11월 관내상황』, 1950.

조선총독부 전라북도지사(경찰서장),「요시찰인 약명부 조제에 관한 건」, 1945.3.30(전북고 (全北高) 제348호).

치안국,『대한경찰연혁사』, 1954.

_____ ,『경찰10년사』, 1958.

홍순봉,『경찰법 대의』, 동아출판사, 1947.

_____ ,「본가에 도라와서」,『민주경찰』, 제26호, 내무부 치안국, 1952.

2) 1960년 이후

김제경찰서,『김제경찰 1000년사』, 2007.

내무부 치안국,『한국경찰사』 I, 광명인쇄공사, 1972.

_____ ,『한국경찰사』 II, 광명인쇄공사, 1973.

대한민국 여경재향경우회,『한국 여자경찰 60년사』, 에스프리, 2007.

병무청,『병무행정사』 상권, 병무청, 1986.

문경환·황규진,『경찰정보론』, 경찰대학, 2013.

박종문,『경찰보안론』, 경찰대학, 2013.

전라북도경찰청,『전라북도 호국경찰사』, 인문사artCom, 2012.

전재곤,「銃聲 없는 武警小史」, 강원지방경찰청,『강원경찰전사』, 디자인 맑음, 2013.

유관종,『한국경찰전사』, 제일가제법령출판사, 1982.

윤장호,『호국경찰전사』, 제일, 1995.

이운주,『경찰학개론』, 경찰대학, 2003.

이윤정, 『史料로 보는 警察敎育史』, 경찰교육원, 2014.

_____, 『한국경찰사』, 소명출판, 2021.

이현희, 『한국경찰사』, 덕현각, 1979.

3. 저서와 논문

1) 저서

국방부, 『국방사』 2, 1987,

국방부 군사편찬연구소, 『6 · 25전쟁사－북한의 전면남침과 초기 방어전투』 2, 서울인쇄정
보산업협동조합, 2005.

_____, 『6 · 25 전쟁사－금강-소백산맥선 지연작전』 4, 서울인쇄정보산업
협동조합, 2008.

_____, 『6 · 25전쟁사－인천상륙작전과 반격작전』 6, 서울인쇄정보산업협
동조합, 2009.

_____, 『통계로 본 6 · 25 전쟁』, 국군인쇄창, 2014.

국방부 전사편찬위원회, 『대비정규전사 1945~1960』, 서라벌인쇄주식회사, 1988.

김경현, 『민중과 전쟁기억』, 선인, 2007.

김귀옥, 『구술사 연구－방법과 실천』, 한울아카데미, 2014.

김득중, 『'빨갱이'의 탄생－여순사건과 반공국가의 탄생』, 선인, 2009.

김인걸, 『한국 현대사 강의』, 돌베개, 1998.

김일성, 『세기와 더불어』 제1권, 조선로동당출판사, 평양종합인쇄공장, 1992.

김일영 · 조성렬, 『주한미군－역사, 쟁점, 전망』, 한울 아카데미, 2003.

김행선, 『해방정국 청년운동사』, 선인, 2004.

김평일 외 7명, 『구국경찰사』 1, 경찰청, 2006.

박찬승, 『마을로 간 한국전쟁－한국전쟁기 마을에서 벌어진 작은 전쟁들』, 돌 베개, 2010.

서중석, 『이승만과 제1공화국－해방부터 4월혁명까지』, 역사비평사, 2010.

송남헌, 『해방 3년사』 II, 까치, 1985.

신기철, 『국민은 적이 아니다』, 헤르츠나인, 2010.

_____, 『진실, 국가범죄를 말하다』, 도서출판 자리, 2011.

신동흔 외 7명, 『한국전쟁 체험담 연구－상처와 치유』, 박이정, 2016.

신복룡, 『한국분단사 연구 1948~1953』, 한울 아카데미, 2006.

안진, 『미군정기 억압기구 연구』, 선인, 2012.

이대근, 『해방후-1950년대의 경제』, 삼성경제연구소, 2002.

이완범, 『한국해방 3년사』, 태학사, 2007.

이혜숙, 『미군정기 지배구조와 한국사회』, 선인, 2008.

일본육전사연구보급회, 육군분부 군사연구실 역, 『한국전쟁 1-38선 초기전투와 지연작전』, 명성출판사, 1986.

임영태, 『대한민국 50년사』, 들녘, 1998.

원용찬, 『일제하 전북의 농업수탈사』, 신아출판사, 2004.

육군본부, 『한국전쟁과 반공포로』, 국군인쇄창, 2002.

윤택림·함한희, 『새로운 역사쓰기를 위한 구술사 연구방법론』, 아르케, 2006.

전쟁기념사업회, 『한국전쟁사-낙동강에서 압록강으로』 제4권, 행림출판, 1990.

＿＿＿＿＿＿, 『한국전쟁사-중공군개입과 새로운 전쟁』 제5권, 행림출판, 1990.

정용욱, 『해방 전후 미국의 대한정책』, 서울대 출판문화원, 2013.

차문섭, 『조선시대 군사관계 연구』, 단국대 출판부, 1996.

최정환, 『고려 정치제도와 녹봉제 연구』, 신서원, 2002.

한국역사연구회, 『한국 현대사』 1, 풀빛, 1993.

한국철도시설공단, 『한국철도건설백년사』 상권, 웅진씨앤피주식회사, 2005.

한모니까, 『한국전쟁과 수복지구』, 푸른 역사, 2017.

2) 논문

강경성, 「반공주의」, 『역사비평』 여름호, 1995.

김경순, 「1894년 농민집강소의 민주적 성격」, 『사회과학연구』 제16집, 계명대 사회과학연구소, 1997.

김광운, 「북한의 비정규전 조직과 전개」, 『역사학의 시선으로 읽는 한국전쟁』, 한국역사연구회 현대사분과편, 선인, 2010.

＿＿＿＿, 「한국전쟁기 북한의 게릴라전 조직과 활동」, 『군사』 제48호, 국방부군사편찬연구소, 2003.

김득중, 「대한민국 '국민'은 어떻게 형성되었나」, 『내일을 여는 역사』 3월호, 제31호, 2008.

김동춘, 「냉전, 반공주의 질서와 한국의 전쟁정치-국가폭력의 행사와 법치의 한계」, 『경제와 사회』 제89호, 비판사회학회, 2011.

김민철, 「식민지 조선의 경찰과 주민」, 『일제 식민지지배의 구조와 성격』, 경인문화사, 2005.

＿＿＿＿, 「식민지 통치와 경찰」, 『역사비평』 봄호, 제26호, 역사비평사, 1994.

김선호, 「국민보도연맹의 조직과 가입자」, 『역사와 현실』 제45호, 한국역사연구회, 2002.

김정은, 「1920~30년대 경찰조직의 개편-내용과 논리」, 『역사와 현실』 제39호, 한국역사연구회, 2001.

김영미, 「대한민국의 수립과 국민의 재구성」, 『황해문화』 제60호, 새얼문화재단, 2008.

김양식, 「1894년 농민군 都所의 설치와 그 이념-全州和約期 전라도지역을 중심으로」, 『한국근현대사 연구』 제2호, 한국근현대사학회, 1995.

김운태, 「권력구조와 정부」, 『한국정치외교사논총』 제13호, 한국정치외교사학회, 1995.

김태우, 「육감에서 정책으로-한국전쟁기 미 공군 전폭기들의 민간지역 폭격의 구조」, 『역사와 현실』 제77호, 한국역사연구회, 2011.

류상영, 「미군정 국가기구의 창설과정과 성격」, 『한국사-분단구조의 정착 1』 17, 한길사, 1994.

박경식, 「일제의 황민화정책」, 『한국사-식민지시기의 사회경제 1』 13, 한길사, 1994.

박만규, 「보호국체제의 성립과 통감정치」, 『한국사-근대민족의 형성 1』 11, 한길사, 1994.

박명규, 「일제하 수리조합의 설치과정과 그 사회경제적 결과에 대한 연구-전북지방을 중심으로」, 『성곡논총』 제20호, 성곡언론문화재단, 1989.

소순열, 「일제하 지주제의 지대구조」, 『농업정책연구』 제19권 1호, 농업정책연구학회, 1992.

_____, 「1920-30년대 농민운동의 성격 변화-전북지역을 중심으로」, 『지역사회연구』 제15권 2호, 한국지역사회학회, 2007.

신용하, 「갑오농민전쟁 시기의 농민집강소의 활동」, 『한국문화』 제6호, 서울대 규장각 한국학연구원, 1985.

안용식, 「일제하 한국인경찰 연구」, 『현대사회와 행정』 제18권 3호, 한국국정관리학회, 2008.

염미경, 「전쟁연구와 구술사」, 『전쟁과 사람들-아래로부터의 한국전쟁 연구』, 한울아카데미, 2003.

윤충로, 「20세기 한국의 전쟁 경험과 폭력」, 『민주주의와 인권』 제11호, 전남대 5.18연구소, 2011.

_____·강정구, 「반공·안보국가에서의 묵종과 저항의 사회화-한국과 남베트남의 사례를 중심으로」, 『한국사회학회 사회학대회 논문집』, 2003.

윤형숙, 「한국전쟁과 지역민의 대응-전남의 한 동족마을의 사례를 중심으로」, 『한국문화인류학』 제35집 2호, 한국문화인류학회, 2002.

이광일, 「한국전쟁의 발발 및 군사적 전개과정」, 『한국전쟁의 이해』, 역사비평사, 1993.

이동진, 「한국전쟁과 제노사이드-경북 영천군을 사례로」, 『사회과학 담론과 정책』 제5호, 경북대학교 사회과학연구원, 2012.

이상의, 「일제하 조선경찰의 특징과 그 이미지」, 『역사교육』 제115호, 역사교육연구회, 2010.

이성호, 「반공국가 형성과 지역사회의 변화－'월파유고'의 한국전쟁기 기록을 중심으로」, 『지역사회연구』 제21호, 한국지역사회학회, 2013.

이우권, 「지역사회 권력구조에 대한 실증연구 분석과 전망」, 『정치정보 연구』 제10권 1호, 한국정치정보학회, 2007.

이용기, 「마을에서의 한국전쟁 경험과 그 기억－경기도의 한 '모스크바' 마을 사례를 중심으로」, 『역사문제 연구』 제6호, 역사문제연구소, 2001.

이윤갑, 「한국전쟁기 경북 성주군의 부역자 처벌과 피학살자 유족회 활동」, 『한국학 논집』 제47호, 계명대 한국학연구소, 2012.

이임하, 「상이군인들의 한국전쟁 기억」, 『전쟁의 기억 냉전의 구술』, 선인, 2008.

_____, 「한국전쟁과 여성」, 『근대를 다시 읽는다』, 역사비평사, 2005.

이선아, 「한국전쟁 전후 빨치산의 형성과 활동」, 『역사학의 시선으로 읽는 한국전쟁－사실로부터 총체적 인식으로』, 휴머니스트, 2010.

이성호, 「반공국가 형성과 지역사회의 변화－'월파유고'의 한국전쟁기 기록을 중심으로」, 『지역사회연구』 제21호, 한국지역사회학회, 2013.

이태훈, 「일제말 전시체제기 조선방공협회의 활동과 반공선전 전략」, 『역사와 현실』 제93호, 한국역사연구회, 2014.

장신, 「경찰제도의 확립과 식민지 국가권력의 일상 침투」, 『일제의 식민지배와 일상생활』, 혜안, 2004.

장희흥, 「동학농민운동기 전후 조선 정부의 호남지역에 대한 인식변화 대책」, 『동학연구』 제24호, 한국동학학회, 2008.

전상인, 「한국전쟁과 국가건설」, 『아시아 문화』 제16호, 아시아문화연구소, 2000.

정성호, 「한국전쟁과 인구사회학적 변화」, 『한국전쟁과 사회구조의 변화』, 백산서당, 1999.

조성훈, 「전쟁을 전후한 첩보부대의 조직과 활동」, 『한국전쟁사의 새로운 연구』 2, 국방부군사편찬연구소, 2002.

조승연, 「일제하 농업생산기반의 형성과 일본인 대지주의 농장경영」, 『민속학연구』 제6호, 한국민속학회, 1999.

_____, 「일제하 농민의 농업생산형태에 관한 연구－전북지역 한 촌락의 사례를 중심으로」, 『민속학연구』 제8호, 한국민속학회, 1999.

_____, 「일제하 식민지형 소도시의 형성과 도시공간의 변화」, 『민속학 연구』 제7호, 국립민속박물관, 2000.

지수걸, 「한국전쟁과 군(郡)단위 지방정치」, 『지역과 역사』 제27호, 부경역사연구소, 2010.

최봉호, 「우리나라 인구통계 작성제도의 변천에 관한 고찰」, 『한국인구학회』 제20호, 1997.

최용호, 「한국전쟁시 북한군 제6사단의 서남부 측방기동 분석」, 『전사』 제4호, 국방부 군사
    편찬연구소, 2002.

최은진, 「군산미의 대일 수출구조 – 개항(1899년)~1910년대를 중심으로」, 『역사와 현실』
    제81호, 한국역사연구회, 2011.

하재평, 「한국전쟁기 국가총력전 전개양상 – 참전단체 및 조직의 활동을 중심으로」, 『전사』
    제3호, 국방부 군사편찬연구소, 2001.

한지수, 「반공이데올로기와 정치폭력」, 『실천문학』 9월호, 1989.

한지희, 「정부 수립 직후 극우반공주의가 남긴 상처 국민보도연맹의 조직과 학살」, 『역사비
    평』 겨울호, 제37호, 역사비평사, 1996.

한모니까, 「남북한 자료의 발굴 · 정리 · 활용 현황」, 『역사학의 시선으로 읽는 한국전쟁 – 사
    실로부터 총체적 인식으로』, 휴머니스트, 2010.

홍석률, 「이승만 정권의 북진통일론과 냉전외교정책」, 『한국사 연구』 제85호, 한국사연구회,
    1994.

4. 기타

국가통계포탈 자료(인터넷).

내무부 치안국, 『경찰 법령집』, 1952 · 1953.

_____, 『미군정 법령집』, 연도 미상.

대한행정학회, 『대한민국 법령집』, 고려문화사, 1949 · 1953 · 1954 · 1955.

경찰전문학교, 『경찰육법』, 영문사인쇄국, 1957.

신문(동아일보, 자유신문, 조선일보).

『資治通鑑』 券181, 隋記 煬帝 大業 8年(612).

이병태, 『법률용어사전』, 법문 북스, 2012.

조선행정학회, 『조선법령취』, 1932.

국사편찬위원회, 한국사데이터 베이스(인터넷).

한국정신문화연구원, 「향토문화전자대전」(인터넷).

부록[1]

1. 조선경찰학교 생활기(『새벽종』, 19~22쪽)[2]

大田署 李鳳奎

十一月 十九日(第一日)

1, 入校(忠南 15名, 忠北 10名, 江原道 10名)

2, 分隊 編成

十一月 二十日(第二日)

1. 副校長 趙普衍 氏 訓示

新警察의 任務

新警察官은 오로지 朝鮮 建設을 爲하야 私感과 私情(小我)를 버리고 犧牲的 精神을 가지고 滅私奉公, 七轉八起하는 奮鬪心을 가지고 努力하며 朝鮮人 으로써의 朝鮮 警察官이라는 認識 下에 오로지 朝鮮을 爲한 警官이 되여 참으로 善良한 指導者가 되고 奉仕者가 되도록 힘쓰기 바람

---

1 ① '( )'는 원문에 실린 내용이다.
　② 판독이 불가한 문자는 'ㅁ'로 표시하였다.
　③ 글자가 명백히 누락되었다고 판단되거나 추정되는 경우 '[ ]'안에 표기하였다.
　④ 항목 들여쓰기는 원문에 나와 있는 대로 하였다.
　⑤ 이해를 돕기 위하여 최소한도로 띄어쓰기를 하였다.
2 원제목은 '國立警察學校 受講狀況 及 感想'이나 교육기간인 11월 19일부터 12월 20일까지 정확한 교명은 '조선경찰학교'이다.

2. 軍政法令 盧 囑託

(가) 布告 第一號

(나) 布告 第二號의 說明

3. 點檢 禮式 崔 警部補

從前 日本 警察式 點檢과 禮式을 國語로 飜譯하야 敎養함

4. 警察棒 使用法(夜警棒) 金 警部補

警察棒 使用 方法에 對하야 敎養함

十一月 二十一日(第三日)

1. 軍政法令 盧 囑託

法令 第十一號의 解釋說明

2. 警察棒 使用法 前日繼

3. 社會學 金榮鍵 氏

新警察의 職責

現時 新警察官은 日本 帝國主義 下의 警察官과 갓치 職業的 官吏가 되지 말고 무엇보다도 먼저 우리는 朝鮮 사람이며 新朝鮮 建國을 爲하야 싸우는 鬪士라는 認識 下에 朝鮮 建國을 爲하야 努力하지 아니하면 아니된다.

警察官도 國民이니 官吏의 立場에서 政治를 批判하며 獨自 道斷하야 大衆을 最善의 길로 引導하며 單只 行政官으로서 當面의 責任만 免除할 랴고 할 것이 아니라 行政上, 政治上, 經濟上 農事上 醫療上 文化上 諸般

에 잇서서 人民의 善良한 指導者가 되여야 한다.

十一月 二十二日(第四日)

1, 訓育 副校長 趙普衍 氏

世界 巷間의 情勢

(가) 日淸戰爭 後 數多 政黨 對立하야 獨立치 못한 것

(나) 三十六年 間 日本의 壓政 下에 奴隸가 되어 自力으로 解放치 못하
고 聯合軍의 힘으로 解放은 되엿스나 將來가 樂觀치 못할 形便이
다

(다) 將次 日本이 對한 準備가 不可避 緊要事라

(라) 國內 民族 統一이 急先務라

(마) 警察은 絶大 中立 絶大 公明正大한 態度를 取하며 嚴과 溫을 調和
하야 大衆의 指導者가 되야 한다

2, 軍政法令 第三號 第五號 解釋 說明 盧 囑託

3, 社會學 全榮鍵 氏

朝鮮의 略歷과 現下 政黨 問題

(가) 日韓倂合 後의 獨立運動, 己未乱 義烈團事件, 新幹會, 民族單一會,
朝鮮勞動同盟, 同農民同盟, 在上海韓人靑年同盟, 同上海支部, 滿洲
事變 後 獨立運動者의 滅亡

(나) 金九, 李承晩, 金元鳳, 金靑山, 金奎植, 諸位의 活躍 現下 各 政黨과
私利私慾

十一月 二十三日(第五日)

1, 軍政法令 盧 囑託

布告法令 其他 警察法規 運營에 對하야 質疑應答

2, 警察 禮式(尹巴 警部補 豫定)-科目을 變更하야 諸 質疑應答

(가) 警察 禮式 서울에 잇서서는 日本式을 飜譯하야 實施中이나 近間

制定될 模樣

(나) 身分上 不定을 늣길 必要가 업다

(라) 軍政法令의 解釋難은 各 地方 軍政官과 連絡하야 適當히 運營할

수 박개 업다

十一月 二十四日(第六日)

午前 十時 終了式 解放

感想文

大體的으로 보와 日本 政治下의 壓迫 的 警察 精神이 一掃되고 新朝鮮
의 警察官 精神과 新警察의 責任, 其 任務의 正體를 大略 認識케되엿으나
具體的으로 보아 左와 如한 点에 一層 考慮하야 敎養을 實施하얏쓰면 效
果 百倍 하리라 生覺함

1. 미리 敎材를 硏究 準備하야 確實한 敎材를 設置할 것

2. 軍政法令은 布告文의 飜譯 關係가 잇서서 解釋이 困難하온즉 此를

軍政廳과 連絡하야 確實한 定義와 解釋을 制定하야 敎授함을 要함 但只 法令을 解釋함에 不過하야 受講者로부터 數多質疑가 잇쓰나 此에 確答치 못하는 遺憾이 잇슴

3. 警察 禮式은 將次 制定될 것이며 道에 依하야 敬禮 方式도 區區한대 依然 日本式 禮式을 國語로 飜譯하야 敎授하고 잇스니 此는 其 效果 도 업다고 認定함

4. 將次 中堅 幹部의 敎養은 短期間에 社會 常識 즉, 社會 現象, 政黨, 關 係等 此에 對한 警察의 任務 等을 徹底히 敎養하야 新警察官으로서 의 精神을 注入하도록 함이 可할 듯 함

2. 도경찰학교 생활기(『새벽종』, 23~24쪽)

二期生 林憲宗

一九四五年 十一月 十五日 午後 一時! 警察學校에 入學한 瞬間이다

回顧하야보니 短期間이엿건만 나에게는 永遠한 記憶한의 한페-지가 될 期間이엿다

濶達하고 明朗하신 敎長先生任을 비롯하야 各校官任의 慈愛스러운 訓育! 참으로 이 學園업시는 볼 수 업는 重千金이엿다 前부터 團體生活에 熟達한 나는 이 學園生活이야말로 一大 家庭生活이라는 늣김을 가젓다.

十一月 十六日五! 警察學校 生活의 開幕은 열니엿다

午前 七時 起寢, 卽時 点呼로 옴기여 点呼後에는 廳內 掃除가 始作된다 午前 七時 十五分, 『成巡査!! 내가 혼저 번개갓치 해놀터이니 이리 좀 주게』『아닐세! 金巡査 벌서 다하여 가네』.……… 서로 讓步하는 말이 食前 空氣를 께트린다. 掃除는 끗낫다 모다 제각其 洗面場으로 달닌다. 마개를 틀기만 하면 맛치 溪谷에 無名鳥가 急하게 飛翔하는 듯 玉과 갓흔 물이 춤추고 나를 반겨 나온다.

여기에서 세수를 하는 나의 마음은 今日 하루를 愉快하게 滋味잇게 지내기를 세수물과 約束하는 것이다. 七時 四十五分, 班別順序잇는 次例로 朝飯을 마진다음 校友間에 서로 人事는 업지만은 다 各其 씩씩한 靑年들이고 이곳에 모인 졀문이들은 모도가 建國戰士인 것은 빗나는 눈동자와 씩씩하고 힘찬 모습으로 보와 直感할 수가 잇다. 午前 九時 鐘소리는 우렁차게 들여온다. 校庭에 四列로 整列되매 人員報告와 被服点檢이 始作된다. 被服点檢은 우리들에게 第一 重要한 点檢이 하나이다. 民衆의 指導

者警官의 容姿를 聯想 식히는 이 点檢!

勤務交代를 맛(치)고 敎室을 들어 간다。授業課目은 다음과 갓엇다

歷史, 英語, 刑法, 警察行政法, 敎鍊。

敎長先生의 訓育에는 恒常威信, 規律嚴守와 언제나 죽을 必要가 잇는 째에는 男子답게 목심을 아끼지 말아라는 말슴이였다。오직 나는 이것이라고 生覺하엿다。十二時에는 点心이다 대스럽자는 飮食이 웨 이다지도 맛이 잇는고!! 틈만 잇으면 淸潔이라는 二字가 念頭를 살아지지 안는다。午後 一時에 授業으로 드러가고 三時에 敎鍊으로 向한다。『다름질』이것이 大部分 차지한다。나는 過日에 海軍兵으로 잇쏜적이 잇섯기 째문에 敎鍊에는 自信이 잇섯스나 그 號令이 帝國主義下에 日本語로 通用이 되어나왓스니 最初에 國語로 하게 되여 步調가 맛지 안엇으나 現在ㅁ['에'로 추정] 잇서서는 오히려 나젓다。敎鍊時間에 滋味잇는 것은 建國精神을 鼓吹하고 健全한 身體를 養成하는 "씨름"이엿다。金巡查가 지면 李巡查가 들어가고 李巡查가 지면 金巡查가 들어가는 ⋯⋯⋯아!! 맛볼수 업는 이 光景! 敎鍊이 긋나매 午後 五時 夕食으로 들어간다。이렇게 滋味잇는 生活로써 終日토록 消日하다가 宿舍로 드러가면 學園으로 가기前에 피여 노왓든 숫불은 마치 "어서 오십시요! 大端히 추우시지요!"하면서 반가운 인사를 하는 듯。

十七, 八名의 한 家族은 숫불火爐로 모여든다。그러나 숫불도 나무를 느어 달나는 듯이 漸漸 시들어간다。

各各 擔當한 掃除地域을 掃除하야노코 室內를 씬다。닥는다。몬지를 턴다。야단이다。아! 一家團樂하는 이 光景

班은 四班이요, 一班에 十七名式, 班에는 班長, 副班長을 두고 家事處理에 奔走하다。하로 배운 復習과 鍊習이 긋나자 午後 八時 四十分을 壁

에 걸인 時計가 알여준다.

一齊히 電光갓이 占呼場으로 달닌다. 오날도 無事히 하루를 보냇다는 占呼가 싯나면 宿舍로 도라와 이불과 人事를 하게 된다.

그러나 각씀가다 아모리 고흔 꿈이라도 쌔어버리-인용자는 召集이 잇스니 이것을 非常召集이라 일은다. 잇지 못할 記憶이 되리라.

밤 一時나 二時쯤 夜深하야 萬物이 고요함 잠들고 잇슬째에 市內를 行進하는 우리들 建國戰士에 堂堂한 威容은 他處에서는 맛 볼수 업는 이 學園 警察學校싼이다.

아! 國家存立을 確保하며 社會秩序를 維持하고 國民幸福을 推進하는 警察官을 養成하는 이 學園!

永遠히 잇지 못할 우리 敎長先生任과 우리 校官, 同窓生이여 第一線에 나가 建國朝鮮을 爲하야 목심을 앗기지 안코 勇敢하게 奮鬪하는 것도 이 學園에서 모든 準備를 다하는 것이다.

一九四五年 十一月 三十日

3. 경무부 「規則」

通則

1. 職務 以外에 從事를 不許-警務部職員은 警務部의 職務를 全心全力을 다하야 할것으로 職務以外의 如何한 業務 또는 職業에 從事함을 禁함

2. 政治團體-本職員으로서는 如何한 政治團體나 組織體의 黨員으로써 事務室을 所有하거나, 貢獻하거나 代表가 되거나 仲間的 役割을 하거나 公的으로 自身을 表明하지 못함

3. 勞動團體-公平無私한 警察官의 職務를 執行함을 防止하고 어느 方法으로든지, 基固有의 主義主唱을 强要하는 勞動團體 또는 組織에 加入함을 禁함

4. 行動-本職員은 沈着하고 禮儀있고 秩序를 尊重할것, 職務를 遂行할 時에는 自己個性을 살리고 忍耐力 判斷力을 維持하여 나아갈것, 當時로 野卑하고 喧騷하고 不遜하고 激慢한 言辭를 삼갈것, 必要에 따라서는 自己 職務를 遂行하는데 確乎한 自信을 갖이고 行動할것

5. 禮儀-一般 人民에 對한 禮儀와 職員間에 禮儀는 紀律遵守에 必要함, 部의 職員은 時間을 不問하고 彼此 또는 一般人에게 禮儀를 직힐것

6. 外貌-職員은 直時 身體나 衣服을 淸潔, 端正히 할것이며 必要以上의 所持品을 갖이지 말것

7. 飮酒-職員은 事務를 遂行 못할 정도로 勤務中 또는 職務外 非番時에도 飮酒를 삼갈것

8. 吸煙-勤務中에 있는 制服着用의 職員은 公衆의 앞에서 吸煙치 말것

9. 遊廓-職員은 公務執行 以外에는 遊廓에 出入을 말 것 如此한 장소

에 出入할 必要가 有할 時는 最初의 巡察 上官에 基事實을 報告할것

10. 宗教와 政治에 關한 討論-職員은 事務室內나 其他 勤務하고 있는 場所에서 宗教 惑은 政治에 關한 討論을 하지 말것

11. 襃賞과 贈物-警務部長이 주는 것 또는 承認한 以外에는 自己의 一定한 俸給 以外에 警察職務 遂行에 對하야 如何한 贈物, 謝金 혹은 其他의 報酬를 받거나 또는 그 分與에 參加하지 마를것

12. 寄附行爲-警務部長 許可없이 職員으로써 自己 部下職員으로부터 贈物을 받지 않을것 또 職員으로써 部內職員에다 贈物을 하기 위하야 寄附行爲를 하지 마를것 職員이 여차한 目的으로써 一般 人民으로부터 金錢을 므모-저자음을 許諾지 않음

13. 拘留者 幇助-職員은 拘留者를 辯護하거나 또는 幇助하는 辯護人이나 拘留者로부터 謝禮金이나 贈物을 받지 마를것

14. 辯護人의 推薦-警務部職員은 罪人의 辯護人을 推薦하거나 暗示하지 마를것, 罪人을 爲한 辯護人이나 相談人을 採用지 않을것 職員은 法律로써 規程되어 있는 刑罰을 免케할 目的으로 罪人과 自己行動에 對하야 惱心하고 있는 사람들에케 約束하고 對策을 講究하는 等의 關係를 하지 마를것

15. 一般民의 問題-職員은 政治 妨害를 制止하거나 또는 事實上 生起한 騷動을 鎭定하는 以外에는 如何한 民間의 問題가 있을지라도 이것에 助力을 한다든가 또는 連累者에게 助言을 한다든가 하는것은 하지 말것

16. 金錢借用-職員으로서 警察의 監督下에 있는 業務를 하는 사람으로부터 金錢을 借用함을 禁함。이러한 사람들에게 무슨 義務를 갖게 되는것이나 또는 은혜를 비베-저자풀지 않으면 아니될것을 말것

즉 支拂 不可能한 또는 支拂할 意思없는 負債를 支拂할 것을 否하
거나 또는 等閑히 하지 마를 것

17. 官廳機密-職員은 部內 官務는 機密事項으로써 取扱할것, 그 事務
內容은 맛당히 알일 사람 또는 當局으로써 指示한 사람 以外에는
알이지 않을것

18. 情報의 出處-職員은 警察事務 連絡關係上 必要한 部內職員 以外에
는 警察情報 提供者 姓名을 秘密로 붙일것

19. 住所, 家族 等의 變更-部의 職員은 家族 中에 住所 婚姻關係 惑은
扶養者에 대한 變更이 있을時에는 二十四時間內에 上官에게 報告를
할것, 上官은 卽時 自己部의 人事課(記錄課)에게 報告을 提出할것

20. 手帳-職員은 當時 手帳을 携帶할 것이며 거기에는 警察事務에 關
한 모든 適切한 參考事項 及 出張 중 生起한 다른 여러 重要事項을
記錄할것

21. 法의 施行-部內職員은 法律, 法令 及 警察規則 施行에 關하야 同一
한 責任을 갖고 있음

22. 證據物의 保存-確實한 犯罪와 變死의 調査를 할 時에는 職員은 犯
罪現場에 있는 證據品을 破壞 또는 滅少하지 않기 爲하야 細心한
注意를 할것, 特히 함부로 取扱하야 指紋을 損傷함을 防止할것

23. 犯罪現場의 處置-職員은 現場에서 犯罪人을 逮捕할것이며 一切의
證據品을 押收하며 將來 調査遂行에 不利한 犯罪現場의 變更 對象
物의 混亂 其他 變更을 防止할것, 그는 遲滯이 없이 警務部에 通告
할것, 實際 捜査에 關係하고 있는 사람 以外 權限없는 사람들은 排
除할것, 犯罪現場의 圖面을 그릴 것이며 其他 여러가지로 重要事項
의 記錄을 作成할것 萬若 犯罪人 逮捕되지 않으며는 收集된 모-든

證據와 情報를 基事件擔當 刑事에게 提供할것

24. 證據의 標示-證據를 特定犯罪에 合致식히기 爲하야 職員은 犯罪의 詳細한 書類로 作成할것, 卽 發見場所 此事件에 關聯되는 其他 物品 等, 證據事物의 自體에는 職員이 使用하는 略號(頭文字) 日附, 記號 其他 表示를 할것

25. 證據의 分析-犯罪를 解決하는데 있어서 分析하여 보와 利用키 爲하여서 犯罪現場 또는 逮捕된 사람에게서 發見된 如何한 物品이고, 이를 檢査키 爲하야 警察實驗所에 보낼것

26. 前科者-職員은 前科者를 侮辱하거나 虐待함을 禁함, 오히려 激勵하여 주고 復職하도록 援助하는대 努力할것

27. 眞實-職員은 如何한 環境下에 있다 하드라도 恒常 眞實한 말을 하여야 할것, 眞實에서 버서나는 사람은 警察職務에 不適當함으로 卽時 罷免의 對象이 될것임

28. 無能力-警察事務를 遂行하여 나가는데 總體的으로 無能力하다며는 이것은 罷免의 한 要因이 될것임

29. 裝品의 紛失-不注意로 因하야 一切의 佩章 及 其他 裝品을 紛失하거나 또는 紛失時에 所屬 上官에게 直時 紛失報告를 等閑히 함은 警務部職員으로써 職務怠慢으로 認定함

30. 不平과 意見 開陳-上官의 命令 또는 待遇에 對하야 不平이 있는 職員 또는 警察事務에 關한 如何한 事項이나 또는 職務에 있서 疏忽한 點에 대하야 意見을 提議코저 하는 職員 또는 警察事務 改善에 對하야 提案을 하고자 하는 사람은 長官에게 規定의 手續을 할버 −저자 書面으로 提出할것, 上官에게 報告치 않으면 此는 職務怠慢으로 解釋할수 있음

31. 官有物-職員은 警務官有物을 保存할 責任이 있음, 自己에 所屬된 官有物을 紛失, 破損 또는 使用 不可能한 狀態에 이르게 할적에는 上官에게 此를 直時 報告할것

32. 一般人에게 援助要請-警察部職員은 昇進, 轉職 또는 地方으로나 또는 職場에 歸還 또는 復職에 있어서 一般人의 援助와 中間的 役割을 要請치 마를것

33. 一般演說-警務部職員은 警務部長의 承認없이 一般民衆의 앞에서 演說을 하지 못함, 그리고 警務部 政策에 關한 內容의 演說을 말할 時에는 警務部長의 承認을 얻을것

34. 事務遲滯-職務報告를 늦게 하거나 또는 法庭에 늦게 出廷하거나 또는 警察事務를 命令대로 實行치 않으면 職務怠慢이라고 認定함

35. 責任-警務部職員은 自己行動에 對하야 責任을 저야함 職員은 否合法的 命令을 遂行하거나 또는 遂行을 怠慢히 하는 데 對하야 責任의 負荷를 轉嫁할라고 企圖하는 일은 如何한 境遇이라도 此를 不許함

36. 報告書作成과 警報-全巡警察官은 巡察하기 前에 的當한 命令을 記錄하야 하며 警察의 注意를 必要케 하는 人物이나 死物을 記載할것

37. 火災-火災時에는 消防署 職員은 火災家屋에 對하야 責任이 있음, 警務部職員의 職務는 消防 非常線을 維持하야 消防隊의 活躍을 援助할것, 許可없는 사람과 車輛은 線內 出入을 禁하고, 萬若 必要에 있어서는 車輛에 通路를 變更식힘, 警務部職員이 燃燒하고 있는 家屋內에 드러갈 緊急한 必要性이 없다며는 建物外部에 待機할것, 될수 있으면 火災非常線의 範圍를 遠方에 있는 使用中의 消防具와 消火栓 있는데까지 擴大할것, 身分證明書 所持의 新聞記者가 틀임

없는 時는 非常火災線에 出入함을 許可할것

38. 私的車輛의 運轉과 乘用-部職員은 私的車輛을 使用할직에 道路上에서 一般市民에게 附與된 以上의 特權을 所有치 못하고 自己와 같이 乘車하고 있는 사람으로 더부러 交通法은 違反함을 許치 못할것

39. 隣近과의 紛爭-部職員은 一切 紛爭에 參與치 않을 것이며 自己 親戚과 隣近 사이에 發生한 紛爭에 있어서 警察法規를 强制로 作用하거나 또는 逮捕한다든지 할수 없음, 自己 自新의 紛爭 또는 自己와 自己 親戚과 隣近間에나 또는 自己 家族間에 紛爭에 있어 逮捕할수 없음, 그러나 다만 正當防衛의 手段을 使用하거나 또는 他人의 被害를 防止하기 위하야 또는 重大한 犯罪를 犯하는 時와 같은 境遇에는 此限에 不在함

40. 一般 民衆의 不平-警察官에게 路上에서나 또는 驛에서 援助 또는 助言을 請하거나 또는 不平을 말할 目的으로써 말을 하는 市民에게는 事情如何에 따라서 될 수 있는限 便宜를 줄것 이런 것은 民衆과 接觸하는 警察官이 當然히 할 義務이고, 그렇게 하지 않이 될 特別할 境遇가 아니라면은 다른 警察官에게나 다른 課에다 돌이여서는 않이됨

41. 刑事의 身分證明-刑事 또는 私服을 입고 勤務하는 職員은 事件發生時에는 神速히 自身을 證明할수 있도록 할것, 警察官인 것을 表明한 後가 않이면 自己의 命令에 僕從식히고, 自己權限을 行使할 권리가 없음

42. 部下職員의 停職處分-언재나 秩序를 維持하고 秩序와 紀律을 保有할 必要가 있다고 生覺됨으로 上官은 如何한 部下이고 事件의 眞相

과 狀況을 責任上官에게 報告함에 있어서 曖昧 不徹底하다면은 停職 식힐수 있음

43. 所有物의 引渡-어느 境遇를 勿論하고 停職當한 當事者는 直時 警察胸章 其他 自己 所持의 警察官有物을 停職處分官에게 引渡하여야 할(것-저자), 處理 中에 있는 事件은 其事件의 指揮上官에게 引渡하여야함

44. 復職-停職되여 있는 職員은 原則的으로 停職의 理由인 事件이 調査中에 있거나 혹은 審問中에 있는 동안은 復職할 수 없음, 다만 直屬部長의 指示가 있으면 不在此限임

45. 制服着用 不許-停職中에 있는 職員은 制服着用을 不許함

犯罪와 審問

46. 懲戒處分-懲戒處分을 하여야만 할 境遇에는 警務部의 如何한 職員이고 警務部制定의 規律 또는 部令으로써 規定한 條項을 違反한 때 또는 上官의 合法的 命令에 不服從한 때 裁判所에서 刑事裁判으로 有罪判決을 받은 境遇에는 査問委員會에 回附케 될것

47. 準備當事者-犯則者의 上官은 犯則事實의 記錄을 作成 比를 保存할것이며, 그것을 部長에게 提出하여야만 할것

48. 査問委員會의 構成-警務部 職員의 犯罪는 如何한것이고 部의 三名의 責任官吏로 構成된 委員會에서 査問을 받게 된다, 事件에 部長의 麾下 職員, 警監 以上 職員이 關係되엿을 時에는 部長 自身이나 또는 部長代理와 二人의 道監察官으로 構成된 委員會에서 審問을 받게 되며, 事件에 部長, 次長, 總監, 監察官 또는 警務部 ㅁ['官'

으로 추정]僚가 關係되였을 時는 警務部長은 二名의 局長을 任命하야 部長 自身과 같이 比事件을 査問한다.

49. 判決을 하는 委員會-委員會는 審問받고 있는 職員의 行動, 怠慢 혹은 品行에 影響받음과 같은 提起되여 있는 罪에 對하야 審問하고 判決을 나림, 그리고 萬若에 이렇안 죄가 確認되면 告訴人은 警務部에서 罷免케 되고 委員會의 判定한 罰에 服從하게 됨

50. 審問法-審問法은 證人의 證言을 聽取하고 다음에는 證據에 對하야 不服으로 聽取하고 그 다음에는 辯護를 듯는것이다 證言의 要旨는 記錄하여 審問에 必要없는 學術語, 必要 以上 或은 不合理한 遲延을 하지 않고 엇던 關係者側을 辯護하는 言動을 취하지 않음

51. 被告訴者에 對한 行使-告訴當한 職員은 最小限度 二十四時間 前에 査問委員會의 審問을 받게된다는 豫告를 받게 된다 그리고 一通의 告發書와 事件明細를 받게 되며 基事件擔當者는 그 被告訴人이 基 書類를 몇일 몇시(何日何時)에 받앗다는 그 被告訴職員의 署名을 받어 確實히 하여야만 할것

52. 證據-被告訴人의 上官은 市民 或은 警察官에게 通告하고 參席 식힐 責任이 有할것임

53. 辯護者에 對한 權利-査問委員會에 붙이게 된 警察官은 自己 自身을 辯護하기 위하야 辯護人이 代理함고(과-저자) 或은 모든 證人을 召喚할 權利가 有함, 決코 査問委員會에서 被告人의 行動으로 말미암아 그에게 偏見을 갖이지 못함

54. 犯罪-警務部員이 規則 혹은 取締法의 違反의 罪가 있는 것 刑事裁判權을 유한 裁判의 命令 或은 斷罪를 받을 만한 罪가 있는 것, 다음 左記의 罪의 하나에 適合함이 發覺된 警務部員은 懲戒, 停職, 俸

給沒收, 罷免에 처하게 하고 査問委員會가 提示한 딴, 法律上 處罰
을 하게 함

卑怯

規則 或은 命令의 故意的 不服從

酩酊되여 있는것

勤務中의 飮酒

警察用務도 없이 惡評家에 出入하는것

囚人 或은 一般人의 故意的 虐待

官吏답지 못한 行動

上官에 對한 不服從 或은 不敬

勤務怠慢

無能力

勤務中의 睡眠

怠慢

無許可 缺勤

正式交代者 或은 正式 目的없이 職場을 떠나는것

卑猥的 冒瀆的 或은 放漫한 言語의 使用

職場을 精當치 못하게 巡察하고 혹은 警衛하는것

사람과 衣服을 깨끗이 그리고 端正하게 하는것을 無視하는것

或은 公公然하게 단추를 채지 않고 制服을 着用하는것

誤傳 或은 誤報를 하는것

制服을 着用하고 勤務中 喫煙하는것

金品의 着用

逮捕者로부터 或은 收監中에 있는 그 代理者로부터 或은 部長의 承諾없이 警務部員으로써 일하여 사람으로부터 何種의 罰金, 財物, 報酬를 받는것

警務部員의 行動性格에 關하야 有害하게 所聞하는것

上官이 한 命令을 公然히 非難하는것

警務部員의 事務에 關한 사람에게 警察情報를 連絡 或은 報知하는것(이것은 警務部에게 有害함)

情報의 連絡報知 或은 사람의 逮捕忌避 或은 犯人의 逮捕遲延 或은 盜取 金物品, 私消金物品의 移動確立을 援助하는것

期限內에 警察奉職中의 正當負債의 返還의 怠慢

姓名 或은 佩章番號를 要求當時에 가르쳐 주지 않은것

逮捕者에게 그 個人財産을 領置한 것을 가르쳐 주지 않은것

逮捕者에게서 沒收, 發見, 接受한 金財物을 遲滯없이 正當한 官吏에게 주는것을 等閑視하는것

火器의 不當 使用

部를 規律하는 目的으로 發行된 規則 取締法令의 違反罪가 있다는것을 發覺된 部員을 報告함을 等閑視 하는것

法律法令의 明白한 違反에 對하야 報告 或은 對處치 않은것

規則 或은 命令을 몰으는 것

不道德

辭職과 罷免

55. 辭職은 受容 안되는 境遇도 有함-警務部員은 何人을 勿論하고 部

長의 許可없이 取消 或은 辭職을 못식힘

56. 嫌疑中의 辭職-嫌疑中의 職員은 其嫌疑가 事實이라는것을 告白한 것으로 取扱함

57. 辭職으로 보는 缺勤-五日間 無斷으로 警務部員이 無屆缺席하는것 은 이리하야 辭職하는것으로 認定홈(함)

58. 警務部 所有物의 返還-辭職者 或은 罷免者는 部의 全所有物을 그 上官에게 直時 返納할 事 그 上官은 敏速히 其事實을 報告하고 部 의 所有物事務所에 提出함

59. 文官-前記의 規則 以外에 警察官은 抵觸이 없는 限 官吏服務規律 을 遵守할것이며 此規則은 他에 優先的으로 適用되여야만 할 것

4. 각 부락 자위대장 회의 지시 토의사항
(1950년 11월 10일)

檀紀 四二八三年 十一月 十日

各 部落 自衛隊長 會議 指示 討議事項

於 飛禽面事務所

一. 海岸警備에 關한 事項

1. 入出 船舶 監視 及 團束

A. 監視

晝間은 高地를 利用하야 二人 以上을 配置하고 夜間은 船倉附近에 二人 以上을 配置하야 入出港 船舶 及 航行船舶을 監視할 것

B. 團束

出港證明을 徹底히 調査하야 證明을 所持치 않은 船舶에게 對하여는 入出港을 一切 抑留하고 그 卽時 支署로 報告할 것

2. 乘客旅行証

調査 及 積載 貨物 檢査에 關한 事項

A. 乘客

旅行証이 없는 乘客은 一切 乘船 下船을 禁하고 身分이 確實치 못한 者는 支署로 引致할것

B. 貨物

搬出証 又는 其他 証明이 없는 물품은 下陸 又는 船舶에 積載함을 中止시키고 支署로 연락할겄

二. 部落 警備에 關한 事項

1. 支署와 部落員의 連絡事務所 設置
A. 連絡所 及 連絡方法
連絡所는 連絡에 便利한 場所에 設置하고 異常 有無 報告를 書面으로 하되 「릴레-이」傳達로 하야 支署 最近接 部落이 最終連絡에 當할겄(但 急報는 此限에 不在함)
B. 連絡員 及 連絡回數
連絡員은 二個所에 二人 以上 配置하고 連絡回數는 每日 二回 以上으로 할겄
C. 定期 連絡時間
午前 七時

2. 步哨 配置
A. 場所 及 配置人員
各要 卽 部落人口 及 來往의 多繁한 場所에 對하여는 三人 以上을 配置할겄
B. 勤務要領
步哨場所 離脫은 絕對 嚴禁하며 通行人에 對하여는 三回 以上 誰何한 後 一短 停止시킨 後 擧手로서 接近캐 하야 檢問檢索을 徹底히 實施하야 身分이 不確實한 者는 拘束하고 翌日 連絡時에 支署로 引致할겄(但 夜間

에 限함)

3. 部落巡察 強化實施

A. 巡察

每時間 實施하고 不純分子의 部落侵入 防止와 檢擧에 努力할것(但 巡察은 夜間에 限함)

4. 附逆行爲者 摘發報告

A. 各自衛隊長은 隊員을 監督하며 鄕土防衛의 使命과 各自의게 負荷된 重責을 再認識시키고 自衛隊員으로 하여금 附逆行爲者 摘發 及 基 隱居場所 探知에 全力을 傾注할것이며 外來人에 對하여는 徹底히 調査 報告할것

5. 隊員 指導監督

A. 隊長은 隊員의 指導監督을 徹底하고 有機的으로 統率하야 隊員으로써 隊長命令에 不服하는 者는 支署로 報告할것

三. 기타

去月 二十五日 各區長에게 示達한바 있으나 現在까지 所定 場所에 集結하지 않은 船舶은 卽時 集結시킬것

5. 투서

1) 전북 경감(警監) 제87호 1952년 2월 5일 자

金堤郡 竹山支署 巡警 朴○○

右者는 竹山里 居住하는 巡警으로 玉盛里에서 金 百万円을 橫領하고 第二國民兵 壁한 집다이며 金錢을 要求하고 勞動者 빼주고 金錢을 먹고 도박판에 다이며 十万円 二十万円 五万円式 따밤는 警察官으로 本面에서 警察에 對한 話題가 됩이다. 速速히 處理하여 주심을 仰望함

2) 해군 1함대 902부대 근무 김○○대위의 1952년 8월 15일 자

謹啓 國內後方 治安維持에 努力하시는 貴官의 健康을 祈願하는바임. 小官 故鄕은 進鳳面 草田里 戶主 金○○宅이 올시다. 小官은 貴官의 公平한 行政을 尊敬하는바이다.

貴官의 惠澤으로 故鄕을 잇고 있는中 戶主 金○○까지 家內에 不在中으로 되야 貴官을 相逢하라고 하는 바임니다. 貴官은 무슨 法令에 依하야 兵役에 該當시키고 있는지 小官은 法에 對하야 無識임으로 뭇고자 하는바이다.

小官은 正義的으로 兵役法에 違反으로서 抗告할수 있스며 此에 對하야는 陸軍本部에도 問議하여 보앗고 國防長官께 陳情도 하였스니 指示오는 次第 又는 適當한 機會에 貴官과 公的鬪爭을 하고자 하는 바임니다. 到處에서 問議하여도 行政機關의 惡政이라고 하나 小官은 私的問題보단도 大韓의 法治國家의 尊嚴性을 爲하야 鬪爭하고 싶습니다. 小官은 行政의 行字도 不知之人間이요. 다만 軍人으로서의 銃을 소아 共匪를 掃蕩하

고 秩序에 違反者 惡質行政官을 處理함으로서 眞實한 法治國家의 大韓民
國이 되리라고 밋습니다. 此後 相逢하겟습니다. 現時代는 鬪爭이 비러저
서 一大 事故가 發生되야 비로서 新聞 其他 言論이 流說되고하야 비로서
□成이 될겟입니다.

나는 東海 西海로 바다로만 단이는 者올시다. 機會를 타서 上陸하야 貴
官을 相逢하고 싶습니다. 小官은 軍人이라고 하여서 貴官을 無視하여서
가 않이요. 다만 公平한 行政을 하고 있는가 올시다. 왜 내 家內를 不安케
하는가 무슨 法的根據에 依해서인가 貴官은 무슨 法的에 依하야 하고 있
는가 貴官은 法律을 任意로도 制定할수 없다면 왜 兵役法대로 實行치 않
고 있는지 小官은 終始抗爭코자 하는 바니라. 亂筆로 不順한 言句로서 大
端 罪悚萬萬이로다.

四二八三年 八月 十五日 海軍大尉 김○○

金堤警察署長 貴下

3-1) 만경면 소토리 조○○의 1953년 1월 30일 자

警察署長任게 원정하나이다

萬頃支署 으'의'로 추정警 金○○은 國民兵을 잡어는데 民衆으 원성이 잇
슴이다. 一月 二十八日 小土一區에 나와 國民兵 二人을 자버노고 趙○○
집 와서 이집에 國民兵 해당자 잇지하고 물글내 업다고 하엿더니 페병드
른 사라['람' 추정]잇지하면서 방문열고 데리가슴니다. 자 데리가스멈 國民
兵 보내야할 이린데 모健康한 사람은 宅으로 돌여보내고 으警말로도 페
병환자라 하는 사람은 國民兵 보낼나고 支署에 유치하엿슴니다. 돈주면
노와주고 돈안준면 병신이라도 수나채서 보낼나고 萬頃 으警 金○○이
가 그른짓슬 합니다.

3-2) 경찰의 조사 결과

堤警察署長 貴下

事實調査 報告의 件

首題件에 關하야 警務主任 命에 依據 嚴密히 調査한 바 左記와 如하옵기 玆以 報告하나이다.

記

檀紀 四二八五年 一月 二十八日 十一時頃 巡警 金○○ 防空團員 金○○ 兩人은 兵役忌避者 檢擧의 目的下 管內 小土里에 出張하였은바 該里 三區에서 未登錄者 朴○○을 檢擧 同一區에서 趙○○을 檢擧하고 里事務室前에 臨한즉 趙○○가 有한 故로 此人을 檢擧한즉 該里 書記 李○○ 말하기를 小土里의 自首者인 故로 支署에 갈나고 나오는 길이라 하여 在三人을 里書記 李○○와 갗이 支署까지 同行하여 自首者 趙○○에 對한 前後事實을 調査한즉 未受檢者인 故로 在人은 宿直室에 就寢케 하고 趙○○ 趙○○은 事務室內에 두었은바 當時 勤務者 朴○○ 巡警은 小土里 書記 李○○의 要請에 依하여 別紙添附와 如한 認記書을 受하고 歸家시킨 前後事實이며 情實的 關係나 又는 物質的 關係은 全然 在介된 事實이 全無함

參考 本件에 關하야 事實無根한 虛僞을 申告한 者 有하면은 當管內의 民心收拾을 爲하야 徹底한 調査을 하시와 後患을 根絶키 爲하야 嚴重團束하여 주시앞기 要望함

認記書

本籍 金堤君 萬頃面 小土里 二區

畜産業 趙○○ 當 二四歲

右者에 對하여 未受檢으로 檢擧하였든바 書記 李相熙의 進情으로 因하여 暫時 □□['사망'으로 추정]하오며 明二十九日 午前 九時을 期하여 李○○ 引來 參席할 것을 誓約함

四二八六年 一月 二十一日

右確 李○○

朴 警監任 貴下

4) 김제군 백구면 학동리 김○○의 1952년 8월 12일 자

時下酷暑之際에

公務萬安하옵시며 治安確保에 얼마나 念慮하옵심닛가.

就而小生 白鷗支署 管內의 居住人으로서 尊高하옵신 署長令監任의게 陳情한 말슴이 있오와 一字의 書信을 올이오니 參酌하옵소서. 實은 白鷗支署 主任 金○○氏에 對하여 말음하것슴니다. 金氏은 主任으로서 自己 自身이 主任라 하면서 民意를 無視하면서 惡辣한 行爲가 一, 二次가 안히 것실 거 임다. 每日과 갗이 暴酒하면서 人民의게 惡言한 同時에 말할수 업은 境遇야 말오 紙上에 다 記載할 수 잇어 오릿까.

그러서야 民警一體란 말음하것음닛가. 親功에 하란 訓示은 五里霧中이고 惡功惡言이 代身으로 대얏시니 所謂 地方長官으로 民聲이 만게 하여서야 델거심닛가. 民衆은 이곳저곳에서 萬若 豊作만 하엿시며 白鷗 管內가 自己것시라고 말하옵니다.

尊高하신 令監任꺼서 次後 이런이리 업도록 指導와 鞭撻하여주시옵기 祈願하나이다. 實情을 아라보시면 알김니다.

酷暑에 尊體萬安하야 주시옵기 仰願하나이다.

四二八五年 八月 十二日

金○○ 올임

各人이 白鷗支署 主任으로 赴任한 以來의 처음입니다. 所爲 主任이 惡行과 惡言하니 職員이 더하며 赴任이 幾日박게 안댄 金巡警 ○○이란 者도 말할수 업이니 그 件을 參酌하옵소서.

5) 김제군 진봉면 유지일동의 1952년 8월 21일 자

金堤署長 貴下

國家再建에 協助心을 發揮시킴과 世界人類의 崇高한 至上的 地位에 立却하야 萬代子孫께 榮輝과 빛나는 國土를 治安確保하시는데 얼마나 念慮 하십니까?

여기 進鳳面은 貴官께서 주신 恩德으로 每日과 같이 健全한 몸으로 後方事察에 一線將兵과 步調를 마추고 있음니다.

한편 自由로운 雰圍氣속에서 治安確保에 또는 그 國家를 構成하는 人民全體가 아무런 外的 拘束도 받지 아니하는 自由로운 理性으로써 온갖政治的 社會的, 文化的, 經濟的 活動을 運轉하는데 千次할수 있는 社會 卽 民主主義 國家. 國家 民族을 愛護하고 尊重視하여 社會人的 自我的 性格을 가지고 秩序를 確保시키는 우리 民主警察을 좀 먹는 惡質의 行爲를 嚴重히 處斷하라는 進鳳面 有志 一同의 決意에서 그間 참지 못한 苦心을 最後의 段階에 이르러 貴官께 露骨的으로 告白하며 眞情하는 바입니다. 卽 進鳳面 支署에 있는 者(金○○ 巡警)은 所謂 警官이라 하여 一個 農村에서 農民에게 惡行을 부리는 事實을 貴官께서는 아시는지! 모르시는지! 勿論 貴官께서는 이러한 事實를 모르시는 것으로 周知하고 進鳳面 有志一同은 事實을 事實대로 告白하겠음니다. 例를 들면 一, 食糧에 對해서 苦難하다는 것을 表示하고 强打으로 食糧을 要求하며 더러운 辱質를 하는 事實 二, 證據없는 罪人을 만들어 그사람으로 하여금 貨幣를 搾取하였든 事實 三, 無理한 要求條件을 내걸고 良民에게 恐怖을 주며 物件을 搾取하였든 事實 等等 이뿐만 아니라 여러 가지 罪惡은 共匪보다도 더 惡質的인 行爲라고 進鳳農村에서는 말성거리가 되고 있습니다. 따라서 健全한 理念과 그리고 깻끗한 信念을 相呼하며 社會의 福利를 自身의 福利와 같이 愛護하고 尊重視하여 社會의 良心의 輝珠線을 차저 人生의 惡波를 擊波하고 最高의 相互慈愛으로 決死的으로 治安確保에 協力하기를 盟誓한 우리 進鳳面 有志 一同은 以上 참을 수가 없어 罪陳하나 最後의 精書를 보내오니 適當한 法的處罰를 바래나이다. 그러면 貴體萬康을 여기 進鳳面에서 비나이다.

檀紀 四二八五年 八月 二十一日

進鳳面 有志 一同

6) 백구면 한 주민의 1953년 3월 29일(소인) 자

署長任 貴下

尊敬하는 金堤警察署長任이여 삼가 글을 올리는 바입니다.

먼저 署長任게 萬壽무강하옵기를 비는 바입니다. 지금으로부터 우리의 白鷗面 實情을 들어보기로 하겠읍니다. 소이, 정식 순경도 아니 의경님들의 그 氣色이야 말로 말할수 없으며 特히 昨年에 大흉년으로써 우리 산골짜기 天水畓을 가지고 농사를 지엇든, 農民들은 배고품을 못이겨, 혹은, 겨를 먹어가며 더욱 배가 골으면 허리끈을 졸라매가면서도 오르지 國民된 任務를 完了기 위하여 그래도 支署, 후원米라든가 혹은 경비금을 지출하였읍니다. 이미 秋收수납기로부터 支署, 후원米는 끝이지를 않이 하고 이제끝 계속하고 있는것입니다. 대원이나 署員은 이번만 조력해주시면 이제는 끝을 마춘다는 그 말소리에 우리 山間 부락 농민들은 金보다

貴重한 쌀을 퍼주고 했든 것입니다. 그러나 그런일도 한두번이지 이제와서는 진실로 助力은 하고 싶어도 내 子息 내 부모형제가 굶는 中에 있으니 무엇을 받쳐야 한단 말입니까. 尊敬하옵는 署長任이여?? 署長任은 우리 白鷗面 實情을 잘 모르고 계실 것입니다. 本面長 역시 밤낮이로 주색에만 빳어서 面事情을 파악치 못하고 面內는 수라장 속 같으며 더구나 良心的으로 일을 보아주셨든, 부면장任은 도저히 이러한 實情下에서 不家事를 할 수가 없다하여 이번에 사표를 내니!! 그 후보자(엉터리)가 지금 선거운동까지 하고 있다 합니다. 金堤郡 各面지서를 통찰하시는 尊敬하옵는 署長任이여 우리 白鷗面 實情을 귀담아 파악해주시옵기를 우리 面民은 바라고 있습니다. 共公하게 바치는 國稅도 아닌 支署후원회의 후원미가 우리 面에는 어찌 그렇게 많은지 우리 面民은 앞으로 절망상태에 빠지고 말것입니다. 존경하는 署長任이여? 더구나 支署職員과 순경님들은 몇 분外에는 私利私慾에만 빠져서 그네들의 먹을 것만을 구하고 있습니다. 面民은 죽도 겨우 못 먹어가는 기절적인 형편인데 그들의 食事는 그야말로 白米쌀밥이며 그들의 生活은 이 社會에서 第一인 듯 싶습니다. 더욱나 더 좋지못한 行動 사바사바 일단체포한 不良兵이면 全部 보내든지 그렇치 않으면 全部 대리고 가든지 共公연하게 일을 하면 좋겠지만 그들의 행동(特히 朴순경)은 거저 現時價 白米一叺 정도의 요금을 갖다 주고 사바사바한다면 내주고 그렇지 않고 돈없어 助力을 못하는 父母任의 자식은 불쌍하게도 國軍으로 가고 마는 형편에 있읍니다. 존경하는 서장님이여 모든 司法경찰관을 살펴보시는 署長任이시여. 그들의 心情도, 더 좀, 국가에 봉사할수 있는 心情을 만들어 줍소서! 前날에는 白鷗面은 모범적인 面이였지만 面사무를 집행 그들이 非人間的이기 때문에 우리 面은 거의 절망상태에 빠지고 마는 것입니다. 서장님이여, 이러한 비인간的

인 人間은 正義主義에서 서장님은 적절한 手단을 강구하여 주시기 바랍니다. 그러므로써 우리의 面民은 信用을 지키고 또, 우리 金堤郡을 빛낼수 있을 것입니다. 署長任 저의 農民들은 힘을 합하고 인내성 있는 生活밑에서 아무쪼록, 굶는 것을 먹는 걸로 생각하고 農業에만 적극하겠습니다.

존경하옵는 署長任이여 今日도 역시 再할당했다는 지서米를 가질러 왔습니다. 그러나 죽으로써 겨우 생활해나가는 우리 山間부락은 용이하게 수납되지 않습니다. 진실로 못살것습니다. 왜 이리 面民의 實情을 모르고 자꾸 경비만 충당하는지!! 우리는 믿을이 이제 郡을 관할하시는 署長任 밖에 없습니다. 그러면 智德이 豊足하신 署長任에 적절한 대책을 우리 面民 아니 우리 部落民은 손꼽아 기디리겠으며 우리 面도 新사업을 계척할수 있는 올바른 署員과 올바른 支署長을 주옵소서! 그러면 署長任여 건강을 빌며 내면을 위해서 적극 協力해주옵소서. (끝), 1953年 3月 日.

7-1) 전북경찰국의 접수 투서 1952년 12월

局長任 前上書

못씨 춘 이때 局內治安에 그 얼마나 千苦하시나이까. 바야흐로 我國은 共産軍으로 破擊戰이 熱戰으로 化한 이때 감히 局長任의 頭痛이 되시겠으나 警察官의 家族으로서 警察官의 惡質惡評을 듣고서 무긴할수 없기에 이글을 올리나이다.

金堤警察署 査察係長 閔○○ 경감은 國民學校 卒業生으로서 面규지를 지낸 사람으로서 八.一五 解放後 巡警에 드러가서 人權을 削奪하는 素質이 있어서 警査에 昇級했는데 (扶安警察署) 그後 國內에는 南勞黨이 繁盛하여 이들을 人權을 박탈하고 잘 때려 押送狂人이 많다하여 아마 昇級했는데 六.二五에 빠구했다 하야 警監에 昇級했는데 秩序가 잡혀가는 次第

民間에서는 無識者 面규지가 警監이라고 世間에서는 非難이 많으니 局長任 全羅道 人心으로 남을 攻擊하는게 않이오니 銘心하시와 警察의 質的向上을 바라나이다. 閔警監은 戰時下의 警察이라고 하지만 너무도 社會에서 非難이 많사오니 부디 考慮해주시요. 南原查察係長 全州查察係長으로 있을 때는 夫婦警監이라 하여 刑事는 自己의 家備으로 使用하야 藥房에 藥지로 刑事가 온 것까지 보았습니다. 小人은 警官의 家族으로서 警察의 質的向上과 國家致安을 잘 할수 있도록 하기 爲해서 이글을 올립니다. 小人은 閔警監과 私憾도 없습니다. 小人은 右翼으로 確信하시고 各別 留意하시기를 要望함.

7-2) 전북경찰국의 조사결과

金堤警察署 查察係長 閔警監은 署卒과 面小使 出身으로 無資格者니 警察의 質的向上을 爲하야 措置가 必要

6. 김제경찰서의 격문

1) 金堤郡 出身 빨치산과 其他 逃避者에 告함(1951년 8월 20일)

무더운 여름날에 산과 들을 헤매이기는 그다지 편하고 쉬운 일이 아닐 것이다 이러한 일을 왜 내가 계속하고 잇는가 달뜨고 서늘한 바람부는 요지음 저녁에 고히 생각하여보기 바라노라 나는 여러분들이 피줄기들 같이한 동족이기 때문에 다시 한번 재생의 길과 자유를 누릴수 잇는 기회고 이것을 만드러 주고자 하여 고히 고히 부탁한다 사람이안 자기의 잘못을 깨닷고 이것을 고칠수 잇다는 점이 가장 훌륭한 특증이다 다른 동물등은 이러한 점이 없기 때문이다 그대들이 현재 고생하여 가며 그 누구를 위하여 헐벗고 굼주려가며 험한 산속에서 군경의 안목을 피하여 가며 헤매이고 잇는가 그대들은 이것이 상부의 명영이요 지시이기 때문에 이것을 충실하게 실천한다고 대답할지 몰르나 만일 그럿타면 그대들은 바른길을 거러가지 않는 그대들의 상관인 압재비로서 그네들의 종사리에 지내지 안는다는 것을 말하여 둔다

누구보다도 현명한 그대들이기 때문에 임이 잘 잘아고 기회만 있으면 그 악마의 소굴을 빠져 나올려고 애쓰고 발버둥치고 잇다는 것도 잘 알고잇다 이런 것을 협박과 공갈에 못이겨 그네들의 상부에게 눌니이 자유를 저바릴수는 없지 않은가 현재 정전회담이 개최되고 잇는 것도 잘 알고 잇지요 이것은 무엇을 의미하고 잇는가도 잘 알고 있을터이지요 만일 정전이 된다면 그대들은 그야말로 갈바가 없이 영영 죽엄의 구렁틀에 미끄러지는 도리박게 없음을 잘 알고 잇는 나는 참다 못하여 그대들에게 다시 한번 좋은 기회를 주어 재생의 길을 여러주도록 하기 위하여 자수

와 귀순을 진심으로 권고한다 듯자면 그대들은 귀순 자수하면 경찰이나 군이 체포하여 죽인다고 생각하는 모양이나 현재 도내 각처에서 많은 사람이 귀순하고 잇는데 그네들이 죽엇고 처벌을 바덧다는 말을 듯지 못하엿슬 것이다 군경은 이런 사람을 오히려 따뜻한 포섭을 하여 쉄에도 잇지않든 그대들의 부모와 귀여운 처자들이 매일같이 함숨쉬며 기대리는 가정으로 돌려보내고 있다

나는 전라북도 경비사령관 경무관 윤명운님의 명의로 그대들에게 권고한 글을 잘보앗슬줄 믿고 더욱 그대들의 결심을 견고히 하여 할줄을 단행하기 위하여 재삼 권고한다 그 방법은 부대로서나 또는 개인적으로나 여하한 방식으로든지 지서 경찰서나 또는 직접 나에게 비밀이 전하라 무조건 포섭하여 가정에 돌려보내준다는 것을 인간적으로 굿게 약속하여 둔다

이와같은 도내 경비사령관의 이도를 무시하고 귀순 자수하지 않는 자는 압프로 무서운 철퇴가 내려진다는 덧을 명심하여 후회없기를 바라노라

檀紀 四二八四年 八月 二十日

金堤警察署長

警監 申 道 宗

2) 後方에 잇는 金堤郡内 靑壯年에게 告함(1951년 8월 20일)

人類歷史에 類例가 없는 共産侵略으로 因하여 展開된 韓國動亂은 바야흐로 民主主義 對 共産主義의 世紀的인 對立을 보인지 一年有餘에 걸처 치熱한 戰鬪는 所謂 停戰會談을 圍繞하고 和戰兩論의 微妙한 분圍氣 아래 全世界의 視聽은 오로지 開城會談에 集中되고 잇다

이때에 祖國의 運命을 雙肩에 짊어지고 最前線에서는 每日같이 우리 靑壯年들은 UN軍에 加担하여 내리미는 共産軍의 것센 물결을 틀어 막

어내고 잇다는 事實를 이저서는 아니될 것이다

알세케 熾烈한 戰爭이 버텨지고 잇음에도 不拘하고 所謂 後方에 잇는 戰時下 國民의 모습을 살펴볼진대 앞으로 새로운 決意로서 決戰에 臨하지 않으면 않되리라고 늣겨지는 点이 많다

첫재로 共産軍과 殘匪들의 討伐에 餘念이 없는 우리 軍警이 느끼는 点은 後方에 있어서의 一部 無自覺한 民衆은 現在 가장 치열하고 도 想像키 어려운 猛烈한 戰鬪가 續行되고 잇다는 事實을 忘却하엿슴인지 도무지 戰爭을 하는 나라의 國民이라는 態度가 稀薄하여 戰爭은 어느 누가 누구를 爲하여 하고 잇는지 無心하게 하늘만 처다보듯시 우리도 만히로라도 便히 지내엿으면 하는 安逸感 에 陶醉하엿슴인지 左右間 戰時國民다운 眞實한 모습을 차저볼수가 없는 것이다 둘재로 그네들의 表面에 나타나는 態度와 內包된 決意의 微弱한 点을 爲始로 特히 後方靑年의 一部에 있어서도 모든 行動에 있어 積極的이고 建設的인 面이 작고 하로시리의 域을 脫出하지 못한 現況을 눈이켜 볼수 잇다 더욱 動亂之時에 國家棟樑의 役割을 지고 잇는 靑壯年들이 鬪志가 薄弱하여 强健한 花郞精神이 缺如되여 잇슴은 참으로 寒心하고 遺憾千萬한 일이다 이런 者들은 祖國運命을 決定 짓고 南北統一 課業의 實踐에 잇는 現段階에 잇서서 韓國靑年으로서의 權利와 義務를 破棄한 者들이며 이네들은 그것이 아닌 無爲徒食輩에 지나지 않타고 生覺한다 여기에 두말할 것 없이 韓國의 危急을 救함은 오즉 敢鬪精神이 充溢하고 民族國家를 爲하여 聖스러운 목숨을 바칠수 있는 靑壯年을 戰線이나 後方戰場 其他 生産部面에서 要請허고 잇는 것이다 民族愛에 불타는 靑年들의 蹶起로서 基國家의 危急을 求해냈다는 것은 古今의 歷史가념으로 뚜렷하게 証明하고 잇슴은 勿論 特히 第二次世界大戰 前時시 蘇聯의 首都陷落이 危急을 告하자 「스타-린」은 「스타브民族이여 祖國

을 爲하여 이러스라」고 全民族의 蹶起를 促求하여 國亂을 克服하엿다는 것을 보아 共産主義者도 막다른 골목에 다다러서는 祖國과 民族을 물으지저 國民의 蹶起를 利用했다는 것을 銘心하여야 될 것이다

　그럼으로 後方에 잇는 우리들은 誰何를 莫論하고 共産徒輩와 싸우지 않으면 안될 것은 勿論이요 特히 血氣充滿하고 祖國愛에 불타는 우리 靑年들은 遊惰安逸을 耽하지 말 것은 勿論 質素儉白 한 戰時生活에 滿足하고 私生活 部面에 잇서서 如何한 困難이 잇슬지라도 現在數百万의 南下避難同胞의 情景을 想起하여 決코 亡國的이고 反族的인 行動을 取하여서는 아니될것이며 時日의 早晩은 잇슬지언정 祖國完全統一의 天載一遇의 조흔 機會에 臨하고 잇슴을 銘心하여 우리 課業은 UN各友邦의 積極的인 援助를 善用하여 統一國家 完成에 잇다는 点을 거듭 認識하고 後日에 우리들의 잘못으로 因하여 子子孫孫에 恥辱과 不幸의 끼쳐서는 아니될 것이다 民族의 前途와 國家의 百年大計에 同憂共樂하는 청년同志들이여 우리들의 同志가 戰線에서 이時間에도 韓國의 發展과 民族의 永遠한 隆盛을 祈願하며 쓰러저가고 잇다 이 忠勇할 同志들의 聖스러운 遺志를 밧드려 後方에 잇는 우리들은 모든 力量을 戰爭遂行의 一路에서 傾注하여 後方治安을 攪亂시키고 잇는 殘匪完全掃蕩에 物心兩面으로 支援하여야 될것이다 이러케 함으로서 戰線의 UN軍과 우리將兵을 믿고 또 後方을 믿고 戰線을 믿고 前後方이 鐵石같이 團結함으로서 祖國統一課業에 이바지하여야 될 것이다

檀紀 四二八四年 八月 二十日

金堤警察署長

申道宗

7. 귀순권고문

1) 1종 배포용

◀귀순권고문▶

소위 빨찌산 들이여?

그대들의 가장 친근한 "벗"이 될 수가 있고 또한 고향에 남아 있는 가족들의 보호를 그대들의 책임짓고 있는 나는 그대들의 가족들에게 그대들의 앞날에 "생명"과 "자유"를 완전히 보장할 것을 약속하면서 진심으로 이 권고문을 전하게 하는 것이다. 그대들은 이제 맛대게 되는 사랑하는 가족들에게 들어보라? 오늘날의 현실을? 결코 그대들이 山에서 생각 하는 것과는 판이하다는 사실을 다시 한번 냉정하게 깨달아야 할 것이다.

"즉" 경찰에 붓들이거나 귀순하면 죽게 된다는 것은 얼도당토 않은 기만적 선전에 불과한 것이다. 이것도 가족에 물오보라? 이미 생포. 우는 귀순한 그대들이 말하는 "동무"들이 자유스럽게 살고있는 생생한 사실을? 그리고 인공이 승리한다고 믿고 있는 듯한데 六,二五동란의 세 돌을 맞인 오늘날 국제정세와 날로 발전하고 있는 대한민국의강 대한 발전은 무엇을 반증하는것인가?

우물안에 개구리처럼 좁은 산속에서 보고 듯는 것이 마치 환자가 헛소리 하는 것이라는 것을 똑똑이 기억하여야 할 곳이다.

례를 들자면 그대들이 귀앞푸게 듯고 있는 결정적 시기라든가 조국과 인민을 위한 투쟁이라든가의 허울 좋은 선전이 무엇하나 마저가는 일이 있었는가- 그대들이 지금 맛대고 있는 가족들의 정상을 머리를 들어 한번 살펴보라- 남달이 그대를 그리워하고 모진 세상에 조초하게 초란한 모습이 않이든가. 때는 막-분주한 농사철인데 그대들은 멀이 조상으로부터 나려오는 정서깊은 우리농촌의 풍경과 린보상조의 인정미를 설마 잊지는 않었을 것이다.

그윽한 그늘 밑에서 가족과 더부러 모내기 밥과 술을 마시는 때나 무더운 여름밤 "모기" 날리며 세상만사를 담소하든 때를 그리고 삼복의 복다름 하든 그 옛날의 가지가지를 다시 한번 상도할 때 그대들인들 인간인 이상 었지 가족과 친구와 옛 고향을 저바리고 한낫 산도적이란 오명을 받어가며 사랑하는 가족에게 하염없는 눈물을 흘이게하고 있는 것인가를?

애꾸진 고집이나 기만에 속지 말고 **가족에 뒤를 따라** 용감하게 박차고 나오라? 우리들은 그대들의 과거를 전혀못찌 않고 어데까지나 동포의 한 사람으로써 맞어들일 것 이며 평화스러운 가정을 갔도록 신변을 보장할 것이다. 그리고 자각지심에서 나오는 사회적인 매장을 결코 넘여치 말고 하는밖에 없는 귀중한 생명을 위하고 나아가서는 사랑하는 부모형제와 처자의 행복을 위하여 돌아오라.

단기 四二八六年 六月

全羅北道警察局長

警務官 辛相默

金堤警察署長

警

- -

본문을 가지고 귀순하는 자를 만난 도민께서나 이를 접한 관하경찰관은 그 처우를 극친히 하여 소할서장에게 인도하여 주기를 바란다.

全羅北道警察局長

2) 2종 부착용

◁귀순권고문▷

소위 빨치산들이여!

그대들은 누구를 위하여!

그리고 무었을 엇고저! 거처없이 무더운 산속에서 굼주려 가며 헤매고 있는 것일가!

그대들이 말하고 있는 "결정"적 시기를 기두리는 것인가? 또는 인민과 조국을 위하여 그 모양을 하고 단인단 말인가?

그 어느 편인지! 마음속 깊이 색여 반성할 바가 있을 것이라고 본다.

그리고 그대들은 아지 못하는 사이에 자기 스스로가 인민을 위하고 있는 것이 없고 도리여 가진 죄악을 범하여 가고 있다는 것과 죄없이 남어서 눈물 속에 잠겨있는 사랑하는 부모형제와 어린자녀를 생각해 본적이 있었는가?

때는 막 모내기에 한창인 시절인데 그 옛날 그대들은 모내기를 하면서 그윽한 그늘 밑에서 흙냄새를 맡어 가며 가족들과 마을사람들하고 모내기밥을 나누워 먹든 진진한 맛을 있지는 않았을 것이리라! 이러한 때 일수록 생사를 몰으고 그대들의 안위를 뼈저리게 않타가워 하고 있는 그대들의 사랑하는 부모형제와 자여들은 눈물로써 그대들의 돌아옴을 손곱아 기대리고 있다는 것을 다시 한번 생각할지며 나중에는 이 권고문을 가지고 이곳 심심율곡까지 그대들을 즐겨찾아 헤매 단이다 돌아왔다는 사실을 알어야 할 것이다.

이와 갗이 그대들의 돌아옴을 기드리고있는 그대들의 사랑하는 가족들의 보호를 하고 있는 우리경찰은 그대들의 애끓는 가족들과 꼭 같은 심정에서 그 정상을 동정하여 맞이 않을 뿐 아니라 진정한 동포애로써 그대들이 귀순하여 오는 앞날에 "자유"와 "생명'을 결코 보장할 것을 물논이고 생업일선까지도 남어있는 가족들에 굳게 약속하였다는 것을 알어야 할 것이다. 그럼으로써 그동안에 보고 겪은것과 같이 이번 이 권고문을 한낮 警察에서 흔이 하는 것이지하고 오해한다든가?

또는 귀순했자 사회적으로 매장될 것이니 장래에 히망이 없을 것이라는 등등의 부질없는 자포자기적 근심과 걱정은 버리고 씩씩한 앞날의 행복과 갱생의 길을 찾어서 귀순하여 오라!

나는 그대들의 과거를 일체 불문에 부치고 진심으로 두 손을 벌여 받어들일 것이고 앞날의 모-든 신변에 편의를 아끼지 않을 것이다. 그대들이 만약 이러한 권유를 으심한다든 가 허수이 알고 우선 당장에 활동이 자유로운 지터진 산악에 이 이상의 미련을 갖이고 소위 공산지도자들의 허위선전에 속아서 주저할 경우 큰 후회를 할 날이 기어코 올 것이라는 것을 알어야할 것이다. 卽 그대들의 상전인 쏘련에서는 지금 새로운 젊은 폭군 "마렌코푸'가 그의 독재를 이루고저 "스타-린"에 못지않은 일대학살을 시작하고 있고 따라서 그 위성 국가진에 있어서는 점점 내분이 생기어 가고 있다는 것이다.

그 좋은 례로는 이북 김일성 괴뢰집단 내에도 무리한 전상과 요사이 미묘하게 돌아가고 있는 휴전단판을 에워 싸고서 내분이 극심하여 오든 이 급기어 "박헌영"은 책벌을 당하였고 "이승업"은 공산당에서 축출되자 분개한 남어지 자유천지인 이남으로 도망하다가 불행이 체포되여 투옥되였고 "문학가" 李泰俊 林和"等도 반동죄로 제명되고 그들의 작품까지 전부 압수 당하엿다는 사실은 무엇을 말하고 있는 것일까? 폭력과 기만에 찬 공산당의 말로가 었더하다는 것은 이 사실 하나로 넉넉이 알수가 있는 것이다.

그리고 우리경찰은 南原에 본부를 두고 있는 서남지구 전투경찰대의 정귀군에 꼭 같은 대병력에 힘을 합하여 종래에 보지 못하든 토벌을 개시할 것이다. 이런 때를 당해서 그대들은 세상에 한아밖에 없고 가장 귀중한 생명을 도대체 누구를 위하여 그리고 무었 때문에 바처오고 있는가를 다시 한번 뉘우칠 필요가 있을 것이라고 생각한다.

그대들은 지금 마치 우물안 개구리와 같이 우매한 거짓 선전에 속아 넘어 가지만 말고 판이한 현실에 부닥쳐 보아라? 그리고 용기를 내어서 당국에 귀순해보라? 그러면 그대들의 앞날에는 필연코 광명과 행복이 올 것이다. 그런 경우 이 사회는 결코 그대들을 모른 체 않을 것이며 또 警察은 좋은 친구도 될수 있을 것이다.

檀紀 四二八六年 六月

全羅北道警察局長

警務官 辛相默

金堤警察署長

警

이 권고문을 전달코저 이곳까지 왔다간 사람

住所

의 家族

고민하시고 게시는　　　　　　에게

★★★★★★★★★★★★★★★★★★★★★★★★★★★★★★★★

道民과 警察官에게 告함

一. 이 권고문을 가지고 하산하여 귀순하려는 자에 대하여는 절대로 박해를 하여서는 안 된다.

一. 이 권고문을 가지고 하산하여 귀순한 자는 누구를 막론하고 그 처우와 보호에 친절을 다하여야 한다.

一. 각 경찰관은 이 권고문을 가지고 온 귀순자가 있을 때는 지체없이
소활경찰서장에게 직접 인도하여 오기를 명령한다.

檀紀 四二八六年 六月 日

全羅北道警察局長